TRILOGIA

OS FILHOS DA LUZ

VOLUME III

OS IMORTAIS

ROBSON PINHEIRO

1ª edição | novembro de 2013 | 15.000 exemplares
2ª reimpressão | setembro de 2014 | 2.000 exemplares
3ª reimpressão | novembro de 2015 | 2.000 exemplares
4ª reimpressão | julho de 2021 | 2.500 exemplares
5ª reimpressão | abril de 2024 | 1.000 exemplares

Casa dos Espíritos Editora
Avenida Álvares Cabral, 982, sala 1101
Belo Horizonte | MG | 30170-002 | Brasil
Tel.: +55 (31) 3304-8300
editora@casadosespiritos.com.br
www.casadosespiritos.com

EDIÇÃO, PREPARAÇÃO E NOTAS
Leonardo Möller

CAPA, PROJETO GRÁFICO E DIAGRAMAÇÃO
Andrei Polessi

REVISÃO
Laura Martins

IMPRESSÃO E ACABAMENTO
Viena

Dados Internacionais de Catalogação na Publicação (CIP)
(Câmara Brasileira do Livro, SP, Brasil)

Inácio, Ângelo (Espírito).
Os imortais / pelo espírito Ângelo Inácio;
[psicografado por] Robson Pinheiro. – 1. ed. –
Contagem, MG : Casa dos Espíritos, 2013.
– (Trilogia os Filhos da Luz; v. 3)

ISBN 978-85-99818-26-8 (obra completa)
ISBN 978-85-99818-29-9

1. Espiritismo 2. Psicografia 3. Romance
espírita I. Pinheiro, Robson. II. Título. III. Série.

13-11306 CDD-133.9

Índices para catálogo sistemático:
1. Romance espírita : Espiritismo 133.9

ROMANCE MEDIÚNICO

PELO ESPÍRITO ÂNGELO INÁCIO

OS IMORTAIS

ROBSON PINHEIRO

casadosespíritos

Da trilogia OS FILHOS DA LUZ

Cidade dos espíritos, volume 1

Os guardiões, volume 2

Os imortais, volume 3

Nesta obra respeitou-se o Acordo Ortográfico da Língua Portuguesa (1990), ratificado em 2008.

A Nazareth Costa,
mulher extraordinária,
guerreira e trabalhadora incansável,
humana como os Imortais e fiel como uma mãe.

“

Os filhos

deste mundo são

mais prudentes (...)

do que os

filhos da luz.

”

Jesus

(Lucas 16:8)

“

Se, portanto,

a luz que em ti há

são trevas,

quão grandes serão

tais trevas!

”

Jesus

(Mateus 6:23)

SUMÁRIO

INTRODUÇÃO

DE VOLTA PARA O FUTURO DO PRETÉRITO

O ESPÍRITO OLHAVA interessado os acontecimentos que se passavam nas telas de sua mente. Estava desdobrado em corpo mental, e seu períspirito repousava num aposento na lua da Terra. Observava fascinado o feixe de energia que partia do Sol em direção ao ser que flutuava em forma de luz e energia à sua frente. Nem ao menos precisou fechar os olhos para conseguir fitar melhor a potente energia advinda do astro-rei do sistema solar. Mas também não tinha olhos para ver. Percebia tudo pela mente, pelo corpo mental superior. Não formulou nenhuma pergunta sobre o fenômeno, tampouco percebeu inteiramente que ali estava, naquela dimensão além do tempo e do espaço, em companhia de um numeroso grupo de seres vindos do planeta Terra. Nem ao menos conseguia perceber se a escuridão do espaço sideral podia, de fato, amenizar os efeitos da luz ao seu redor, proveniente das emissões solares — ou seria daquele ser, que existia num nível mental e dimensional em tudo muitíssimo acima da sua capacidade de compreender? Quem sabe, ainda, o próprio ser à sua frente é quem agia mentalmente sobre as formas de seu espírito, de modo a amenizar os efeitos de tão potente energia, evitando que pudesse enlouquecer ou mesmo perder a estabilidade das emoções e do pensamento? Sabia apenas que havia um brilho acima do que poderia perceber no próprio Sol, o qual, incrivelmente, parecia se eclipsar diante da enormidade de forças, luz e pensamentos projetados pelo ser diante de si.

Naquele instante, ele era apenas um observador. Alguém que tentava a todo custo entender como um ser que vivia e existia numa dimensão superior à humana pudesse, com efeito, abastecer-se das energias emanadas do próprio Sol, à semelhança do que os humanos faziam com os alimentos encontrados no planeta. Só que, neste caso, o alimento do ser espiritual era a energia das estrelas, ou melhor, do astro-rei do sistema solar. Mesmo como observador conectado à força cósmica que contemplava, teve sua atenção chamada para a escuridão do espaço à sua volta. Pairava no espaço intermúndio, entre e acima dos planetas do sistema. Ele percebeu um tipo de aproximação mental, como se o ser à sua frente possuísse pseudópodes, os quais se conectavam suavemente à sua mente para sondá-lo de modo mais intenso, porém não invasivo. De um instante para outro começou a perceber os pensamentos dos outros espíritos à sua volta, dos outros seres, que viviam no planeta Terra, no mundo, o seu mundo:

— O que está acontecendo conosco? — perguntou-se, quase angustiado por não saber exatamente o que sucedia. Ele não conseguiu captar nenhuma resposta ao pensamento, que se fez presente, de súbito, em sua mente mais concreta. Não conseguia, na verdade, formular pensamentos da forma como fazia quando de posse do corpo espiritual. Parecia que a força mental do ser que o requisitara fazia com que os pensamentos transcorressem numa dimensão superior, à qual ainda não estava acostumado. Não perdera sua personalidade; porém, algum fenômeno diferente, interessante acontecia com ele, para o qual não tinha qualquer explicação, baseado nos conhecimentos de alguém que vivia na Terra do século XIX. Seus pensamentos pareceram se fundir, sem perder-se, no entanto, em meio à coletividade. Não entendia a verdadeira natureza deste ser estupendo, que atraía para si uma miríade de espíritos terrenos. Não compreendia que alguém pudesse existir num tipo de vida como a que observava. Talvez fosse um ser coletivo, mas de uma coletividade na qual nenhum dos componentes perdesse a individualidade... Eram estranhamente parecidos, unidos, embora não fundidos, numa espécie de vida muito além da compreensão humana.

Tentou pensar em seu nome antes que se perdesse em meio aos pensamentos de centenas de seres que se mesclavam numa existência diferente. Temia que pudesse perder sua individualidade ali, em pleno espaço e naquela dimensão além da que habitavam os espíritos da Terra. Qual era seu nome? Não se lembrava naquele momento. Mais além, levitando mentalmente, num foco de luz, pôde perceber outros amigos da Terra. Outros focos de pura luz e energia também estavam ali presentes, como se houvessem sido convocados para uma reunião especial, algo fora dos padrões humanos. Divisou ao longe São Luiz, e, ao seu lado, se é que pudesse ter um lado, outros seus conhecidos, todos em um estado de vivência do corpo mental: João Evangelista, Santo Agostinho, Swedenborg, Joana d'Arc, Lacordaire, Timóteo, Erasto e outros mais; enfim, mais de 30 focos de luz, dos quais percebeu a identidade energética sem, contudo, vê-los na forma humana. Estavam todos ali, em corpo mental e como consciências espirituais, seres de pura luz, que gravitavam em torno do foco maior, o ser que os mantinha no seu entorno, enquanto alimentava-se — pelo menos assim parecia aos seus olhos — das vibrações potentes que absorvia do astro central do sistema solar.

Mas, afinal, o que estava acontecendo? Como ele participava de tão importante reunião, a ponto de haver aqueles seres admiráveis por ali, junto dele? E por qual poder e mistério poderia ele participar da vida mental de todos estes seres ali reunidos? Ele os percebia, ele os ouvia e via pelas fontes do pensamento e pelos poderes do espírito; disso não podia duvidar. Como poderia participar do destino de todos esses seres, da humanidade, enfim? Havia algo ali muito mais importante do que poderia supor. Como conseguia perceber todas as emoções daqueles focos de luz que estavam gravitando, como ele, em torno da luz maior? Enfim, quem, ou o que era aquela luz maior, que chegava a parecer mais potente e irradiante que o próprio Sol?

De alguma maneira tentou se isolar das emoções que o atingiam, por algum mecanismo, mas em vão. Estava mergulhado não somente em pensamento, mas, sobretudo, em emoções. A fim de evitar que todos se perdessem em meio aos sentimentos e às emoções compartilhadas — deduziu —, o ser de pura luz e energia absorvia as emoções de todos e mesclava-as com aquelas emanadas de si próprio. Sim! O ser imaterial também tinha emoções. Como se estivesse sonhando, percebia os sentimentos muito acima dele e sabia que era algo importante o que os congregava ali, na imensidão do espaço. Sabia que todos ali eram humanos e que as emanações ali presentes não eram de anjos, mas de homens. A não ser a energia e a luz imortal da qual ainda não tinha informações mais precisas.

Todos ali, os que estavam desdobrados em corpo mental, eram seres humanos com suas dores, seus traumas, suas conquistas, suas raivas e seus amores. Reuniam-se em nome da humanidade, e em nome da humanidade é que foram convocados. Esse pensamento estava claríssimo em sua mente, igualmente humana. E ele participava disso. E a torrente de luz e energia que emanava do Sol em direção ao ser que vivia uma existência puramente mental, uma consciência cósmica, também os envolvia e, da mesma forma, era compartilhada por aquele ser com os demais focos de luz ou mentes que giravam em torno de si. Ligavam-se todos, por esses fios invisíveis, porém perceptíveis, cordões dourados de luz, cintilantes de força, ao ser que os congregara. E havia algo mais no ar, uma verdade que não conseguia de forma alguma negar. Sua alma, sua vida mental estava totalmente aberta, era compartilhada com todos, com o ser à sua frente e com os demais que ali se apresentavam, em corpo mental. Por um curto instante na eternidade, ele percebeu que era totalmente permeável; toda a sua vida mental e todas as suas emoções eram compartilhadas, assim como as de todos os presentes. Era desnudado ante a força daquele foco de pura mente, do ser incomensurável que os convocara. Naquele estado de existência, sua alma compartilhava os desejos mais secretos, os pensamentos mais profundos e as emoções mais intensas tanto quanto as mais sutis.

Emoções, sentimentos, tudo transformado em energia, em pura energia consciencial. Ele não podia nem sabia explicar como aquilo acontecia, como se dava esse fenômeno. As emoções e os pensamentos de todos os outros seres passavam, atravessavam sua mente como raios ou labaredas vivas. Não havia barreiras quando se estava na presença do ser ou da coletividade de seres que ali os chamara. Sentia como se o ser de existência mental sugasse, de todos ali presentes, qualquer emoção que lembrasse tristeza, descontentamento, angústia, raiva e outras do gênero. Emoções que pudessem interferir em algum trabalho que, logo mais, seria proposto a todos. Subitamente, ele começou a acreditar que compreendia o contexto, o chamado e a reunião de mentes. Havia também um compartilhar de pensamentos por parte do ser coletivo, da mente cósmica. As energias que percebera, advindas do Sol, na verdade eram puro sentimento, proveniente de seres mais evoluídos. Era como se o foco central de luz fosse alimentado por sentimentos altruístas — sentimentos, emoções e pensamentos os mais elevados possíveis — e, ao mesmo tempo, absorvesse, eliminasse ou transformasse qualquer sombra de medo, desconfiança ou outra emoção discordante, que pudesse nublar a humanidade dos seres desdobrados em corpo mental. Pelo menos foi essa a explicação mais lógica que conseguiu elaborar a partir da observação daquele acontecimento ímpar na história.

Mas também parecia que as emoções de milhares de seres humanos no planeta eram, de alguma maneira, compartilhadas com a criatura cósmica que os reunia ali, naquela dimensão. Havia vozes, havia imagens e havia histórias de vida, histórias completas, desfilando na mente ou no foco mental de luz e consciência que pairava naquela existência atípica, imaterial. Logo houve uma transmissão de pensamentos e sensações, sentimentos e emoções direcionadas a todos ali presentes, a todos que foram convocados. Eram transmitidos através de um sistema de comunicação puramente mental, diferente de tudo o que a humanidade experimentara até o momento. Era um conhecimento em forma compacta, que penetrava cada um. Não se dava por meio de palavras articuladas nem transcorria segundo o sistema de tempo familiar a todos. Tudo ocorria na eternidade. Chegou finalmente à conclusão de que esperava por esse acontecimento há milênios, que sua alma almejava por aquela espécie de comunhão desde há muito. Mas por quê? E, afinal, quem o convocara? Apenas restava em sua alma a certeza de que estava preparado para aquele momento.

Não conseguia evitar os pensamentos, a invasão de informações, e, como ele, os outros também. Enfim, todos se entregaram por completo aos pensamentos que transitavam da entidade cósmica para eles. Já não conseguia distinguir as próprias emoções das emoções do grupo ali presente e da entidade espiritual. E a energia emanada do Sol continuava alimentando a superconsciência que os reuniu ali, naquele quadrante do universo, ainda nas imediações do planeta Terra. Ele sentia-se flutuar em meio às estrelas. Não sabia como, mas flutuava. Resolveu finalmente render--se ao poder ilimitado daquela mente poderosa, inescrutável. Sabia que havia ali um conceito: o conceito do amor, numa dimensão que a humanidade da Terra demoraria séculos, talvez milênios para compreender.

De repente, a alma universal, cósmica, a união de várias mentes em estado de expansão completa e de atividade ininterrupta, o ser que se apresentava como um foco de luz — e cuja aura abarcava o último dos planetas do sistema solar — pareceu modificar-se. Logo assumiu uma forma perceptível, algo que pudesse ser compreendido, que pudesse ser mensurado pelas mentes humanas ali em desdobramento mental. Pouco a pouco, como se fosse uma eternidade, uma luz se destacou da luz maior e um ser foi se formando, um ser divino, uma divindade humana, ou um tipo especial de criatura jamais concebida pelos meros mortais. A princípio parecia um ser alado, alguma ave raríssima vinda de algum paraíso estelar. Logo depois, a figura tomou os contornos de um deus, um ser iluminado, um ser humano alado, com as irradiações de sua aura limitadas pela forma de asas de pura luz coagulada. E ele assim o percebeu, enchendo-lhe a alma de comoção, de veneração por aquela criatura sublime, o ser divino que se moldava de maneira a ser percebido por cada um da forma como cada qual poderia captar-lhe a presença. Tratava-se do Espírito Verdade, e aquele era o momento em que a ampulheta do tempo definia a hora de se realizar uma invasão organizada à morada dos homens. Era o momento de se despertar para a realidade do espírito.

Em Paris era noite, e era noite também em diversas outras cidades do mundo. Chovia como nunca, pois entidades respeitáveis, no comando das forças da natureza, aproveitavam a ocasião para proceder a uma limpeza energética na atmosfera da Cidade Luz e de outras cidades da Terra, a fim de receberem a luz maior, que descia iluminando a noite da ignorância humana com o conhecimento das verdades imortais. A partir de um foco de luz imorredoura, partiam centenas e milhares de espíritos para diversas latitudes do planeta, levando a mensagem da imortalidade para os habitantes da terra do desterro. A partir de então, aqui e ali reencarnavam seres, personagens, autores de histórias de vida, de exemplos vivos advindos do país da imortalidade.

Num recanto simples do planeta, alguns anos mais tarde, numa cidadezinha qualquer, escondida entre montanhas, renascia um dos mensageiros da luz sideral. Ele não esperava que pudesse ser escolhido para representar, nas terras do Cruzeiro, aquela luz tão intensa e ao mesmo tempo tão especial. Em outros recantos, outros focos de luz foram se materializando, corporificando-se entre os viventes, traduzindo as mensagens vivas que emanavam do foco central de luz verdadeira, imortal, do Espírito Verdade. Eram mestres, médiuns, mentores, Imortais e orientadores evolutivos; todos começaram a descer na Terra como uma chuva de estrelas, um jato de luz, raios que adaptavam a luz maior de acordo com a necessidade, a capacidade de entendimento e a época em que era trazida a mensagem de imortalidade.

Direcionando a mensagem de amor, a convocação aos espíritos da Terra, a luz maior, o ser mais iluminado que o mundo conheceu pronunciou suas palavras naquele tempo, as quais repercutem ainda hoje na matéria etérica do planeta:

> *Os Espíritos do Senhor, que são as virtudes dos Céus, qual imenso exército que se movimenta ao receber as ordens do seu comando, espalham-se por toda a superfície*

da Terra e, semelhantes a estrelas cadentes, vêm iluminar os caminhos e abrir os olhos aos cegos.

Eu vos digo, em verdade, que são chegados os tempos em que todas as coisas hão de ser restabelecidas no seu verdadeiro sentido, para dissipar as trevas, confundir os orgulhosos e glorificar os justos.

As grandes vozes do Céu ressoam como sons de trombetas, e os cânticos dos anjos se lhes associam. Nós vos convidamos, a vós homens, para o divino concerto. Tomai da lira, fazei uníssonas vossas vozes, e que, num hino sagrado, elas se estendam e repercutam de um extremo a outro do Universo.

Homens, irmãos a quem amamos, aqui estamos junto de vós. Amai-vos, também, uns aos outros e dizei do fundo do coração, fazendo as vontades do Pai, que está no Céu: Senhor! Senhor!... e podereis entrar no reino dos Céus.[1]

O Espírito Verdade

[1] KARDEC, Allan. *O Evangelho segundo o espiritismo*. 1ª ed. esp. Rio de Janeiro: FEB, 2005. p. 19-20, prefácio.

1

A TEIA

STÁVAMOS REUNIDOS NA cidade dos guardiões, numa dimensão próxima ao ambiente terrestre, em meio a um grupo de seres e pessoas que trabalham sem cessar pelo bem da humanidade. Não estávamos preocupados em defender este ou aquele ponto de vista religioso. Para os espíritos ali presentes, o rótulo religioso, fosse de espírita, umbandista, evangélico, budista ou católico, pouco ou quase nada importava. Havíamos aprendido, ao longo do tempo em que estávamos fora do corpo físico, que, do lado de cá da vida, não permaneciam as preferências pela religião professada durante a existência corpórea. Havia algo muito mais precioso do que as preferências humanas ou a política humana, mesmo a política religiosa.

O ambiente era de extremo bom gosto, decorado com esmero, porém sem luxo. Senti-me tremendamente bem naquele lugar, embora localizado em uma região de vibrações intensas e discordantes. Estávamos todos reunidos: Jamar, que nos visitava naquela ocasião, Ranieri e um amigo, a quem me afeiçoei em outras atividades e que possuía vasta experiência na área da mediunidade, além de alguns outros companheiros; e eu, Ângelo, convidado por Joseph Gleber para fazer algumas observações e repassá-las aos encarnados. Como minhas atividades não me permitissem estar o tempo todo na nova frente de trabalho, pedi a alguns companheiros, principalmente a Ranieri, que me auxiliassem registrando os acontecimentos que eu não pudesse vivenciar, devido a ocupações em outros campos. Estávamos assentados em um sofá confortável, que parecia flutuar no ambiente, aguardando a chegada do espírito Joseph Gleber, que nos conduziria a uma nova proposta de trabalho.

A reunião foi inicialmente presidida por Pai João, que, como eu, participaria de algumas etapas da tarefa junto com os demais. Logo após, Joseph chegou e deu continuidade à conversa.

Iniciou a fala com extrema tranquilidade, e o conteúdo de sua proposta abriu-me a mente, de maneira inusitada, a questões que até então não levara em conta de modo tão claro. Fez um convite para que, juntamente com Irmina e outros dois médiuns em desdobramento, observássemos situações envolvendo agentes ou médiuns encarnados, com o objetivo de compreender melhor a visão que estes tinham dos mentores, do próprio trabalho e, de outro lado, o que determinados mentores pensavam sobre tais médiuns. A ideia consistia em conhecer a visão que os encarnados desenvolveram, ao longo do tempo, a respeito de seus guias espirituais, assim como os mitos criados em torno da vida de alguns homens de bem; principalmente, apreender certos detalhes relativos à identidade energética de alguns trabalhos ditos do bem. Em alguma medida, significava envolver-me com espíritos espíritas, ou médiuns espíritas, com trabalhadores espiritualistas, esoteristas e de algumas correntes religiosas que mereciam nossa atenção.

Pai João participava silencioso. Um grupo de mais de 100 guardiões estava ali, envolvido e interessado no assunto.

— Existe muita gente de boa vontade, envolvida nas questões religiosas e espiritualistas, que pensa que os mentores e até nossos médiuns já somos seres resolvidos, espiritualizados. Querem assim acreditar porque se sentem distantes da perfeição que a religião, seja ela qual for, deseja para seus adeptos ou mesmo cobra dos fiéis — falou o médico e amigo Joseph. — Estamos ainda muito distantes do céu pensado e construído pelos religiosos, e ainda muito longe de atingir aquilo que chamam de perfeição. Definitivamente não sabemos tudo, como tantos querem crer; dependemos de pesquisar, testar, experimentar para ver se nossas teorias funcionam — e muitas e muitas vezes erramos, como qualquer outro ser humano, encarnado ou não.

"Após observarem algumas situações nos dois lados da vida, verão que, embora se fale muito em progresso e evolução do pensamento, meus irmãos encarnados no movimento espírita, de modo geral, são os mais resistentes às novas ideias. Do mesmo modo, embora se fale muito de caridade entre os espiritualistas, a verdadeira caridade se vê traída vergonhosamente quando se trata de compreender os irmãos de fé e aqueles que pensam de maneira diferente da maioria. Quando uma ou outra pessoa se destaca na exposição de ideias espiritualizantes, é logo aplaudida entre os que julgam deter a bênção da verdade espiritual. Mas, tão logo essa mesma pessoa pense ou fale fora dos padrões ou tenha a coragem de expor uma ideia diferente, um ponto de vista inusitado, mesmo que não seja discordante, a caridade costuma falhar enormemente."

Depois de falar por um bom tempo, apresentando-nos a proposta de trabalho que se esboçava diante de nós, Joseph nos deixou a sós para discutirmos os projetos da próxima etapa de atividades. Ocorreu-me que aquela seria uma ótima oportunidade para mim, e quem sabe para os demais espíritos ali presentes, de travar contato mais direto com a realidade de trabalhadores do movimento de renovação espiritual com o qual trabalharíamos. Tomando a palavra, Pai João prosseguiu a fala de Joseph, que não dispunha de tanto tempo à nossa disposição, e deu prosseguimento ao que o amigo de procedência alemã iniciou:

— Joseph me deixou a incumbência de levar vocês — principiou Pai João — a observar situações e pessoas, em especial alguns médiuns, religiosos e ex-dirigentes e líderes espirituais. Permanecerei o mais calado possível e tentarei interferir somente quando for realmente necessário, pois quero deixar que vocês, meus filhos, vejam, aprendam, analisem e cheguem às próprias conclusões. Creio que, assim, terão farto material de estudo para começar suas observações.

Pai João nos deixava ainda mais curiosos, pois não quis dar mais detalhes, reservando para logo as surpresas — ao menos para mim — quanto a determinada realidade de nosso lado.

— Temos encontrado muitas limitações, meus filhos — tornou a falar, com um brilho no olhar que somente os mais achegados a ele saberiam interpretar —, relacionadas às crenças e interpretações das pessoas mais responsáveis pela tarefa educativa no mundo. Grande número de crenças arraigadas ao longo de séculos acabam por eclodir nas mentes dos nossos parceiros no mundo, de maneira a tolher nosso trabalho, tanto quanto a aproximação de espíritos mais esclarecidos, do ambiente onde se reúnem os médiuns e dirigentes do pensamento renovador.

Após a breve introdução, continuou:

— Certos acontecimentos deste início do século XXI no planeta Terra nos trouxeram uma noção de emergência um tanto assustadora. É necessário rever muitos conceitos, inclusive sobre a vida nos planos mais altos da espiritualidade. Espíritos de escol têm tentado investir mais intensamente em setores do movimento dos espíritas; no entanto, têm encontrado enorme dificuldade em romper o legalismo, o farisaísmo religioso e as ideias cristalizadas.

"A ideia de progressão dos espíritos[2] ainda é algo a ser trabalhado no movimento espiritualista. Precisamos acompanhar de perto a realidade de certos médiuns, de seus mentores e daquilo que aqueles pensam e dizem a respeito

[2] Cf. "Progressão dos espíritos". In: KARDEC, Allan. *O livro dos espíritos*. 1ª ed. esp. Rio de Janeiro: FEB, 2005. p. 127-132, itens 114-127.

destes; precisamos tirar a máscara de perfeição que repousa sobre personalidades respeitáveis como André Luiz, Bezerra, Chico Xavier, Sheilla, Joseph Gleber e tantos outros espíritos que tentam, de alguma maneira, auxiliar os homens, mas que são confundidos em sua natureza, seus objetivos e sua própria identidade espiritual. Muitos adeptos do espiritismo no mundo têm importado métodos católicos para dentro do movimento, entre outras coisas ignorando que os mais veneráveis e respeitáveis mentores da vida maior nada mais são do que humanos; eles erram, sofrem, choram e trazem desafios de ordem emocional, advindos das experiências no mundo físico. Assim como os médiuns que nos servem de instrumento, têm seus erros, desacertos e pontos de vista particulares.

"Frequentemente, esses intérpretes acabam por colocar em nossas bocas, através de supostas mensagens psicografadas ou inspiradas, palavras e ideias que nunca dissemos. E como quase ninguém mais faz análise dos textos mediúnicos, certas opiniões de médiuns — ainda que mereçam todo o respeito — costumam ser admitidas como expressão do pensamento dos orientadores espirituais, quando não como verdades absolutas. Alie-se a isso o fato de que a maioria das pessoas tem se contentado com um tipo de conhecimento superficial das verdades eternas... e tem-se o quadro que nos causa assombro."

Pai João nos deu elementos para pensar. Aliás, com sua última fala, comecei a me preocupar seriamente até mesmo com o que eu escrevo através da mediunidade, pois não sei em que medida aquilo que pretendo dizer está sendo entendido ou distorcido. Bem, esse é um risco que todos corremos e, ao pensar assim, aos poucos me acalmei, acreditando que o tempo se incumbirá de despir-nos de preconceitos, desconstruir tabus e mitos e, sobretudo, aclarar nossa visão a respeito da realidade de todos nós, espíritos e homens.

Após certo tempo de silêncio do pai-velho, Ranieri pediu a palavra e complementou com suas observações de espírito que atuou diretamente no movimento espírita:

— Também poderemos verificar, em nossos estudos, algumas particularidades a respeito do movimento renovador da alma humana, das manifestações de religiosidade do povo brasileiro, em especial, e de suas nuances. Quem sabe, Pai João — falou, dirigindo-se ao pai-velho —, a observação de certos médiuns e oradores, dirigentes e outros nos possa dar uma ideia dos avanços do movimento espírita no âmbito mundial e, também, das ações, reações e do panorama interno do movimento espírita. Estudando sem paixão, procurando alguma imparcialidade em nosso exame, talvez possamos entender algumas características dos relacionamentos entre os representantes da luz e os expoentes ou aqueles que se declaram divulgadores da terceira mensagem. De qualquer forma, creio que, ainda que Ângelo opte por não escrever tudo o que poderemos ver, de antemão pode-se chegar a uma conclusão, antes mesmo que empreendamos nossa jornada: o movimento espírita e espiritualista está em crise. Numa grave crise.

— Isso não é impossível, meu filho — tornou Pai João —, mas não devemos esquecer que nossa prioridade talvez seja a análise de certas verdades admitidas entre o povo que representa no mundo as ideias renovadoras. Principalmente sobre os mitos criados em torno dos benfeitores da humanidade. Outro aspecto que reclama atenção são os conceitos que representantes do bem têm desenvolvido, ao longo do tempo, sobre certas virtudes ou, quem sabe até, sobre si mesmos. Quem sabe possamos levar alguma contribuição aos estudiosos no plano físico e, também, a muitos de nós do lado de cá da vida. Enfim, meus filhos, tudo dependerá da forma como encontraremos aqueles que estamos prestes a visitar.

Com certeza eu teria muito trabalho pela frente. Mas não me refiro ao trabalho relacionado ao desafio de desvendar mistérios, pesquisar sobre os assuntos propostos, e sim a como adequar tudo isso a uma linguagem que não incomode tanto ou não venha a chocar os leitores, digamos, *doutrinariamente corretos*. Isso é muito mais difícil do que escrever sobre a realidade das sombras, dos magos negros e dragões. Talvez, novamente, nossos agentes encarnados tivessem de se expor, dar a cara a tapa em nosso lugar. Mas com isso já estavam acostumados.

Ranieri novamente pediu um pouco de atenção e acentuou suas ponderações acerca do movimento religioso ao qual esteve vinculado por longos anos:

— Vimos uma situação muito particular no movimento espírita do Brasil. Talvez devêssemos levar em consideração que, nas terras brasileiras, os adeptos do espiritismo, na grande maioria, são pessoas místicas e de um religiosismo exacerbado, quem sabe, devido aos antecedentes históricos da nação. O Brasil é um país místico. E não estou dizendo que essa seja uma característica ruim, ou tecendo juízo de valor. Simplesmente, me refiro ao fato a fim de nos conscientizarmos de que tanto nós, os que continuamos estudando e pesquisando do lado de cá da vida, quanto você, Ângelo, que levará as informações para o correio dos dois mundos, enfrentaremos uma dificuldade real. E do meio cultural no qual nos movimentamos não há como correr. Eis a dificuldade daqueles mais apegados aos princípios doutrinários. Muitos dizem seguir Allan Kardec, ser fiéis à sã doutrina, mas não suportam que ninguém faça uma análise crua da situação do movimento que representam. Evitam qualquer fala ou discurso que julgam polêmico, atitude exatamente contrária à que Kardec adotava, para citar apenas um dos paradoxos. Então, preparemo-nos, meus amigos.

Pai João falou outra vez, talvez muito moderadamente, sobre outro aspecto:

— Quando analisamos o componente místico do povo brasileiro, temos de considerar a história religiosa ou a forma como o pensamento religioso foi apresentado ao povo e, portanto, como se desenvolveu aqui este celeiro de ideias místicas.

“Quando chegaram aqui os representantes da cultura europeia, encontraram uma fé simples, um sistema religioso pouco elaborado, vigente entre os habitantes originais das terras de Santa Cruz. Com a importação do catolicismo europeu ao longo da formação nacional, assistiu-se a uma explosão do misticismo português de caráter medieval, popular. Devoção a santos e anjos, o cultivo de hábitos como promessas e procissões, além da identificação de milagres aqui e acolá, fizeram parte do componente espiritual do povo nascente durante pelo menos 200 anos. Disseminavam-se práticas ritualizadas com símbolos e representações; as manifestações naturais de dor e alegria se mesclavam com as novenas, os terços e a veneração a imagens, traços que ajudariam a compor, ao longo dos anos, a miscigenação social e cultural, mística e religiosa de brancos, negros e índios, resultando num quadro especialmente místico para os movimentos futuros. Na trama ordenada de rituais próprios do catolicismo, da religião indígena, chamada genericamente de pajelança, e dos diversos tipos de candomblé, floresceu o espiritismo no Brasil, sem conseguir até hoje se livrar de elementos desse misticismo ancestral.

"Impulsionada pela realidade espiritual ainda vigente nos meios espiritualistas, perdura a crença de que os espíritos irão ajudar, como sucessão à crença expressa na frase 'Deus ajuda'. Ainda hoje, em pleno século XXI, ao procurarem alternativas para dilemas, problemas e desafios, os adeptos da nova mensagem espiritual desembocam nas casas espíritas com esperança de que os espíritos e os médiuns efetivamente resolverão seus problemas. Como se não bastasse, muitos líderes e médiuns acabam por incentivar esse comportamento. Reencarnação que são de padres, freiras e religiosos de outras correntes, permanecem atrelados à ideia de serem missionários, acreditando, conscientemente ou não, que devem ter ascendência sobre seus 'súditos' espirituais.

"Dificilmente vemos nos dias de hoje médiuns que se unem a outros para trabalhos espirituais que se complementem. Em geral, cada qual quer que o próprio trabalho seja mais vitorioso ou vistoso; não raro, movem-se pelo sucesso obtido em eventos, disputando aplausos nos palcos de encontros espirituais, ao alegarem genuíno devotamento à doutrina. É pequeno, muito pequeno o apoio que oferecem uns aos outros. Boa parte procura formar adeptos de cunho pessoal, mais apegados à personalidade do médium e à visão particular que ele apresenta do espiritismo; estão pouco interessados em despertar nesse público o amor à causa espírita, de forma abrangente. Grande é o receio de compartilhar ou participar do trabalho levado a cabo por outro médium; comum é o medo de ser questionado e criticado; frequente, o anseio de gozar de unanimidade, ao menos em certos círculos, de preferência nos mais 'importantes'. Estes são elementos que denotam um pensamento arcaico, têm um ar sacerdotal e eclesiástico, certamente originário de encarnações anteriores desses líderes, mas ainda muito vívido e persistente. Pretendem ter razão em tudo; suas revelações se querem mais acertadas, e outros, que pensam de modo diferente, são logo taxados de obsidiados, mal-assistidos ou coisas do gênero. Escasseia enormemente a união; não se nota neles sequer o companheirismo, quanto mais a lealdade."

Dando um tempo para pensarmos no que falava, nos componentes místicos do nosso povo brasileiro, Pai João continuou, denotando conhecimento:

— Ao observar a história da humanidade, devemos concluir que todas as vertentes religiosas, inclusive o espiritismo, a umbanda e o candomblé tal como se apresentam no Brasil, recebem influências culturais e místicas do ambiente onde nasceram ou cresceram. Muitas fantasias, mitos, tabus e preconceitos, além de crendices e meias-verdades, ao longo do tempo se incorporam na forma de pensar e acreditar, e a tal ponto que se transformam, até, em crenças consideradas doutrinárias. Fato é, meus filhos, que, no Brasil, esse peso de religiosidade e misticismo exerce um papel preponderante, de modo que muitas e muitas vezes os médiuns moldam os próprios mentores segundo o clichê das crenças pessoais. Enquanto isso, do lado de cá, os espíritos tentam romper os limites impostos pelo engessamento cultural, emocional ou espiritual e pelas crendices admitidas como verdades por seus agentes médiuns.

Um dos espíritos presentes, até então em silêncio, tomando a palavra comentou, a propósito do que Pai João dissera:

— Alguns instrumentos utilizados por muitos companheiros de trabalho são, há muito, usados pelos opositores do progresso da humanidade. Essa realidade pode assustar muita gente boa que estuda e analisa pormenorizadamente a situação espiritual do movimento.

O comentário, embora breve, foi oportuno, pois contextualizava as disputas por aplauso e por um lugar no pódio espiritual. Contudo, Pai João concentrou-se na busca por explicação para tantos desacertos e tantas dificuldades no campo espiritual; para o que fazia com que os médiuns, agentes encarnados, tivessem uma ideia diferente da realidade de seus mentores, tanto quanto de outros espíritos veneráveis:

— Romper com tudo isso demanda tempo. E vocês poderão até se perguntar por que levantamos essas questões. É que, após analisarmos certos detalhes, certas características daquilo que se convencionou chamar de trevas exteriores, como a filosofia e a estrutura organizacional do reino das sombras, precisamos despir a máscara da hipocrisia e admitir que é hora de penetrarmos nas sombras interiores, tanto em nossas próprias sombras quanto nas dos chamados emissários da luz.

"Qual a verdadeira face da espiritualidade em nós? Somos realmente alvo de espíritos obsessores? No que diz respeito à obsessão, podemos perguntar: quem é obsessor de quem? Nossos benfeitores, os espíritos que julgamos e defendemos como seres iluminados, são realmente assim — iluminados, esclarecidos e resolvidos — ou essas características lhes foram imputadas pelos mais religiosos, que não admitem ser questionados em suas convicções? Temos de tomar coragem, meus filhos, e ver se não estamos sabotando a vida espiritual; se, quem sabe, esse estado reinante entre os chamados filhos da luz não indique que não somos feitos de pura luz, ou seja, que ainda existem sombras e que elas existirão por longo tempo dentro de cada um de nós."

Não havíamos assimilado ainda a extensão das palavras do pai-velho; demoraria até percebermos as implicações da realidade retratada. Ranieri pediu a palavra, após breve silêncio:

— A mim me impressiona, hoje em dia, a compulsão, tão ilusória quanto descabida, por identificar quem foi quem em outra encarnação; causa-me espécie que muita gente perca tempo precioso com isso, que deveria ser empregado na construção de uma nova mentalidade no mundo. Esse e outros disparates justificam as palavras de Cristo, que um dia disse que os filhos das trevas são mais prudentes que os filhos da luz.

Logo notei que realmente não seria fácil abordar o assunto através da psicografia, transmitindo ao outro lado, à próxima dimensão, o resultado de nossas observações. Talvez eu tivesse de dizer certas coisas sem escrevê-las, ou seja, escrever uma história verdadeira, real, porém sem explicitá-la em palavras; deixar nas entrelinhas aquilo que não poderia ser escrito. Mas também havia outro aspecto que, como escritor entre duas dimensões, deveria necessariamente considerar. É que muitos leitores esperam um livro cheio de aventuras, de descrições longas de paisagens, lutas e guerras espirituais. Avaliando sinceramente, mais tarde, cheguei à conclusão de que possivelmente não conseguiria satisfazer aos atuais leitores no volume que eu elaborava, pois que teria de ser um livro dedicado à análise, embora o conteúdo fosse bastante útil para entender os demais que escrevi. Decidi fazer o possível e, quem sabe, contar com meu parceiro no mundo físico, o editor de minhas palavras, torcendo para que pudesse me auxiliar nesta empreitada.

Tenho participado em completo silêncio, apenas como observador, de alguns encontros de conteúdo espiritual — ou que pelo menos alegadamente deveriam ter esse conteúdo. E me preocupo com o andamento das coisas entre os que afirmam defender a política de Cristo. Penso em como se comportam os que momentaneamente ocupam os palcos das casas espíritas, por exemplo. Em que medida estarão realmente defendendo a doutrina que dizem abraçar e em que medida há uma disputa de egos, uma busca por aplauso e reconhecimento e, até, uma necessidade de se mostrar como missionário no mundo ilusório da religião?

A situação é de tal maneira preocupante que, quando se apresentam oradores em algum evento espiritualista, tornou-se hábito destacar sua profissão, como se isso fosse uma credencial, um fator importante para avalizar-lhes as palavras. Numa introdução dessa categoria, parece-me natural que se mencionasse seu trabalho espiritual, as tarefas que desempenha na casa ou na comunidade onde atua; quem sabe, os estudos que realiza e por que são relevantes para o trabalho espiritual. Não! As sinopses — ou, no caso, currículos — são recheadas de títulos e cargos, profissões e cursos acadêmicos que precedem o nome de quem ministrará o seminário, a conferência ou a oficina. Ponho-me a perguntar, reconhecendo minha completa ignorância em questões espirituais mais profundas: onde está o valor das palavras do Evangelho, que dizem que cada um será conhecido por suas obras?[3] Onde o "mostra-me a tua fé sem as tuas obras, e eu te mostrarei a minha fé pelas minhas obras?"[4] Repito: sou leigo no

[3] Cf. Mt 7:16-21.

[4] Tg 2:18.

assunto espiritualidade. Mas sinceramente queria que me explicassem como os parâmetros mundanos substituíram os valores apresentados no Evangelho — e, dizem alguns, ainda por cima, que tudo isso sintetiza o cristianismo redivivo. Bem, estudemos e questionemos enquanto é possível, dentro dos círculos religiosos e espiritualistas. Quem sabe por quanto tempo mais durará a permissão de questionar?

Afinal, se os filhos da luz têm digladiado entre si, como entender a possibilidade da vitória contra as forças da oposição? Não há como nos instrumentalizar para estabelecer o Reino sobre a Terra se não conhecemos nossas próprias fraquezas. Como nos posicionar ante o vendaval da discórdia sem analisar, ou ao menos considerar nosso lado sombra? E falo isso também em relação aos mentores que, do lado de cá, auxiliam a humanidade ou, pelo menos, os filhos da luz. Será que são realmente tão elevados como querem fazer acreditar certos espiritualistas? Será que estão plenamente resolvidos espíritos como Joseph Gleber, Sheilla, Bezerra de Menezes, Emmanuel, André Luiz, Chico Xavier... Opa! Falei coisa demais! Será que é possível questionar esses personagens, tão merecedores de nosso carinho e admiração? Pois bem, eis o que Joseph Gleber nos propôs como pesquisa urgente: conhecer qual a face verdadeira dos filhos da luz ou dos Imortais. Alguém se candidata a ao menos discutir a esse respeito? E aqueles que estão no mundo como representantes dos Imortais não são vistos experimentando processos obsessivos dificílimos de serem catalogados? Mesmo assim, não continuam como representantes do Alto? Isso é possível?

Fiquei pensando, após as palavras de Pai João, que, se por um lado estávamos fora do corpo físico, de certa maneira incólumes aos comentários malsãos que poderiam advir de nosso trabalho ou ser feitos a respeito dele, que seria de nossos agentes, os médiuns e a equipe que nos representariam no mundo? Da mesma forma como me expressei no livro anterior, voltei a me perguntar, então, sobre o assunto; por certo, não seria fácil para nossos amigos e parceiros encarnados quando o livro fruto de nossas observações fosse lançado.

Pai João e Ranieri deram por encerrada sua participação nessa parte em que apresentavam a proposta de trabalho, deixando que alguns guardiões a serviço de Watab e Jamar nos conduzissem os próximos passos, no contato com a realidade íntima de alguns trabalhadores. Decididamente, nosso aprendizado, nosso curso intensivo havia começado.

Um rasgo energético no *continuum* dimensional marcou aquele momento em que o ser de luz projetou-se além do véu que separa as dimensões. O fenômeno, insólito para os padrões humanos, era para nós, ainda, algo digno de se ver e observar. Um vendaval de energias arremessadas da outra dimensão, da qual provinha o ser, varreu por um momento as partículas subatômicas da matéria daquele plano. Parecia que o espírito estava materializado ou envolto em suaves nuances de ectoplasma. Talvez pudesse ser considerado um agênere, na dimensão em que se manifestava. Segundo o ponto de vista de alguns mais ortodoxos, "não seria necessário" aquele tipo de manifestação ou transposição entre dimensões. O ser poderia se transportar mais suavemente. Contudo, não dependia dele o resultado do fenômeno. Estávamos diante de leis hiperfísicas que imperavam ali, na chamada zona de libração ou zona neutra entre dimensões extrafísicas. Tratava-se de um fenômeno relativamente corriqueiro, embora não raro provocasse interesse em quem o observasse, sobretudo de um ponto distante.

O espírito passou como um relâmpago, e seu rastro magnético lembrava o de aeronaves terrestres que deixam fumaça atrás de si, marcando a própria trajetória. Passou despercebido pelo olhar humano, rente a um prédio na grande cidade, onde se locomoviam milhares e milhares de pessoas, que não tinham olhos nem ouvidos para perceber a repercussão vibratória de sua transposição até aquele plano de simples mortais.

À frente dele, corria como louca uma entidade representante das sombras mais densas. Pertencia a uma casta de espíritos conhecida desde a Antiguidade; era um dos principais dirigentes de uma das hordas do abismo, que desde longo tempo se mostrava como perverso e demoníaco. Um chefe entre os mais vis demônios, que entre estes ostentava o título de *principado*[5] e enquadrava-se na casta de seres que respondiam pelo nome de baal — assim gostava de ser reconhecido ou tratado.

Ao dizer casta de espíritos, refiro-me à especialidade e à família espiritual, às afinidades com o grupo do qual o espírito faz parte; se porventura se trata de um líder, especia-

[5] Cf. Ef 1:21; Jd 1:6.

lista em técnica astral, ou apenas subalterno, na hierarquia espiritual das regiões inferiores. Nesse contexto, aquele era um espírito de uma casta especial, habituado a tomar conta de assuntos táticos; uma alma assassina, que não hesitava nem por um segundo antes de decidir subjugar ou exterminar alguém. Ocupava-se em abater seres encarnados ou desencarnados que desenvolvessem qualquer espécie de tarefa capaz de oferecer risco à organização à qual se filiava. Tramava ardilosamente o domínio mental e emocional de seus alvos — qualquer um que viesse dar sinais de poder ser utilizado pelos guerreiros do bem como porta-voz de ideias mais arrojadas; que, no futuro mais ou menos próximo, pudesse influenciar determinada comunidade ou mesmo a humanidade, promovendo a libertação do engessamento mental e emocional.

O ser sombrio corria velozmente, pois sabia estar sob perseguição ou vigilância cerrada, na mira de um dos *espíritos celestiais,* como alguns de sua casta costumavam denominar os orientadores espirituais da humanidade. Entrava num prédio e saía em outro lugar, empregando grande cota de força mental para se locomover entre os planos, desmaterializando-se aqui e materializando-se acolá, o que ameaçava esgotar-lhe as reservas energéticas, já não tão robustas. Mesmo assim, nunca conseguia se transportar a mais de 200m de distância, o que lhe adiantava muito pouco. Não era exatamente um chefe de legião, daqueles mais expressivos e perigosos; porém, realmente se tratava de um espírito importante na hierarquia paramilitar dos habitantes da escuridão. O ser advindo das esferas superiores perseguia o chefe das hostes sombrias como se persegue um inimigo capaz de causar, a qualquer momento, estrago apreciável nas fileiras dos agentes do Cordeiro.

Vigiado de perto, aquele ser era um dos espíritos que, à época das guerras mundiais, mais precisamente da Segunda Grande Guerra, estava intimamente envolvido com o governo nazista, bem próximo aos generais que exerciam o comando sobre as tropas e os artefatos militares, no conflito que espalhou terror e morte por toda a Europa e também fora dela. A luz o perseguia, e o representante da próxima dimensão volitava sobre os fluidos ambientes com tal disposição e garra, com tal determinação, que o ser hediondo sentia aproximar-se seu fim ou o fim de sua liberdade de ir e vir, de manipular e exterminar seus odiosos inimigos e cooperadores da política do Cordeiro.

Joseph Gleber rasgou a atmosfera. Os fluidos à volta ribombavam, eram arremessados para todo lado, causando pequenas explosões daquilo que chamo de antimatéria astral, ao colidir com a matéria sutilíssima de seu corpo espiritual. Dois guardiões vinham mais além, seguindo o rastro magnético inconfundível do mentor, que fazia as vezes de guardião, naquele momento. Deu uma reviravolta no ar, adiantando-se ao ser que fugia espavorido e com os pensamentos em erupção. Não pretendia dialogar com a entidade criminosa, pois estava diante de um genocida energético e espiritual; ao capturá-lo, poria fim imediato aos desmandos do espírito demônio, que há décadas gozava de liberdade e só espalhava destruição e morte. Joseph não o deixaria escapar, desta vez. Não confiaria que métodos mais brandos pudessem ser eficazes para deter a avalanche de destruição patrocinada por aquele espírito e seus asseclas, provenientes da penumbra do submundo.

O mentor-guardião aumentou deliberadamente o brilho de sua aura, tal qual se via nos planos sutis de onde provinha. O fulgor repentinamente avistado quase cegou o perseguido, que mudou a rota de modo instintivo, sem nenhum raciocínio. A luz, que agora rebrilhava a cerca de mil metros de distância, era como um bisturi a sangrar-lhe o interior, a rasgar-lhe o próprio corpo; sentia o feixe luminoso como se fosse uma dor monstruosa, que dilacerasse as trevas de sua alma e arrebentasse suas entranhas, solapando parte da escuridão quase infinita a que estava acostumado. Revolveu-se no ar, dando uma cambalhota antes de entrar em contato direto com Joseph Gleber, que o aguardava logo à frente.

Na coreografia não premeditada, o ser infeliz, o príncipe da horda demoníaca, foi catapultado, como se alguém ou algo o tivesse empurrado, ou como se houvesse alguma barreira suficientemente dura que havia oferecido resistência ao seu corpo semimaterial, que então se deslocava em velocidade alucinante. O ser rolou sem rumo atmosfera afora, sem perceber o que o atingira tão repentinamente. Tonto ao extremo e com o medo avassalando-lhe a alma tenebrosa, preparou-se para colidir contra um alvo qualquer, pois já não tinha condições de conter-se ante o pavor que àquela altura o dominava. Temia não a justiça divina, mas sobretudo o processo de reencarnação, que, ao menos durante o possível e provável mergulho na carne, decerto lhe subtrairia a memória, as recordações que faziam dele quem era. Rolando como pião, sentiu o corpo perispiritual ser sustentado por uma força descomunal, estranha mesmo para ele. Somente aos poucos pôde notar que um ser hediondo, mais tenebroso do que ele próprio, um mago negro o arrebanhara da perseguição e o mantinha suspenso por campos de força mentais, quase flutuando à sua frente. O ser demoníaco o liberou da possibilidade de enfrentar o espírito celeste; porém, conhecendo como conhecia a fama dos magos negros, estaria irremediavelmente sob a custódia daquele que, quem sabe, reservava-lhe um destino ainda mais temível do que o de mergulhar na carne, esquecendo seu passado miserável. Cair nas garras de um mago da trevas, um dos senhores da escuridão, era algo que jamais desejara ou antevira. Caíra numa armadilha descomunal.

Joseph pairava ao longe, observando como a interferência de um mago negro impediu, no último instante, a captura do espírito da casta de Baal, um sanguinário chefe de toda uma milícia. Os dois guardiões aproximaram-se, levitando ao lado do elevado mensageiro, e ao longe notaram o mago negro dando estrondosa e tenebrosa gargalhada, ao provocar uma explosão nos fluidos atmosféricos densos da dimensão paralela para então sumir, imediatamente. Joseph abdicou da perseguição; pairava no ar também, com o espírito repleto de lembranças de quando enfrentara, pessoalmente, as forças mais potentes do abismo, nos momentos em que lidara com o Terceiro Reich, durante sua última encarnação.

— É um exímio especialista e um dos principados dos dominadores do abismo — falou o guardião para Joseph, que pensava ainda no potencial de destruição do qual aquele espírito era capaz.

— Muito mais do que isso, meu amigo, aquele ser pode se transformar num fator determinante para os magos na sua ofensiva contra os países do Oriente, que já oferecem campo fértil para situações geopolíticas complexas, que envolvem o extermínio de milhares de seres humanos. Os magos pretendem algo muito maior.

— Com o perdão da minha intromissão — começou o guardião numa conversa informal, mas cheia de respeito pelo ser que se destacava pela elevação espiritual.

— Fique à vontade, guardião! Fale comigo como a um amigo. Sou apenas um servidor, como você mesmo.

— Não poderia capturar o mago negro, também? Digo, o baal escapou por um triz, mas tenho a impressão de que, se quisesse, poderia muito bem ter capturado o mago, e os levaríamos juntos para prestar contas à Providência Divina.

— Não é assim como pensa, meu amigo — respondeu Joseph Gleber. — Em todo lugar no universo, é preciso respeitar a especialidade de cada ser no trato com questões energéticas e espirituais. É claro que tenho particular interesse em enfrentar e capturar entidades envolvidas nos bárbaros conflitos de guerra, pois estive pessoalmente junto a um regime que, no passado recente, patrocinou sem escrúpulos a destruição de milhões de vidas. Além do mais, este espírito em particular é um dos envolvidos e principais atores que, desde os bastidores da vida, manipulou guerreiros, generais e políticos, em seus gabinetes. Contudo, não é minha especialidade lidar com magos negros. Devo reconhecer meus limites; não é meu campo de atuação. Precisarei da ajuda de João Cobú, um dos dirigentes de Aruanda. Ele, sim, detém recursos e conhecimento para enfrentar os magos da escuridão. Juntos, podemos solucionar problemas muito mais amplos, que envolvem as duas castas de espíritos e seus planos diabólicos.

— Desculpe, nobre amigo — tornou o guardião, reconhecendo na atitude de Joseph grande sabedoria, pois pretendia abranger muito mais do que ele próprio supusera.

— Não tinha pensado nisso, isto é, na possibilidade de atingir duas castas de espíritos ao mesmo tempo e, quem sabe, desmoronar toda a estrutura de sua política desumana. Mas, se me permite a pergunta, como o encontraremos novamente? O mundo espiritual é tão vasto...

— Não se preocupe, meu amigo. Fique tranquilo, pois sei exatamente onde se refugiarão. Quando ampliei as irradiações de minha aura, também fiz uma manobra desconhecida inclusive para aqueles espíritos. O baal recebeu o impacto da luz sideral, que o atingiu como um bisturi. Na verdade, deixei seu corpo espiritual marcado com um tipo de luz, uma luz coagulada, um fóton da dimensão superior, que se alojou em suas células astrais e semimateriais. Algo muito específico, como um DNA espiritual; uma espécie de radiação luminosa que jamais poderá ser rastreada pelos senhores da escuridão.

— Um tipo de implante?

— Não! Um tipo de marca lhe doerá na alma profundamente; uma partícula de luz da dimensão superior, temporariamente materializada nas moléculas ultrassensíveis de seu corpo espiritual. Será algo que o incomodará e imprimirá em sua mente *flashes* de imagens, paisagens e sensações próprias da dimensão superior. Para nós, um farol de pura luz, coagulada, mas irradiando um tipo de sinal que pode ser rastreado de qualquer lugar onde estejamos. Ele não pode escapar por completo à nossa visão espiritual. — Voltando a consciência para sua próxima etapa de trabalho, Joseph despediu-se. — Perdoe-me, meu caro guardião, mas tenho de me ausentar de sua presença. Tenho outras ocupações que demandam urgência de minha parte.

— Ficaremos aqui por mais algum tempo, a fim de evitar qualquer intrusão de espíritos dessa categoria.

— Mas cuidado, guardião. É necessária uma habilidade específica para enfrentar esse tipo de espírito; a tarefa requer técnica, pois há espíritos com os quais os métodos convencionais não funcionam, reclamando outro tipo de abordagem e outras ferramentas. Fique atento a isso.

Sem esperar resposta do guardião, o espírito subiu vertiginosamente a atmosfera, rompendo a delicada membrana sutil e etérica que separa as dimensões. Uma explosão de luz marcou o momento em que Joseph Gleber transpôs a fronteira entre a dimensão astral e o plano mental, voando em direção a regiões ignotas da espiritualidade.

Entrementes, em regiões mais profundas do abismo...

O cenário era singularmente tenebroso. Havia diversos símbolos estranhos, místicos e enigmáticos espalhados tanto nas paredes quanto no teto do local, estruturado em algum recanto obscuro do planeta, na contraparte astral inferior. Gargalhadas sinistras advinham de dois seres, cujo aspecto lembrava velhos feiticeiros de livros de terror — personagens que a ficção por certo captou da realidade extrafísica das hordas umbralinas. Ambos tinham rosto pardacento, marcado por rugas profundas e algumas cicatrizes, que pareciam ser de natureza cirúrgica, quem sabe fruto da tentativa de reorganizar a aparência externa, inutilmente. As duas criaturas caminhavam pesadamente sobre o chão de um tipo medieval de construção. Lembrava o lugar uma antiga catedral gótica, mas, no altar, em vez de objetos sagrados de culto e outros elementos comuns a uma igreja, havia artefatos mágicos, além de livros e mais livros feitos de uma espécie de papiro, que jaziam empoeirados, embolorados, e o cheiro de mofo se espalhava pelo ar. Havia ali outros espíritos, na maioria de aspecto não muito diferente dos dois. Vestiam-se os personagens infernais com um tipo de indumentária semelhante às utilizadas pelos aiatolás do clero xiita. Arrastavam-se penosamente, em vez de simplesmente andar, o que lhes parecia ser um esforço. Nova gargalhada abismal cruzou o ar, assim que um dos irmãos daquela comunidade sinistra se movimentou.

Num dos recantos que margeavam a nave, dois homens apresentavam-se de maneira diferente. Eram dois cientistas aliados aos magos, que seguravam uma tela finíssima nas mãos, enquanto outras semelhantes repousavam dentro de um recipiente, imersas em um líquido qualquer. A tela parecia uma teia, e era feita de tecido orgânico. As entidades conversavam:

— Nossa parte está pronta! Nossa obra de tecnologia a partir de um tecido vivo é o ápice, o máximo em termos do desenvolvimento de nossa técnica.

— Sim! E o fato de cada milímetro do tecido vivo ter sido extraído do resíduo de períspiritos descartados durante a perda da forma perispiritual, quando entidades degeneraram para a forma ovoide, dá um sabor especial ao produto. Trata-se realmente de uma façanha da nossa ciência transformar estes restos de tecido orgânico, perispiritual, em algo útil.

Uma voz, a voz gutural de um dos magos infernais, foi ouvida ao lado de ambos:

— Mas vocês nunca chegariam a termo com os experimentos sem a nossa ajuda. Nenhuma teia teria tanta eficácia sem nossa magia, sem que utilizássemos elementais naturais, viciados, hipnotizados e induzidos a fazer exatamente o que queremos. Sem nossa contribuição, nem ao menos conseguiriam manter coesa a matéria-prima dos corpos, que teria perdido a estabilidade molecular há tempos.

Vendo a expressão de contrariedade na face dos dois cientistas, o mago negro deu uma gargalhada ainda mais tenebrosa do que antes, e acrescentou:

— É a tecnomagia em plena ação! A união definitiva da ciência do abismo à nossa força mental, nossa magia, que neste caso resulta numa teia muito mais eficaz para trabalhar o cérebro dos médiuns encarnados. Precisamos agora de acelerar a reprodução do protótipo final, para que o fruto de nossa parceria seja usado o mais rápido possível. Já temos alguns alvos escalados, pré-programados.

Mesmo que os cientistas abominassem o tom da conversa, pois queriam ter o mérito total sobre o novo avanço, tiveram de aceder: sem o pacto com os magos, jamais teriam logrado êxito no experimento. Uma nova configuração de poder estava em andamento nas regiões abissais, marcada pela aliança de certos magos negros, que se viram acuados pela ação defensiva e ousada dos guardiões e pais-velhos, com determinados cientistas, que igualmente se viam impotentes diante da ação de representantes do famigerado Cordeiro.

Entretanto, o quadro aqui era diferente. O método, quase novo, ainda não era conhecido o bastante entre os servos do Cordeiro para que tivessem criado uma forma de combatê-lo. Médiuns havia que não estudaram sequer a ação dos aparelhos da tecnologia astral; muitíssimo menos conheciam a força e os intricados processos da magia negra. Ousavam querer enfrentar os magos negros, e muitos até conseguiam algo contra implantes e aparelhos parasitas mais simples. Contudo, a aliança entre ambos os espectros de poder sombrio jamais havia sido tentada, nas eras atuais.

Assistiu-se a algo do gênero, em tão larga escala, apenas no antigo continente de Atlântida, quando da primeira guerra dos magos negros. Nos tempos modernos, era a primeira vez que tal associação de poder era coroada ou consagrada. Isso ocorria devido a dois fatores. De um lado, o uso da força mental dos magos e sua crueldade incomparável; de outro, o avanço da técnica científica originada nos experimentos do Terceiro Reich, agora levados a efeito nos bastidores da vida extrafísica pelos mesmos cientistas que, durante o período reencarnatório, trabalharam pela ciência do inferno ou a ciência doentia, patrocinada pelas forças do abismo. A teia ou tela orgânica era algo que seria em breve testado — e o alvo estava predeterminado.

— Podemos programar à vontade as células nervosas da teia. Com a magia e a ação dos elementais utilizados para acionar o programa que fizemos, o conteúdo passará diretamente para as células nervosas do encarnado. E como os elementos empregados na confecção da teia são de constituição etérica e astral, revelaram-se capazes de imitar perfeitamente a rede neural do cérebro extrafísico e mesmo físico dos encarnados. Isso faz com que a programação ou as ordens impressas na teia sejam assimiladas perfeitamente pelo hospedeiro. Como se ajusta milímetro a milímetro à rede neural, dispensa nossa presença junto ao alvo. A própria rede envia-nos um tipo de sinal, que podemos captar, e transmite informações sobre a vida mental do hóspede da teia. Pelo que sabemos até o momento, é impossível retirar o artefato sem causar sensível dano aos neurônios. Nem mesmo nós, que o desenvolvemos, sabemos como retirá-lo do cérebro ao qual se integrou.

Todos deram gargalhadas, embora os científicos se mostrassem menos eufóricos do que os magos, devido à sua submissão clara a estes. Queriam a todo custo agir de modo independente, porém jamais alcançariam seu objetivo se cada uma das duas facções trabalhasse separadamente.

Aquele era apenas um dos diversos projetos daquela horda de espíritos ligada às experimentações classificadas como tecnomagia, que evidentemente não passava despercebida ao Plano Superior. A fim de estudá-lo em pormenores, Joseph Gleber e os seres de sua dimensão ambicionavam fortemente recolher um dos artefatos batizados com o nome de teia — o qual representava muito bem a estrutura daquela tecnologia híbrida. Mas os orientadores evolutivos sabiam esperar. Precisavam da ajuda dos pais-velhos, exímios especialistas no trato com a magia, sejam quais fossem suas manifestações e características.

Foi para esse templo gótico assombrado que levaram o espírito capturado, o maldito da casta de Baal. Irial estava sob o comando dos magos, sob a ameaça de ser usado como cobaia para as experiências da teia. Ou então...

— Falem, digam o que querem que eu faça em troca da minha liberdade de pensamento! Não quero nem permito que façam uma intrusão psíquica tão indesejável em minha mente. Evoco, para isso, minha posição de principado.

Uma risada sinistra novamente ecoou.

— Principado de qual reino? — perguntou a entidade perversa, o mago que o arrastara ao reino sombrio. Irial ficou calado, pois não tinha resposta para o monarca da magia e da escuridão. — Sabe muito bem que os dominadores foram vencidos pelo poder daquele cujo nome não ousamos pronunciar. Desde então, somos nós os que reinamos no submundo, sem nenhum poder ou força que se interponha entre nós e nossos objetivos. E aqui, ó príncipe de um império perdido, você não passa de mera marionete em nossas mãos. A coisa funciona dessa maneira — acentuou o homem vestido com roupas sacerdotais.

Enquanto falava, os símbolos nas paredes irradiavam uma luz avermelhada, dotando tanto o ambiente quanto suas palavras de grande magnetismo, de certa pujança que parecia sobrenatural. Prosseguiu ele:

— Ou você será nosso comparsa por livre e espontânea

vontade ou será nosso escravo mental. Você conhece nosso poder e, como antigo e famigerado príncipe, deposto e vencido pelos diplomatas e guerreiros do Reino, sabe do que somos capazes, não ignora nossa força mental e a forma como dominamos as emoções.

Dizendo isso, ofereceu-lhe uma amostra do poder medonho. Olhou para o espírito, que, neste momento, sentiu-se dominado, submetido aos caprichos de um pensamento disciplinado, meticulosamente organizado e centrado ao máximo em seu objetivo. Aos poucos, a forma perispiritual do então chefe de hordas, do ex-príncipe dos *daimons*, começou a modificar-se por inteiro. Gradualmente, tomava a forma de um animal peçonhento. Por mais que o líder da hoste da maldade se esforçasse — afinal, para ser um líder ou príncipe de uma caterva, exigia-se controle mental completo sobre si mesmo —, não havia como oferecer resistência, mínima que fosse, contra a mente adestrada ao longo de milênios de um mago daquela envergadura. O proscrito transformava-se, e não somente no aspecto exterior, mas também no interior. Seus pensamentos pareciam um remoinho, girando como se as ideias perdessem a direção da razão, ficando no limiar da loucura, porém conservando algo de quase humanidade. A integridade de sua alma estava em perigo diante do poder inominável daquele mago e de seus companheiros de domínio. Uma vez demonstrada a tenacidade e capacidade do mago negro, ele não prosseguiu; ao contrário, trouxe Irial de volta ao normal, porém lentamente, deixando-o observar, gravar e sorver cada detalhe de sua transfiguração forçada.

Após longo tempo, em que todos ficaram embevecidos ao presenciar a exibição do mago mais perigoso daquela chusma, o espírito voltou à forma original. Os científicos ficaram impressionados com o que viram, com o espetáculo de horror e com o poder descomunal de um dos senhores da escuridão. Como se pôde notar, o feito também teve por objetivo afirmar a autoridade do grão-mestre dos magos perante os cientistas, que se calaram. Aliás, um silêncio sepulcral marcou aquele momento e assinalou definitivamente a submissão do grupo à férula que oprimia a todos e a todos dominava naquele reduto.

— Que querem que eu faça? — redarguiu cabisbaixo e vencido o antigo príncipe dos demônios.

Respirando fundo, fazendo um barulho ofegante e rindo e tossindo alternadamente, o que lhe conferia aspecto bizarro e tenebroso, o ser que conservava sua alma em trevas, e as trevas dominava, falou um falar rouco, arrastado, quase sibilando:

— Pretendemos usar a teia num alvo que já elegemos como cobaia. É alguém que, de certa forma, você já conhece, mas queremos que dele se ocupe pessoalmente. Deverá ser monitorado até o momento em que oferecer menor resistência e estiver longe da influência dos guerreiros superiores. Depois disso, nós a usaremos em alguns líderes políticos mundiais e em representantes religiosos. Precisamos fazer ajustes, observar resultados, mas não podemos perder tempo, nem nos expor, nem comprometer nosso trabalho.

Constrangido sob todos os aspectos, Irial, o príncipe caído de um reino perdido, aceitou a incumbência, sem saber que dentro de seu organismo espiritual havia uma partícula de luz coagulada, um raio de luz das estrelas, temporariamente retraída, diminuída, manipulada e congelada. Tratava-se de um fóton aprisionado, mantido congelado numa molécula do corpo astral de Irial. Nem ele nem os magos negros sabiam disso. Nem mesmo os cientistas conheciam essa possibilidade. Tão logo o espírito abatido pelo poder dos dominantes daquela dimensão aceitou a incumbência, informando-se sobre os detalhes do plano diabólico, a partícula luminosa dentro dele registrou a informação, e sua localização geográfica foi também assinalada, numa dimensão muitíssimo superior àquela onde os eventos se passavam. E nenhum poder da escuridão foi capaz de descobrir ou impedir que, de mais alto, espíritos benevolentes acompanhassem o rastro magnético do emissário e representante dos temíveis senhores da escuridão.

2

A HUMANIDADE DOS ESPÍRITOS

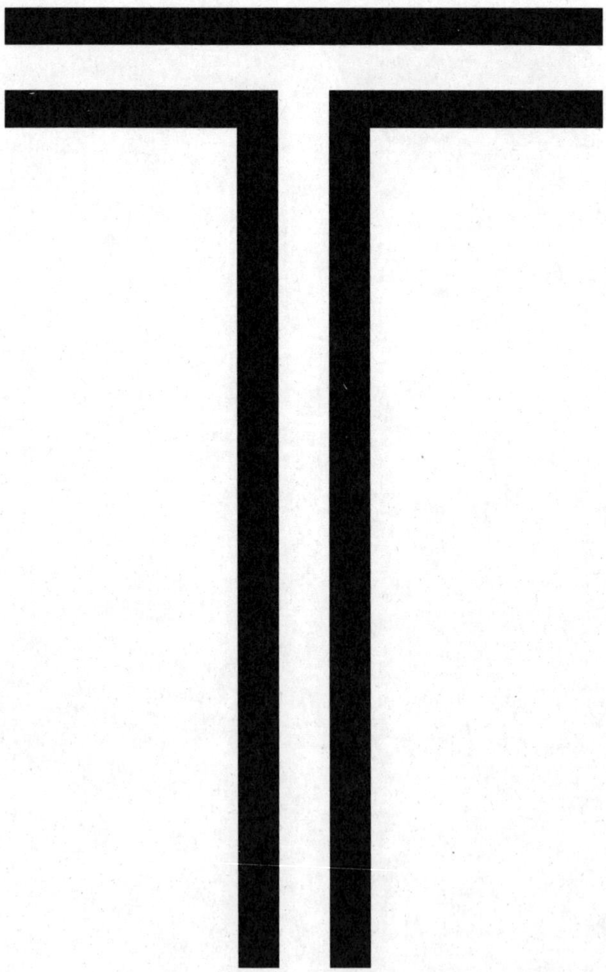

RÊS HOMENS ROBUSTOS, vestindo roupas pouco convencionais, mais parecendo soldados de algum exército que há muito se extinguira ou se dissolvera na poeira do tempo, caminhavam, quase apressados, rumo a determinada cidade no interior de um dos estados da região Sudeste brasileira. Era uma cidade próspera, movimentada e, em muitos sentidos, mais próspera mesmo que as capitais de certos estados do Norte ou do Nordeste do país. A vida circulava em torno de grandes empresas; tratava-se de um polo industrial importante no cenário nacional. Naquele dia, porém, ocorreria uma festa de rodeio, e havia bem poucas coisas que pudessem fazer a cidade parar como em tempos de festa.

Era noite, uma noite repleta de estrelas e com ar de verão, embora ainda fosse primavera. Os homens eram fortes, corpulentos; mediam aproximadamente 1,80m e lembrariam jogadores de basquete, não fossem os trajes e a postura. Ao se aproximarem, olharam rumo ao parque de exposições e, de lá, seus olhos vagaram para a região central da cidade, enquanto escutavam o som festivo que reverberava por todos os lados, como se algo especial, muito especial, ocorresse por ali. As lojas já haviam fechado, e a gente, alegre e descontraída, caminhava pelas ruas ou deslocava seus automóveis rumo ao local. Os três examinaram tudo à frente e, apesar da algazarra reinante, decidiram prosseguir. Queriam observar mais de perto o lugar. Tinham interesse em saber detalhes da vida daquela gente, principalmente das pessoas que seriam seu alvo mental naquela empreitada.

A cidade estava em festa havia já alguns dias, mas naquele final de semana, especialmente, o burburinho tomara conta do local, e o povo parecia muito mais eufórico do que nos dias anteriores. A frivolidade dominava. Risos, brincadeiras — umas absurdas, outras mais tranquilas e inocentes — pareciam ser a tônica. Era como um carnaval fora de época. Muitos se embebedavam e outros mais se entregavam à volúpia dos sentidos, embriagados na luxúria ou nos apetites das paixões que lhes seduziam. Dezenas, talvez centenas, vomitavam, tamanha a ingestão alcoólica, enquanto outros aproveitavam a festividade para encontrar parceiros íntimos com os quais pudessem se aventurar em experimentos e jogos de ordem sexual.

Em lugares mais próximos de onde se concentrava a multidão, havia várias barracas, onde se comercializavam as quinquilharias que o povo mais comum gostava e, também, os poucos turistas das cidades próximas, que a esta altura chegavam ao local para disputar sua parcela de diversão. A música estridente e desconexa do parque de diversões parecia competir com as diversas duplas sertanejas que se revezavam no palco da grande área do evento. As crianças quase avançavam sobre o algodão-doce, de posse do qual corriam entre as atrações do parque de diversões, com a roda-gigante e o tobogã competidíssimos, e o evento principal, que era o grande chamariz da multidão.

Os três homens, que pareciam se entender apenas entreolhando-se, sem precisar de palavras, observavam tudo em completo silêncio, embora, talvez, seus pensamentos estivessem velozes, muito mais velozes do que os animais que desfilariam mais tarde. Não compreendiam como aquela multidão respondera ao chamado da mídia e se entregava por completo à diversão, enquanto outros tentavam comprar o prazer e a ilusão dos sentidos, que vinham mascarados nas mercadorias vendidas ilegalmente, porém, admitidas pela complacência das autoridades, que procuravam ignorar o comércio ilícito de entorpecentes e demais produtos nocivos à saúde.

Viram o povo se acotovelando para adentrar o recinto

principal, onde ocorreriam as diversas atrações artísticas. Mantinham aquele silêncio eloquente, olhando ao largo, sem se deter nem se deixar contaminar com os apelos da diversão, da alegria e do prazer. Pareciam impermeáveis àquilo tudo. Queriam muito mais; almejavam obter maiores informações sobre a estrutura da cidade, seus habitantes e, principalmente, alguns poucos moradores. A gente que acorria ao ambiente onde tudo se desenrolava chegava a passar próxima do trio sem o perceber ou, percebendo-o, não imaginava que houvesse alguém na cidade capaz de outros interesses que não os da multidão. Porém, os visitantes pareciam procurar algo ou alguém no meio daquela aglomeração.

Depois de muito vagar entre o povo que se acotovelava, após algum tempo caminhando em busca de alguma coisa ou alguém, um deles apontou em meio ao alvoroço e disse:

— Vejam! Ali está quem procuramos — falou o mais velho dos três.

Todos olharam ao mesmo tempo na direção apontada. E viram. Olharam, e seus olhos encontraram o homem moreno, bonito, que se misturara na multidão e, de alguma forma, tentava se divertir, embora parecesse ter dificuldade para isso. Os três visitantes apressaram o passo e logo se colocaram atrás do homem, meio perdido na aglomeração. Um deles, espalmando a mão sobre a fronte da pessoa-alvo, embora sem ser percebido por ela, de modo enfático ordenou:

— Saia daqui imediatamente! Olhe naquela direção — falou imperativamente, apontando um local mais distante.

Parece que o homem ouvira a ordem, mesmo sem perceber com clareza quem a dera, e foi-se. Caminhou mais apressado, abrindo brechas no meio do povo, e retirou-se logo, como se tivesse urgência. Não sabia nem ao certo o que procurava ou aonde ia, mas mesmo assim se foi. Obedecia ao comando hipnótico, cujo êxito era favorecido pela música infernal e inebriante, que tocava a todo volume. Os visitantes apertaram o cerco em torno dele como se pretendessem roubá-lo, assaltá-lo; porém, o ato não se consumou. Em seguida, viram seu alvo imediatamente cair ao chão, desmaiado. Teria ingerido algum tipo de droga ou bebida em demasia?

Deixaram-no ali, estendido no chão, pois sabiam que voltaria ao normal em breve, não se lembrando de como havia saído do meio da multidão ou de quem o conduzira àquele local afastado.

Curiosamente, em seguida, partiram os três homens. Pareciam ter outro objetivo — ou mais de um alvo. Apressados, agora, deixaram o parque de exposições para trás e rumaram a outro canto da cidade, a mais ou menos 2km dali. Marcharam para a região central, no lado oposto àquele em que se encontravam. Parecia que deslizavam em patins, pois transpuseram a distância em pouquíssimo tempo, um tempo bem mais reduzido do que aquele que gastaram para chegar ao ambiente tumultuado onde a população se reunia.

Em mais alguns minutos estavam defronte a uma casa singela, num dos bairros próximos do centro, onde pareciam estar reunidas algumas poucas pessoas. Um jardim simples dava mostras de que ali morava alguém de vida e hábitos comuns ou, quem sabe, desleixado. Mas a casa pequena ante a qual estavam postados impunha algum respeito. Parecia um grupo de oração ou algo do gênero; porém, era um grupo familiar. Os homens olharam ao redor, como se estivessem pesquisando algo ou tentando identificar algum ponto de referência. Daquele local podiam, com esforço razoável, divisar toda a cidade, mas principalmente a parte baixa, onde se reunia a população. Os homens perscrutavam, devassavam tudo ao redor como se possuíssem um sentido extra, um sexto sentido com o qual pudessem apalpar, investigar, penetrar a intimidade de todas as coisas e, quem sabe, também das pessoas.

Denotavam interesse em algo além do que pudessem revelar seus olhos experientes. Com seus sentidos aguçados, enxergavam sem precisar ver. Percebiam sem precisar tocar. Analisavam ao redor, tudo mediam, quase sentiam o odor de qualquer coisa que se aproximasse lentamente. Sentiam em cada poro de seu corpo esguio e atlético que uma vibração ameaçava aquele lugar. Dali onde estavam, daquele lugar privilegiado, que lhes facilitava a observação de todo o arredor, sabiam a que vinham e pensavam na importância da cidade e do que acontecia ali naquela casa, no significado daquelas pessoas reunidas naquele recinto. Decidiram penetrar o lugar sem deixar que acontecimentos externos ficassem fora de seu campo visual ou de suas percepções.

Dois deles espremeram-se parede adentro, como se fossem feitos de borracha ou de algum tipo de matéria elástica e permeável, que pudesse intrometer-se nos sulcos da construção. Ao ver o pequeno grupo no interior da casa, perguntaram-se intimamente, com descrédito, se ocorreria ali mais um combate; se tudo terminaria ali mesmo, sem que houvesse entrave àquela gente quase pacífica. De todo modo, a tarefa deles não era combater, pura e simplesmente; sobretudo, era procurar pontos em comum, algum tipo de afinidade, no afã de estabelecer uma parceria com tantos membros do pequeno agrupamento quanto possível. Até que a visão extremamente sensível dos intrusos os levou a perceber que algo estava prestes a ocorrer ou, então, que algo ou alguém se aproximava daquele recanto.

A vizinhança parecia ser feita de sombras. O emaranhado de árvores e construções, razoavelmente afastadas umas das outras, fazia com que, durante a noite, o local se assemelhasse à fantasmagórica periferia de qualquer cidade imaginada por um diretor de filme de suspense, talvez Hitchcock. As sombras noturnas formavam um interessante desenho, no qual se mesclavam as árvores, que se erguiam aqui e acolá, dando a impressão de formar um cenário minuciosamente traçado para o protagonismo de atores de um drama invisível.

Um vulto pareceu ganhar vida ou vida possuir. Movimentava-se; caminhava, enfim. Era bizarro, como uma sombra rastejante, que se grudava ao chão, deixando o resíduo de uma substância nauseabunda, além de um cheiro pútrido no ar, à medida que se movia perigosamente em direção ao pequeno reduto onde as pessoas se congregavam. Algumas vezes, apenas rastejava pelo chão; outras, arrastava-se casas e árvores acima, a fim de observar, para logo esgueirar-se novamente pelos cantos sombrios das ruas e, feito uma sombra, enfim escorregar na direção pretendida. O alvo da sombra, a casa onde o grupo se reunia, nimbava-se de uma luz suave, imperceptível aos olhos comuns, mas que chamava a atenção de quem sensibilidade possuísse ou de quem tivesse olhos de ver. Mas a sombra miserável, persistente, quase humana, ou quem sabe inumana, prosseguia mesmo assim, ainda que dificuldade encontrasse para acostumar a visão à luminosidade que emanava da casa.

A aparição poderia ser descrita como uma gárgula rastejante ou, dependendo do apuro da imaginação, talvez se visse nessa mistura de negritude com matéria rarefeita um tipo qualquer de lagarto disforme ou deformado pelas projeções sombrias das casas da vizinhança e dos outros elementos encontrados na rua àquela hora. Tremia toda a estranha criatura. Emitia um som dificilmente interpretado como alguma espécie de comunicação. Aproximou-se, quase se espremendo entre as gretas do portão, que, naquele dia, estava fechado. Arrastou-se penosamente e crispou as garras nas paredes, ignorando os três seres que ali chegaram antes dele. Não os poderia notar. Não os percebia com seus sentidos, que, embora aguçados, não estavam aptos a ver e ouvir além dos limites de frequência estreitos em que existia sua aura horripilante.

Logo o pequeno grupo de pessoas, humanos encarnados, começou a entoar uma canção que lembrava um hino de louvor e gratidão. O estranho ser arrepiou-se todo, pois, ao mesmo tempo, percebeu que não estava sozinho ali, naquela dimensão. Alguém ou alguma coisa achegou-se a ele e, ainda invisível a seus olhos esbugalhados, tocou-o com mão forte, que lhe deteve o percurso. As roupas esfarrapadas, a pele membranosa, o manto — se é que aquilo pudesse ser chamado de manto — que arrastava atrás de si, farfalhando como folhas secas assopradas por um vento forte, agora lhe arrepiavam a epiderme cheia de sulcos e cortes, de marcas amarelecidas pelo tempo.

A iluminação dos postes da rua, as irradiações da lua e a própria luz das luminárias do ambiente doméstico refletiam-se na indumentária de mau gosto da estranha criatura das sombras, aparentemente privada de senso estético. Olhos amarelados, emoldurados em olheiras profundas e rugas facilmente perceptíveis, permaneciam estáticos ao notar que algo diferente estava ali, algo que não podia ver ou perceber. Os lábios finos, enrugados, com um pequeno corte no canto superior esquerdo, emoldurados pela face esmaecida e esquelética, conferiam à vil criatura uma impressão hedionda. Pequenos tufos de cabelo caiam-lhe sobre os ombros tortos, estranhamente disformes, enquanto o hálito exalava o cheiro do enxofre das profundezas vulcânicas ou de algum outro gás que bem poderia causar asco e náusea em quem o sentisse. Na tentativa de produzir algum som a partir do rasgo que fazia o papel de boca, esculpido de forma qualquer na face disforme, ouvia-se um grunhido, um tipo de arranhão; qualquer coisa, menos palavras compreensíveis por um ser vivo do mundo dos homens. Os dentes mais pareciam pedaços de ossos quebrados, cujas pontas cortavam a língua, que por isso sangrava, compondo o retrato de um vampiro energético ou algo equivalente. O som que, na tentativa de sair da boca, afigurava-se incomum para uma criatura viva, transformou-se logo em um tipo de tosse, como se quisesse expectorar, embora nada houvesse para expelir além da própria aura, fétida e repugnante. Criatura habituada a covas e cemitérios, fazia morada entre as catacumbas, como ladrão de fluidos ou resíduos ectoplásmicos cujo prazo de validade expirara. A tosse ou qualquer que fosse o som, emitido com notória dificuldade, fazia exalar do ser da escuridão vapores amarelentos, enquanto a garganta se arrebentava no esforço de limpar-se ou desopilar-se. Quem o ouvisse ou visse jamais saberia se estava tossindo ou gargalhando; quem sabe, o estranho som forçado garganta afora se assemelhasse ao som de algum animal ainda desconhecido pelo homem, perdido, enfim, num cenário de ficção que emergisse vivo das páginas de Júlio Verne ou Dante Alighieri.

Resolveu subir no telhado da casa, sempre rastejando, a fim de poder observar, caso pudesse realmente, o ambiente no interior do imóvel. Mas, na impossibilidade, logo descoberta, aguçou os ouvidos, que formavam dois leques deformados, encostando-os no telhado, para logo mais saber que não conseguia ouvir nada além da estranha melodia — estranha para ele —, a qual lhe causava mal-estar. Desceu, ou melhor, escorregou lentamente parede abaixo, percebendo que era mais fácil escorregar do que subir, e foi se esquivando entre a pequena abertura da janela, quase a muito esforço, como se não pudesse ali estar devido a alguma força sobrenatural que envolvia o lugar. Contudo, aglutinando as reservas de fluidos perniciosos, contaminados, roubados de suas vítimas sepulcrais, arremessou-se contra as gretas e tentou entrar, enquanto deixava escorrer um fluido denso, quase um líquido ou uma lama, mais propriamente, das pústulas que lhe marcavam o corpo espiritual repulsivo. Quase ria, caso rir pudesse, mas a forma de sua boca escancarada mostrando os dentes quebrados e pontiagudos parecia esboçar, quem sabe, aquilo que os humanos conheciam como riso, talvez um riso de deboche. Com muita dificuldade, o ser semimaterial, habitante das escuras covas sombrias, esgueirou-se penosamente pela abertura da janela, como se fosse um homem ou uma sombra humana feita de borracha. Mas não pôde continuar. Algo o deteve ali mesmo, sem que soubesse o significado do que lhe acometia. Não tinha olhos para ver além da miserável existência e das próprias necessidades, do vício nas emanações roubadas de quem vitimava.

Embora apenas rastejasse por entre sombras e vultos, o vampiro pareceu arrebentar-se contra um campo de forças invisível. Quem sabe, no auge do pensamento e dos raciocínios nublados pelo desejo de satisfazer a compulsão da alma doentia e malévola, esbarrasse contra uma muralha de pedra ou metal, que detinha seu avanço sinistro. Foi impedido, no último instante, de levar a cabo seu projeto. Arrancado quase abruptamente do lugar onde estava, recebeu o impacto que, para ele, assemelhou-se a uma porretada, um bofetão descomunal, tão despreparado estava para o evento, a ponto de sentir-se lançado para longe, voando nos fluidos ambientes e arrebentando-se no poste logo à frente da construção. Colidiu vergonhosamente e, ao mesmo tempo, violentamente com a contraparte astral do poste, embora o impacto pudesse ser sentido mesmo que colidisse com a matéria simples e comum do plano físico dos homens, tão materializada estava a estranha criatura. Os dentes, feitos de pontas de ossos semimateriais, esboçaram uma caricatura de horror dentro do rasgo da boca esquálida. Uma espécie de urro pareceu emergir do fundo da garganta, enquanto o sopro de vida, o hálito quente que exalava do interior, lembrava o cheiro apodrecido dos cemitérios e dos defuntos em decomposição.

Com efeito, a sinistra criatura fora arremessada para longe e impedida de prosseguir no intento. Mas não se deu por vencida. Devido à fúria de sua alma, a aparente dificuldade de caminhar e rastejar cedeu lugar a uma força estranha, que subitamente pareceu envolvê-la, advinda das profundezas de seu espírito malévolo. A pele esticou-se completamente, e cada poro pareceu transformar-se numa escama, como se fosse um réptil cheio de membranas escamosas. Os braços esqueléticos abriram-se como asas, deixando um líquido espumoso escorrer rumo ao chão. Respirou fundo, embora a dificuldade em fazê-lo, à primeira vista, e armou-se de forças que antes não parecera ter. Deu um grito, que mais pareceu o regougo de uma hiena, um alarido de terror congelado na garganta e de repente liberado pela ira de sua alma. Chiou de raiva, de ódio que o possuía e dele emanava, arremessou-se em direção à casa e quase levitou, tão intensamente se jogou rumo ao alvo mental previamente estabelecido. Mas tão logo se lançou, voando numa força bruta que inopinadamente sobreveio de seu âmago — quem sabe emprestada por alguém distante e transmitida pelos fios invisíveis do magnetismo e da manipulação mental —, foi engolido pela luz que de imediato o cegou.

Um grito sinistro ouviu-se no ar, na atmosfera psíquica

das redondezas, enquanto o horripilante ser da escuridão jogava-se porta adentro da casa. Ao mesmo tempo, sentiu-se tragado por um facho de luz, um clarão que rebrilhava ao redor e que antes não pudera perceber. O espírito das sombras contorceu-se, na mais pungente agonia; tentou fechar os olhos, embora a luz penetrasse muito mais pelos poros do corpo espiritual que pelas aberturas desmesuradas que abrigavam os globos oculares. Gritou, ameaçou, pronunciou juras de maldição; esperneou e deu pontapés no ar, como se ali houvesse um alvo fácil de ser ferido ou atingido por pernas que lembravam as de crocodilos. Enquanto esbofeteava o ar, ao mesmo tempo procurando tapar os olhos e sentindo arder-se por inteiro, foi outra vez arremessado, como se uma mão poderosa o erguesse pela pele escamosa ou pelo arremedo de pano que formava seu manto de escuridão e trevas e o atirasse, com força impressionante, para bem distante de onde pretendia chegar. Era uma massa amorfa atingida pelo pontapé de algum jogador do time adversário, que o arrojara para longe.

Durante o ligeiro voo rumo a um obstáculo desconhecido, ainda teve reflexos suficientes para abrir os braços, feito asas de um morcego gigante, na ânsia de mitigar o impacto contra qualquer alvo que estivesse à sua frente e aplacar a dor que logo sentiria. Inflou-se todo, empertigou-se ainda no ar e tentou, num átimo, apenas por puro instinto de alma brutal, mover-se a fim de mudar a rota de colisão à qual estava fadado. Fluidos nocivos escapavam-lhe pelos poros, uma vez mais, ao tempo em que o bruto e terrível som de um grito, de palavrões indescritíveis saía de sua bocarra escancarada de terror repentino. Como se fosse uma bala disparada de um revólver, voou pelo ar, chocando-se contra um alvo real à sua frente, agora bem mais resistente e violento do que o anterior. Teve a impressão de que fora arrebentado em suas entranhas e rolou pelo chão afora, expelindo pus e suor por diversas partes de seu corpo horripilante. Sentiu como se nova morte o atingisse. Protestou, vociferou e grunhiu como um lobo furioso, mostrando toda a hediondez de sua alma desfigurada pela dor e pelo furor.

Na tentativa de levantar-se, instantes depois, o impacto das células de sua epiderme espiritual com a matéria astral produziu uma estranha explosão nos fluidos ambientes. Uma nuvem de densos fluidos atingiu o local, como se houvesse uma máquina de fumaça ligada na coxia da dimensão astral. Luzes macabras, lampejos abruptos, carregados eletricamente, arrebentavam-se em torno do ser das profundezas. Alguém ou algo impedira definitivamente que ele adentrasse o ambiente dos famigerados filhos do Cordeiro. Ato contínuo, silêncio comprometedor se fez ao redor, encobrindo o ódio mortal daquela criatura, que rolava chão afora, devido à impossibilidade de enfrentar os anjos da justiça e da vingança, conforme acreditava a mente povoada por crenças fantasiosas e misticismo exagerado.

O homem alto, magro, de compleição elegante, com os cabelos ligeiramente arrepiados e uma aura suave de cor dourada, baixou o braço direito, que levantara abruptamente alguns segundos antes. À proporção que sua luz, sua aura se dissipava ou se contraía, sob uma vontade firme e inquebrantável, novamente ganhava o aspecto de homem comum, conquanto seu semblante refletisse uma força moral irresistível.

— Você nem deu tempo de eu me manifestar! — exclamou o outro homem de cabelos curtos, envolto numa aura também suave, o qual segurava o cabo de uma espada, antes mesmo de desembainhá-la. — Nem ao menos esbocei qualquer reação, pois não deu tempo de ativar o instrumento de defesa...

— Não precisa! Não tenho tempo para esperar sua espada funcionar — respondeu, sem pestanejar, o primeiro homem ao colega visitante, de maneira direta, mas sem um pingo de rudeza.

— Era um espírito vampiro?

— Enviado do submundo. Pude penetrar seu psiquismo e, através dele, perceber a identidade energética de seus manipuladores e do mandante. Era apenas um serviçal dos dirigentes do abismo.

— Um serviçal? Um espírito manipulado, enviado para causar desentendimento?

— Existem outros contra os quais seus instrumentos de defesa serão mais apropriados, no futuro. Não quero desmerecer seu trabalho, mas guarde energias para batalhas mais expressivas.

— Haverá outros espíritos semelhantes? Obsessores especialistas, talvez?

— Muitos mais... Não se engane, meu amigo.

— E como nossos companheiros encarnados farão para se defender desses especialistas?

— Não é contra eles que terão de agir. Precisarão ficar mais atentos, pois existem peritos muito mais capacitados do que este simples filho da escuridão. Isto é, devem se precaver é contra aqueles que se fazem passar por mentores. Estes, sim, constituem ameaça verdadeira.

— E podemos fazer alguma coisa para ajudar nossos amigos encarnados?

— Somente vigiar para interferir quando for a hora mais grave. Por ora, Jamar, temos de torcer para que nossos pupilos do plano físico estejam de olhos bem abertos quanto às artimanhas do Invisível. Disfarçados de mentores, muitos se misturam ao movimento, de modo a ludibriar e enganar. Como representantes de uma superioridade questionável, intentam solapar os fundamentos do trabalho que poderia significar a libertação das consciências.

— E como proceder, Joseph?

— Trabalhando. Trabalhando muito e sempre para que as mentes possam se libertar do religiosismo e da dependência emocional e espiritual doentia, assim como do engessamento mental que reprime e limita as possibilidades do espírito.

— Se não nos é dado interferir diretamente, de maneira mais decisiva, qual a nossa função aqui, nesse ambiente onde se reúnem filhos do Cordeiro? Parece que há qualquer coisa permeando o entorno, algo que me faz pressentir um tipo de ataque; um cúmulo energético intenso, diria. Por que não intervimos e liberamos o ambiente dessa influência estranha?

— Não se preocupe, meu amigo — falou, tocando levemente o ombro do espírito guardião. — Vamos entrar na casa. Tenho uma tarefa junto a este nosso agente ou aliado das forças soberanas do Cordeiro, como você diz. Devemos trabalhar; com o passar do tempo, verá que mesmo as forças discordantes podem ser úteis para desenvolver as percepções, a resistência energética e espiritual de nossos aliados. Vamos, meu rapaz, vamos agir, pois a hora é avançada. Precisamos tirar nosso agente do corpo e decolar com ele para novas atividades.

Antes que tomasse a providência anunciada, o terceiro espírito ponderou:

— Pensei que fosse fazer outro tipo de abordagem do nosso irmãozinho que rondava a casa... Coitado! Quem sabe pudéssemos conversar com ele, prestar auxílio espiritual, aconchegar sua alma.

Joseph Gleber deteve-se por um instante, olhando significativamente para o espírito que os acompanhava; respirou um pouco mais forte, mostrando sua infinita paciência, e disse, após um suspiro:

— Fique à vontade para conversar com o *irmãozinho*, meu amigo. E você, Jamar, talvez deva ficar de plantão aqui, pois nosso tão amoroso amigo — falou, apontando para o espírito que se pronunciara — talvez precise de ajuda assim que descobrir com quem está lidando. Quanto a mim, não tenho todo o tempo do mundo nem emprego inutilmente aquele de que disponho. Vá! — tornou a dirigir-se ao autor da proposta. — Tente doutrinar aquele espírito do qual se condoeu e veremos.

Dizendo assim, entrou na casa do agente e colaborador encarnado, enquanto o espírito, muito tocado em seu íntimo, encaminhou-se ao lugar onde se encontrava a criatura raquítica e repelente que esboçara o ataque àquele recanto, onde havia um pequeno grupo em oração. Jamar ficou de prontidão do lado de fora, observando.

Aquele era um bom espírito, cheio das mais nobres vontades e de intenções pacíficas, que pretendia auxiliar junto a determinado médium ao qual se sentia atraído por laços de afinidade. Acompanhava Joseph e Jamar apenas a fim de se instrumentalizar, de capacitar-se. Tratava-se, em suma, de um bom espírito, porém...

Ao achegar-se do ser que gemia do lado de fora, do mesmo ser que rastejava na escuridão, confundindo-se com as sombras noturnas, começou a sentir algo estranho. Uma sensação de mal-estar o envolveu, como se estivesse aproximando-se de um perigo iminente. Fez uma oração com o intuito de elevar a frequência, a vibração mental, e colocar-se como instrumento para o contato mais direto com a entidade que em tudo parecia sondar o bondoso espírito.

O ser estranho rolava lentamente no chão e cobria seus olhos com as mãos, de forma a se proteger contra a luz diáfana que irradiava dos representantes do Cordeiro. Sentira-se cego, repentinamente, ao lançar-se, sem nenhum conhecimento do que fazia, à janela da residência, encontrando de chofre os representantes da justiça divina. Agora, após o choque quase elétrico, após ser repelido simplesmente pelo intenso magnetismo de um ser iluminado, sentiu repercutir nas células de seu corpo espiritual deformado as irradiações que não poderia suportar. Gemia de uma dor moral, uma dor indizível, algo que se assemelhava a uma dor emocional elevada às alturas, devido ao seu orgulho ferido. E a bondosa entidade que acompanhava os outros dois espíritos, Jamar e Joseph, aproximou-se quase cheio de si, sem relutar, convencido de que fazia o melhor para a recuperação moral da criatura das sombras.

Estendendo as mãos, como se ofertasse energias balsâmicas das quais era realmente detentor, agachou-se devagar ao lado do ser, que aparentemente rolava num canto qualquer, após o impacto da sua sombra com a luz dos emissários do bem. Jamar, ao observar o que se passava, sempre atento e com todos os sentidos em alerta, apertou sua espada com a mão direita, colocando-se de prontidão. Era a figura de um felino que se preparava para saltar. O espírito, cheio de boa vontade e orando sempre, mal havia esboçado tocar a cabeça de tão estranha criatura quando se sentiu, de um momento para outro, agarrado, sugado, enroscado pelas mãos hábeis e pelos braços esquálidos do ser que, de súbito, modificou a aparência, jogando-se em torno do representante do bem.

A criatura havia percebido a bondade irradiar-se daquele que lentamente se aproximava. De soslaio reparou que vinha sozinho e captou de sua aura a imensa vontade de ajudar. Mas ele não sentia necessidade de ser ajudado. Aguçou os sentidos e percebeu ainda mais: o espírito aparentemente bondoso ignorava que ele, a criatura das sombras, era um vampiro espiritual. Com as percepções aguçadas, resolveu aumentar a aparência de sofrimento; retocou o próprio infortúnio, de maneira a realçar ao máximo suas dores, causando comiseração. Sabia que quem se aproximava estava cada vez mais sensível, mais tocado emocionalmente. E ele, o ser da escuridão, queria tirar proveito disso. Afinal, precisava de energia; precisava sobreviver e não tinha do que se alimentar. Era um vampiro, na mais clara acepção do termo. Completamente dependente do roubo de fluidos alheios, sem eles não teria forças sequer para levantar-se.

Assim, notou que o espírito à sua frente esboçava agachar-se para tocá-lo, repleto de bondade. Ajuizou que devia lhe faltar inteligência, ao detectar que o espírito do bem não sabia a dimensão da sede e fome de energias e da capacidade que tinha de roubar, extorquir, sugar e vampirizar qualquer criatura em que tocasse. Tão logo o espírito se aproximou ainda mais, tornando quase impossível um recuo, agarrou-se a ele, mesmo sentindo certa repulsa, devido àquela luminosidade diáfana que se irradiava. Agarrou-se, cravando-lhe as garras no pescoço, e abriu a boca em frente à boca do espírito que pretendia assisti-lo, no ímpeto de sugar-lhe as reservas vitais e energéticas. Era tudo ou nada. Jogava tudo naquele lance, pois não mais conseguia prosseguir sem fluidos alheios, provenientes de quem quer que fosse. Vivia uma espécie de crise de abstinência, que quase o deixava louco. Agarrou-se com unhas e dentes ao espírito, que não sabia o que fazer, rolando ambos pelo chão afora.

— Valha-me, Deus, Nosso Senhor! Dr. Bezerra, Virgem Maria, Deus, nosso Pai!... — gritava sem parar a entidade bondosa, despreparada para enfrentar uma situação como aquela. Jamar, num impulso quase instintivo, jogou-se sobre os dois, arrancando um do outro com força descomunal. Pegou o espírito amável, o pretendido mentor, com uma das mãos, enquanto com a outra segurava a entidade vampira, pelo pescoço. Afastou o espírito cheio de medo e pavor para longe, e ainda viu-o esbarrar contra a porta da construção onde Joseph entrara para acompanhar o agente. Pegou o vampiro e lançou-o ainda mais longe do que o local anterior. A criatura ainda viu a espada do guardião rebrilhar e fugiu espavorida, agora tomada de medo, pois já presenciara outras vezes o que um guardião era capaz de fazer com o instrumento de trabalho na forma de espada.

Jamar levantou-se e caminhou serenamente rumo ao espírito bom, que se levantava com dificuldade. Não falou nada. Apenas olhou-o de maneira diferente, firme, com um olhar quase hipnótico. Joseph Gleber percebeu todo o lance, mas conteve qualquer comentário. Afinal, como dissera, não tinha tempo para tais coisas. Havia muito a fazer.

Quando Jamar adentrou a casa, Joseph observava a todos. Um dos que ali se reuniam parecia rezar, embora estivesse sentado à mesa juntamente com os demais, conversando sobre a tarefa que realizavam. Mentalmente, o rapaz estava em oração, pois pressentiu que algo inusitado ocorria no entorno. Jamar soube interpretar o momento em que Joseph Gleber observava em silêncio o moço à sua frente, enquanto postava-se junto ao grupo. O rapaz que rezava trazia na mente a figura de outro alguém, a quem dirigia a atenção durante a prece sentida que fazia, em silêncio. Pedia socorro, forças e saúde para o amigo, que era um dos auxiliares mais diretos e importantes na tarefa que empreendia. Mas não era a sua uma oração sentimentalista, uma lamúria. Não! Era algo diferente. Pedia como quem soubesse a quem se dirigia e sem nenhum resquício de subserviência ou de falsa humildade; tampouco implorava ajuda. Na verdade, exigia auxílio, cobrando dos mentores a devida assistência, pois sentia-se como parceiro das forças a quem se dirigia. Os dois espíritos não puderam evitar que o rapaz mantivesse a postura mental; ele conservava os olhos abertos, enquanto a mente concentrava-se no alvo de suas rogativas. Jamar e Joseph perceberam que eram pressentidos pelo agente e parceiro.

— Ele é corajoso, porém um tanto impetuoso, o nosso amigo.

Joseph observou em silêncio e concordou com Jamar, meneando a cabeça levemente.

— Sim, ele ainda tem muito o que aprender, mas ainda bem que não se esquece de orar, pois sabe o valor da oração. Senão, já teria sido abatido há muito tempo.

— E noto que raramente pede por ele mesmo. Em geral, é um tanto ousado quando se dirige à Providência ou a nós. Ele quase exige, muito mais do que pede.

— Talvez seja porque ele saiba que somos parceiros, amigos e, como tais, conversa conosco não no sentido de se colocar como subalterno ou de nos considerar como seres mais elevados. Pede aquilo que julga de direito, e isso é bom.

— Sim! Pelo menos não fica todo o tempo lamentando

e pedindo, sem fazer nada. Aliás, ele pede e não espera a resposta. Vai fazendo por sua vez, e cabe a nós, muitas vezes, ir atrás, pois nem dá tempo de providenciarmos a ajuda requisitada.

— É uma característica proativa. Prefiro assim — falou Joseph. — Eu mesmo não agiria de modo diferente, no lugar dele.

Após um minuto de silêncio, sondando os pensamentos do rapaz em oração, asseverou:

— Ele intercede quase todas as noites por este amigo e companheiro de trabalho. E nem espera que ajudemos. Literalmente, suga do companheiro todas as energias malsãs e todo fluido denso que pressente se acumular; além disso, absorve as emoções mais densas que porventura consiga distinguir nas pessoas que ama.

— Ele sabe que nós o liberaremos desses cúmulos pesados, daninhos.

— Sim, mas não é por isso que absorve os excessos energéticos. É por pura falta de paciência de nos aguardar, de esperar que façamos o que nos compete. É o jeito dele de agir e, sinceramente, não tenho esperanças de que mude esse jeito tão peculiar.

Os dois homens observavam o pequeno grupo, que logo terminava a conversa e preparava-se para partir, deixando o rapaz sozinho em casa.

— Ele está cansado. Mesmo assim, recusa-se a deitar sem vibrar pelo trabalho e pelas pessoas mais representativas na tarefa que abraçou.

— É... é porque sabe da importância do trabalho que representa.

— Sente-se sozinho, talvez por isso pense tanto no futuro do trabalho.

— Sim, mas asseguro que não está só. Essa é apenas uma impressão dos seus sentidos. Afinal, foi você mesmo quem o treinou durante anos, não foi? Lembra-se do que lhe ensinou?

— Ficar sempre com um olho aberto enquanto o outro repousa!

— Ele parece ter aprendido a lição.

— Mas falei apenas como figura de linguagem...

— Pode até ser, mas você é o general e ele, o recruta... Imagina como interpreta uma diretriz vinda de você?

Olharam o rapaz, que ficava sozinho em casa após despedir-se dos amigos, e sentiram grande carinho por ele. O grandalhão, Jamar, se pronunciou:

— Ele vai sair machucado da luta, você sabe disso, não é?

— Mas não será somente ele. Não estará sozinho, mesmo na dor. De mais a mais, nós também sairemos machucados, de certa forma.

— Sairemos vivos. Com certeza, seremos vencedores.

Os olhos de Joseph Gleber pareciam refletir a luz das estrelas. Lembrava-se dos dias passados, quando servira ao Terceiro Reich. Um quê de saudades da família mesclado a certa nostalgia atravessou-lhe a mente por alguns segundos. Jamar não pôde deixar de perceber.

— Sente-se ainda bastante ligado aos eventos do passado, mesmo depois de mais de 50 anos, não é mesmo?

— Certas coisas não se diluem facilmente em nossa memória espiritual. Trabalhemos, meu amigo. Trabalhemos, na esperança de um dia nos libertarmos inclusive das lembranças difíceis que nos marcam o espírito.

Pela primeira vez, Jamar percebia que o benfeitor e amigo Joseph Gleber era tão humano quanto ele; notava quanto sentia, como qualquer ser comum na face da Terra. E, também, como sofria intimamente ao recordar o passado. Enquanto o agente e parceiro se preparava para recolher-se, os dois conversavam:

— Se desejar, posso ouvi-lo. Afinal, somos amigos, e amigos são para isso!

— Obrigado, Jamar, mas temos coisas muito mais importantes a fazer, e o tempo urge. Mas não rejeito a oferta. Também tenho cá as minhas dores e meus pesares. Muitos pensam que nós, que detemos maiores responsabilidades, não temos nossos problemas, ou que somos resolvidos emocional e espiritualmente. De minha parte, trago ainda desafios pessoais, que diluo em meio ao trabalho e às responsabilidades com a humanidade. Mas confesso que, pelo menos para os espíritos da minha dimensão, ainda existem problemas não solucionados. Todos trazemos nossos desafios íntimos, nossa história de vida, pois, de fato, nosso passado não se apagou apenas porque estamos a serviço do Pai. Ao contrário. O trabalho apenas nos capacita a enfrentar os desafios pessoais com mais instrumentos. Por isso, trabalhar significa instrumentalizar-se. Ao menos para mim, meu amigo.

Jamar nunca ouvira Joseph se abrir tanto. Conhecia, agora, mais um pouco de sua dimensão humana, e isso fez com que gostasse ainda mais do amigo espiritual. E era esse lado, o humano, que muitos encarnados rejeitavam, divinizando ou beatificando seus mestres, guias e mentores. Joseph levantou o véu e mostrou-se tão humano quanto Jamar e o rapaz que se dirigia para a cama, àquela hora. Joseph silenciou o comentário a respeito de si mesmo, cedendo lugar ao alvo das atividades, ao objetivo das tarefas. Não obstante, a partir dali, Jamar — que já o admirava — ficou ainda mais comovido com o amigo, ao saber que experimentava desafios pessoais, como todos os espíritos, e era tão humano quanto ele, o guardião da humanidade. E isso era bom, pois saber que lidava com humanos, e não com seres divinos, fazia com que se sentisse muito mais à vontade.

— Trabalhemos, meu amigo — reiterou Joseph.

E se posicionaram ambos ao lado do rapaz, que jazia sobre o leito, quase adormecendo. Naquele momento, como o surgir da alvorada, uma luz suave e cada vez mais crescente foi inundando o ambiente, que se transformou num santuário de forças sublimes. A luz projetou um raio sobre o copo d'água que estava na mesa de cabeceira, conferindo propriedades terapêuticas ao líquido precioso, de modo que perdurou uma fosforescência ali em torno. Uma cruz, no outro lado do quarto, também refletiu a luz espiritual, iluminando-se por completo, de maneira que formava, ante os olhos dos amigos espirituais, um símbolo perfeito de união entre a terra e o céu, entre os planos físico e espiritual. Lembrava-lhes, ainda, que nenhuma criatura, nenhum ser na Terra poderá elevar-se ao céu, alcançar a vitória, sem a luta abençoada, sem esforço, sem romper a escuridão e os obstáculos.

As paredes ao redor foram preenchidas por uma espécie de fogo, uma luz quase líquida, que diluía qualquer resquício de fluidos densos, queimando bactérias mentais e astrais porventura existentes no lugar. Cada móvel do ambiente recebia a cobertura ou o preenchimento da luz que irradiava dos dois emissários; ao que tudo indicava, penetrava cada molécula da matéria densa e ia além, às entranhas da vida espiritual e etérica. A atmosfera emitia fagulhas, tão carregado eletricamente estava o ar. A casa simples se iluminou completamente, adquirindo o aspecto de um templo sagrado, pois ali se manifestava a energia sutil dos planos mais altos. Os dois espíritos, a esta altura, envolviam-se por completo na forte luminosidade, como se potente holofote projetasse o foco sobre ambos, a ponto de se diluírem na luz, que, por sua vez, realçava cada detalhe do pequeno cômodo. Joseph aproximou-se do rapaz, que pressentia a presença dos dois emissários a seu lado, e manipulou energias, ministrando-lhe um passe magnético.

Do lado de fora, o outro espírito, respeitoso, não quis interferir no que ocorria. Apenas elevou o pensamento em oração, mantendo-se em silêncio e observando o que se passava.

A mente do sensitivo parecia flutuar. Experimentava uma sensação similar à de balançar-se numa rede, para, em seguida, sentir-se pouco a pouco movimentando-se dentro do próprio corpo. O cérebro, sob o influxo do poderoso magnetismo, mostrou-se incapaz de conter a mente, que já se expandia além dos limites do córtex cerebral. Percebia o pensamento das entidades com maior facilidade. Cada veia, cada filamento nervoso e cada célula respondiam ao magnetismo que lhes era transmitido. Por alguns instantes, o espírito do sensitivo parecia haver se transformado num gás, num vapor, que era expelido pelas células e átomos, desenhando um contorno sobre o corpo físico estirado no leito. Gradualmente, o vapor luminoso tomou a forma do corpo logo abaixo de si e tornou-se mais brilhante. A cabeça formou-se primeiro, em seguida o restante do corpo, quase solidificando-se acima do físico, que permanecia na cama, deitado de costas. Em menos de dois minutos, todo o corpo espiritual compôs-se, flutuando acima de sua duplicata, que repousava. O rapaz abriu os olhos, ainda na mesma posição em que estava seu corpo, porém fora dele, e reconheceu os dois amigos. Olhou-os respeitoso. Assim que flutuou suavemente para ficar em pé, dirigiu por um instante a atenção ao próprio corpo físico, que ficaria para trás, mas logo ouviu o amigo espiritual chamar-lhe:

— Vamos, Raul! Temos trabalho a fazer, meu amigo. Muita coisa espera por nós esta noite.

— Nem me venha com essa — respondeu Raul, quase indignado. — Preciso voltar ao corpo imediatamente.

Jamar ficou estarrecido. Não é que o rapaz nem dera atenção ao chamado de Joseph? Queria regressar ao corpo físico sem mais nem menos, sem sequer ouvir a proposta de trabalho?

— Preciso urinar com urgência! — falou enfático.

Jamar bateu a mão na própria testa:

— Ai, meu Deus! Deu a louca no médium... Você não sabe que não precisa urinar fora do corpo? Que é tudo uma questão de controle mental?

— E eu quero lá saber de controlar minha mente? Vou

voltar agora. — E atirou-se para dentro do corpo, literalmente pulando fora da cama, nem dando tempo de os dois espíritos esboçarem qualquer ação.

— E não é que ele voltou para o corpo, mesmo?

— Ele é humano como nós dois, Jamar. Ainda não se acostumou com as reações do nosso amigo?

— E olhe que ele ainda é dos melhores de que dispomos neste momento...

— O pior é que ele sabe disso! — falou Joseph, esboçando um sorriso que de maneira nenhuma ficava bem nele. Mas sorriu assim mesmo. Era um sorriso tão humano e uma compreensão tão humana a respeito do pupilo que Jamar não se conteve e deu uma estrondosa gargalhada.

— Quando Irmina souber disso!... — e riu com toda a vontade.

— Nem falo de Irmina — respondeu Joseph. — Imagine quando Manuel souber disso!

— Nosso amigo vai virar piada, espere só.

E os dois espíritos aguardaram o momento de o sensitivo retornar para a cama, o que demorou um pouco mais que o esperado, pois, após sair do banheiro, foi até a cozinha para beliscar alguma coisa, uma castanha — ou melhor, 11 castanhas de caju!, que levou consigo para o leito e, enquanto não as devorou por completo, não quis sair do corpo de jeito nenhum.

— Sei lá se para onde vou ficarei com fome. Portanto, vou me precaver — falou o rapaz esfaimado, antes de repetir todo o processo e finalmente obedecer ao chamado dos Imortais. Afinal, tanto ele quanto seus amigos da outra dimensão eram humanos, somente isso. Humanos, no real sentido da palavra.

3

ESPÍRITOS
E
MÉDIUNS

C

ASO O MÉDIUM tivesse percebido o espírito a seu lado, com certeza não teria visto sua aparência real, mas a que ele imprimia na mente do médium, uma espécie de caricatura de um espírito superior. A verdadeira aparência era a de um ser inegavelmente elegante, um tipo que impressionava ao olhar, com traços marcantes de alguém experiente na manipulação de emoções e sentimentos. Olhos firmes, negros, de um olhar profundo. Boca larga, sensual, que escondia uma dentição alvíssima. Ao falar, destilava um palavreado dificilmente percebido como sendo de alguém que se opunha aos trabalhos do Cordeiro, de Cristo. Porém, assumia a personalidade de uma pessoa importante ou que fora célebre no movimento espírita. Envergando uma indumentária que chamava a atenção, com uma fisionomia alterada pela força do pensamento, conseguia convencer a qualquer um de que dominava completamente assuntos relacionados à alma humana. Apresentava-se com características próprias de uma alma experiente, dando mostras de vasto conhecimento e grande moral em sua maneira de se manifestar.

Na verdade, sua aparência normal não era tão cativante como costumava exibir. Ele se disfarçava o tempo todo. Modificava-se ao sabor das crenças das pessoas com as quais entrasse em contato. A alma era muito mais tenebrosa do que deixava entrever a aparência perispiritual cotidiana, da qual se revestia. Na hipótese de que traduzisse exteriormente a expressão mental, a face moral e o tipo psicológico, ver-se-ia um ser mais parecido a um réptil, coberto de pústulas e marcado por vincos na face. Mas ele disfarçava bem, mesmo junto àqueles que dizia serem seus amigos mais secretos, que lhe conheciam os propósitos. Tratava-se de um estrategista genial, que lidava diretamente com crenças, modelos mentais e hipnose, em nuances diversas.

Era, pois, invisível aos olhos do médium do qual queria aproximar-se, estabelecendo uma espécie de parceria. Sabia escrever bem, moldava as palavras de acordo com sua vontade, de maneira a expressar o gênero de coisa que era esperado dele. Olhos humanos pouco habituados a questionar seres de outra dimensão dificilmente desconfiariam estar diante não de um mentor ou mentora, mas de um especialista em psicologia das sombras, um exímio magnetizador e *hipno*.

Guiado pela vontade firme, cruzou a cidade silencioso, sem acreditar que precisasse de ajuda de algum outro ser. Um vento frio o acompanhava, enquanto deixava um rastro magnético semelhante a remoinhos que sulcavam o caminho, marcando sua trajetória rumo ao alvo. Por fora, uma beleza que fascinava; por dentro, a face genuína, apenas o detentor de um negror viscoso. Corpo magro, esguio, e braços que podiam muito bem ser comparados a membros de algum ser rastejante da escuridão. O aspecto real revelava braços longos, magros ao extremo e com mãos também alongadas, dotadas de mobilidade e capacidade notáveis ao manipular o magnetismo de maneira invulgar, como poucos sabiam fazer. Dois enormes olhos quase vermelhos, como se estivessem estimulados ou irritados por *spray* de pimenta, compunham a fisionomia nada agradável daquele que se fazia passar pela meiguice em pessoa. O hálito exalava um cheiro estranho, dificilmente comparável a outro qualquer a que os humanos estivessem habituados. Apesar de tudo isso, conseguia dissimular com maestria sua aparência, de maneira que quem o percebesse pudesse notar algo muitíssimo diferente da realidade.

Ligava-se mentalmente ao agente da próxima dimensão, sem se preocupar que fosse ou não descoberto. Estava dentro de um táxi, acompanhando de perto seu pretendido parceiro no mundo dos homens. Logo que o médium entabulou uma conversa com o motorista, aproximou-se mentalmente e lhe soprou algo nos ouvidos. O homem percebeu o fio do pensamento e fez um tipo de revelação ao motorista, que se mostrava visivelmente insatisfeito, sem conseguir disfarçar as emoções:

— Sinto que você está angustiado com alguma coisa — falou o médium em tom grave, não se importando se o homem à sua frente acreditava ou não em seus dotes mediúnicos. O motorista olhou pelo retrovisor e, depois de um minuto de silêncio, talvez meio encabulado pela situação constrangedora, confessou:

— Não estou bem, hoje. Aliás, tenho estado assim desde algum tempo. O senhor sabe, coisas de casamento.

— Sei muito bem. Sou médium e percebo suas emoções e sentimentos de maneira bem nítida.

— Médium? O senhor não parece.

— Sou médium espírita, kar-de-cis-ta!

— Ah! Bem...

Novo silêncio.

— E como o senhor pode perceber minhas emoções assim?

O espírito aproximou-se ainda mais do sensitivo:

— Meu espírito protetor, um mentor espiritual, faz com que minha mente extravase e eu perceba as conexões mentais das pessoas.

— Não sabia que isso era possível — tonou a falar o motorista do táxi.

— Para a maioria das pessoas, isso é mesmo algo que nem sequer imaginam; mas, comigo, é assim há muito anos. Consigo perceber as emoções e pensamentos e, neste momento, vejo que está precisando muito de ajuda.

Tomando de um papel que tirou da carteira, escreveu um número de telefone e entregou-o ao motorista.

— Você precisa ser ajudado, pois sua vida mental está seriamente comprometida com essas angústias que vem enfrentando. Do jeito que está, nem conseguirá dormir, de tanta preocupação.

— Já não durmo direito há dias, mesmo!

— Vi isso em minha mente.

Quando estava quase chegando ao local onde o homem desembarcaria, o motorista falou pensativo e muito convencido dos supostos poderes mentais do médium:

— Vou procurar o senhor ainda esta semana. Nunca ninguém falou de mim assim, da forma como o senhor falou.

E o espírito, logo ao lado, tudo percebia e intimamente debochava:

— Idiota, ele não falou nada diferente do que você já tivesse dito. Nem percebeu que foi manipulado e que contou para ele o que ele precisava saber para lhe influenciar... É um idiota, mesmo.

E ambos desceram do veículo, espírito e médium. O vínculo estava formado. O homem percebia-lhe o pensamento com relativa facilidade. Agora, era somente estreitar os laços mentais e emocionais.

Alguns anos depois, os dois seres haviam estabelecido estreita colaboração e parceria.

O centro onde se reuniam adotava um sistema interessante, a fim de compartilhar os pedidos de socorro espiritual em caráter de emergência. Era algo simples: quando algum dos membros precisasse de ajuda, enviava o pedido a um grupo registrado na agenda de contatos de seu telefone móvel, ou mesmo por *e-mail*. Os demais recebiam o pedido, e cada qual espalhava, através de sua lista pessoal, a outros companheiros da casa. Não precisavam falar ao telefone diretamente, entre si, pois, numa situação assim, todos recebiam o pedido por escrito, da mesma maneira e ao mesmo tempo, evitando o incômodo de longos telefonemas e explicações desnecessárias. No pequeno grupo de trabalhadores, cada qual tinha sua própria lista de outros amigos da mesma comunidade, com a qual compartilhavam os pedidos. E o interessante é que, na maioria das vezes, todos respondiam ao chamado de socorro espiritual, seja por meio da oração ou fazendo suas vibrações, conforme o costume individual. Em apenas alguns minutos, a maioria conectava-se pela elevação do pensamento, estabelecendo conexão com o Plano Superior, ao menos em algum nível.

Um pedido especial de socorro, feito por Alcides, desencadeou todo um processo de rezas, orações e vibrações, a partir do momento em que foram disparados *e-mails*, mensagens de texto ou SMS e outras formas de comunicação tecnológica. Alcides percebeu uma presença espiritual mais ou menos complexa vindo em sua direção. Seus sentidos pareciam em alerta, com extrema sensibilidade, enquanto os pelos eriçaram-se ao perceber o contato energético e extrafísico. O pedido desencadeado pelo rapaz marcou o início de uma revoada de preces, que, na maior parte dos casos, eram feitas sem se conhecer o motivo que o levara a procurar ajuda. Tão logo as pessoas fizeram as orações ou firmezas, conforme alguns assim chamavam, começou outra etapa: os telefonemas de grande número dos envolvidos. Todos queriam saber mais detalhes; porém, Alcides não tinha nada a complementar, além das impressões iniciais. Ele próprio, por sua vez, resolveu telefonar para o dirigente da instituição onde ele e os demais se reuniam, mas não o encontrou. O telefone celular chamava, sem que ninguém respondesse.

Ou seja, Alcides até queria compartilhar com alguém as impressões e a intuição que tivera, entretanto não se sentia seguro o suficiente para se abrir com aqueles que atenderam ao pedido de socorro. Precisava localizar o dirigente da casa, pois com ele falaria à vontade. Mas o coordenador, de nome Marcos Molin, não estava na cidade. Viajara e deixara esposa e filhos sozinhos, pois precisava desimcumbir-se de uma tarefa profissional. Após uma última ligação para um companheiro com quem se identificava, mas igualmente sem sucesso, Alcides sentou-se na cama e colocou-se a rezar. Algo estava em andamento, disso ele tinha certeza, porém sentia-se impotente para enfrentar sozinho a situação.

Tobias deixou-se recostar na almofada sobre o sofá

e ali mesmo pegou no sono, um sono complicado, tumultuado, cheio de imagens e figuras, como em um pesadelo. Ele sabia que Alcides atravessava uma situação complexa e vira, mais de uma vez, o espírito "protetor" ao lado do médium, revelando sua verdadeira face. Mas será que Alcides sabia da intenção do espírito que o comandava? Saberia a verdadeira identidade do ser que o conduzia de perto, que o orientava no caminho da mediunidade?

— Que faz por aqui? Que está xeretando do lado de cá? — perguntou a entidade ao ver Tobias desdobrado exatamente no local onde costumava levar Alcides.

— Estou apenas orando — respondeu gaguejando para o espírito, que se mostrava tal qual era, sem a preocupação de disfarçar-se. Alto, esguio, já no semblante indicava ser habilidoso com jogos mentais e manipulação emocional. O espírito ameaçou Tobias:

— Trate de ficar calado, pois, caso fale com alguém a meu respeito, darei um jeito de desprestigiar você junto a esta comunidade. Sabe que posso muito bem me passar por quem eu queira.

Enquanto falava, a entidade transformou-se por completo, adquirindo a aparência de figuras respeitáveis, conhecidas e admiradas por espiritualistas e espíritas. Assumiu a feição de um elevado mentor espiritual, muito reputado, e ainda modificou-se mais três vezes em breves instantes, estampando outras fisionomias. Tobias arrepiou-se.

— Eu domino o médium e ele me obedece cegamente, pois pensa que sou um espírito feminino, que entendo de psicologia espiritual e me dedico a difundir a boa-nova. Ele terá seu tributo de glória passageira e eu alcançarei meu objetivo junto ao movimento, quando então me desimcumbirei desta tarefa, conforme me foi encomendado.

— Não tem medo do médium saber com quem está lidando? Ele não desconfia de quem você realmente é?

— Não me venha com essa conversa, tentando me sondar, pois entendo muito mais das emoções humanas do que possa supor. Eu o conheço e sei que está com medo, muito medo de mim e do que posso fazer. Saiba que cumprirei minha ameaça. Destruirei você se ficar em meu caminho. — Dando um tempo para Tobias recuar, talvez esperando que ele retornasse ao corpo, disse mais. — O médium crê plenamente em mim. Aliás, nem preciso fazer muita coisa, apenas o intuo através das pesquisas que faz na internet. Sou o deus Google, de onde ele tira inspirações para seus escritos. Além do mais, Alcides é muito crédulo. Ele nem sequer cogita discordar de qualquer espírito que se aproxima dele. Aceita tudo que eu digo. Aliás — assumia agora a figura de outro espírito famoso —, eu sou todos os espíritos que se manifestam por meio dele. Disso você já sabe, não é mesmo? — e prontamente mudou, apresentando a vestimenta espiritual de uma mulher, uma senhora respeitabilíssima no meio espírita.

Durante o diálogo, Tobias orava intimamente. Ele sabia do perigo que Alcides corria, mas também do perigo que ameaçava a comunidade — e quem sabe poderia ser até maior, dependendo do alcance que o espírito obteria, ao se projetar mais e mais através do médium que escolhera.

— Alcides nunca admitirá estar sob a influência de outro espírito que não aquele que aparece como seu mentor. Ele ambiciona ser alguém importante. Portanto, eu darei a ele a importância que ele julga merecer ou a projeção que quer, no cenário religioso. Mas ai dele... — arrematou, dando estrondosa gargalhada.

Tobias estremeceu; intensificou ainda mais seu pedido de socorro, através da oração, com tal ritmo e tal fervor que não foi ignorado. Uma luz, um clarão de repente pareceu preencher o ar à volta. Como um relâmpago, o guerreiro se fez presente, corporificando-se ao lado de Tobias, juntamente com outro espírito, mais simples, comum, que vestia trajes mais singelos do que os do guerreiro a seu lado.

O espírito que orientava Tobias tinha a aparência de um senhor idoso, com mais de 70 anos, barba branca, cabelos crespos e um largo sorriso que não fazia questão de esconder de seu pupilo.

— Fique tranquilo, Tobias! Estou aqui.

Tobias, porém, o enxergava com outra aparência; de certa forma, pintava a realidade com cores um pouco diferentes, atribuindo determinada identidade ao mentor. A tal ponto sua mente e suas concepções interferiam na visão, que ele efetivamente via a figura de Bezerra de Menezes.

— Que bom, Dr. Bezerra! Que bom que o senhor veio. Eu orei com todas as forças da minha alma.

O espírito bondoso olhou para o guardião com um olhar significativo e comentou com ele, ignorando a entidade perversa que orientava, ou melhor, desorientava Alcides:

— Fico imaginando como muitos médiuns terão imensa decepção ao aportarem em nosso lado, pela morte física. Imaginam-nos como entidades iluminadas, espíritos de escol, donos de atributos mais compatíveis com a ideia que fazem de almas superiores. E não há o que fazer para nos perceberem como somos, isto é: espíritos comuns.

Enquanto o espírito procurava auxiliar seu pupilo Tobias, o guardião colocou-se de prontidão, frente a frente com a entidade enganadora, que se incumbira da tarefa de iludir o movimento espírita.

Mirou os olhos expressivos da entidade, que sabia dominar as forças do pensamento. Nas mãos, o guardião segurava uma espécie de espada, um instrumento de energia coagulada. Manteve-se próximo de Tobias e do espírito que o auxiliava, confundido com Bezerra de Menezes. O outro ser, representante de uma política diametralmente oposta aos propósitos do bem, encarou o guardião com esforço, tentando parecer forte, firme, embora a dificuldade em se manter de pé diante de um representante das forças superiores. Trazia a aparência transfigurada na de um espírito de renome, conhecido também do guardião. Ao longe, na dimensão astral, outros espíritos observavam o acontecimento, porém sem interferir. Havia olhos por todo lugar. Dois outros guardiões chegaram, produzindo barulho quando sua presença induziu a matéria astral daquele plano a evadir-se, e tomaram lugar ao lado do primeiro guardião.

— Parece que tem gente grande por trás da ação deste especialista na mente humana — falou prontamente aos guardiões recém-chegados, mesmo estando diante do especialista em hipnose.

Ainda que a entidade sombria nada dissesse, forçando a mente para não se abater diante dos guerreiros do bem e da luz, o guardião acrescentou:

— Não podemos deixar Tobias à mercê da ameaça de um especialista da oposição — os dois adversários continuavam a se olhar significativamente, sem tirar os olhos um do outro. — Precisamos ficar atentos à trama do inimigo.

— Tobias é forte e não se abaterá diante da hostilidade da oposição — observou outro guardião.

O espírito especialista em hipnose pareceu não aguentar o embate mental com o guardião. Não conseguia mais fitar o semblante do guerreiro espiritual. Deu um grito, como se fosse o som de algum pássaro exótico. Num gesto de desespero, resolveu jogar-se em cima do guardião, tentando abrir caminho, mas chocou-se em seu corpo atlético, voltando à posição original. O guardião não arredou pé, sabendo que Tobias estava amparado pelo amigo espiritual, que naquele momento conversava com ele. Novamente, a entidade esboçou um movimento de jogar-se contra o guardião, mas foi repelida duramente, desta vez voando para o lado oposto, simplesmente porque o guardião tão delicadamente estendeu a mão, num gesto de basta. Sem muito esforço, sem nenhuma pressão. O espírito, ainda que experiente, mesmo dominando técnicas mentais dificilmente compreendidas pelos humanos encarnados, recuou, admitindo que não conseguiria de maneira alguma enfrentar um simples guardião.

— Você, então, quer levar avante seu projeto de atacar um dos nossos pupilos? — indagou o sentinela do bem à entidade.

— Eu posso ser convincente, inflexível, invencível! — respondeu-lhe a entidade, querendo fulminar o sentinela com os olhos, agora vermelhos, pelo volume de magnetismo que impôs.

— Não invencível, mas talvez inflexível, como disse. Contudo, jamais poderá livrar-se de nós. Estaremos por perto, aguardando o momento de interferir.

— Será uma longa luta, uma guerra sem tréguas, guardião. Sei que para vocês agirem dependem da resposta humana, da vontade daqueles a quem ousam ajudar.

— Isso mesmo! Você sabe disso.

— E sei também algo que você não sabe, guardião das ruas. O médium que assisto jamais pedirá sua ajuda ou de quem quer que seja. Dou a ele exatamente o que mais quer: projeção, além de um lugar e um nome respeitado entre os religiosos espíritas e os que se julgam cientistas da alma. À medida que obtiver o que deseja, pouco a pouco desenvolverá a ideia de que é um missionário. Ele está completamente em minhas mãos e sei muito bem tirar proveito da situação.

— Você tem razão — redarguiu o guardião, procurando não se alongar muito. — Dependemos da resposta humana, da pessoa a quem queremos ajudar, que precisa pedir auxílio e, mais, fazer por onde o auxílio se faça presente; dependemos de o indivíduo e aqueles que o rodeiam quererem ou não ser ajudados. Não podemos pressionar ninguém; não usamos dos mesmos métodos.

Levantando-se, após ter sido arremessada, já sem forças, a entidade não mais ousou encarar o guardião, mas mirou o olhar em algum ponto ao longe, numa paisagem qualquer da dimensão astral, e retomou:

— Meu médium, meu pupilo e protegido é uma alma

frágil. Mas eu o farei forte. O levarei a todo lugar; ele viajará muito, será aplaudido aqui e acolá e terá, ainda, um título que o protegerá e, ao mesmo tempo, será sua perdição. Mas não é ele meu alvo principal. Ele é apenas um instrumento para eu atingir meu objetivo; você sabe muito bem, guardião. O plano é muito mais ambicioso do que essas considerações pessoais.

— Conheço seus planos, homem das sombras. Mas tenha a certeza, também, de que você tem pouco tempo. Onde estiver, com quem estiver trabalhando, sempre haverá um dos nossos observando. Você não se verá sozinho.

— Infelizmente sei disso, miserável representante do Cordeiro. Infelizmente, tenho consciência dos fatores que envolvem minha empreitada, e essa realidade exigirá de mim que arregimente forças, contrate outros especialistas e forme meu exército particular. Garanto a você: não darei trégua; toda noite, toda vez que meu protegido estiver fora do corpo, impedirei vocês de se intrometerem. Ele será vigiado de perto por mim. Continuará sendo treinado diretamente por mim e um dos meus auxiliares. Cada dia mais, acreditará que é um enviado dos espíritos superiores, e eu mesmo cuidarei para que me veja como um ser de luz que utiliza somente ele como médium, devido à elevação espiritual. Somente eu tenho acesso a seu psiquismo.

— Veremos, homem do mal. Veremos! O tempo passará, e aguardaremos o momento propício para nos aproximarmos dele. E, quando chegar a hora, quando Alcides pedir ajuda...

— Ele não pedirá. Jamais! A cada dia seus companheiros espíritas alimentam a ideia de que ele é especial, de que é missionário e, enquanto isso, ele se torna, mais e mais, nosso. Aliás, meu!

Depois de algum tempo em que os dois se olhavam e trocavam impressões, o espírito das trevas deu-se por satisfeito. Uma explosão súbita marcou o momento em que a entidade se esforçou por desaparecer, pretendendo causar impacto no guardião. Mas só o que conseguiu foi a explosão da antimatéria daquela dimensão. O lugar que o ser medonho ocupava ficou chamuscado, como se alguém tivesse ateado fogo à pólvora; porém, o espírito saiu andando, já convencido de que não conseguiria impressionar o vigilante do bem. O guardião segurou firme sua espada, um instrumento significativo na batalha contra as hostes do mal, preparando-se para defender Tobias caso o ser das sombras resolvesse atacá-lo. Mas a entidade infeliz sabia com quem estava lidando. Não planejava atacar, pelo menos naquele momento.

— Olhem! — alertou alguém, enquanto se corporificava ao lado dos guardiões. Era Raul, acompanhado de Irmina Loyola; ambos haviam sido chamados a dar sua contribuição. Tobias precisava de ajuda; havendo gente encarnada em desdobramento a seu lado, seria bem mais fácil receber auxílio direto.

O guardião virou-se na direção do local para onde Raul apontara, o qual Irmina olhava atentamente. Aliás, todos voltaram-se para esse lugar, onde foi avistada uma horda de demônios, espíritos desordeiros ou, quem sabe, especialistas da escuridão.

Erguido sobre a torre de um dos edifícios da cidade, mais exatamente em sua contraparte etérica e astral, mantinha-se em pé um guerreiro da oposição. Um espírito imponente, ereto, o qual trazia na mão direita uma espécie de lança ou algo similar. Dez outros espíritos acomodavam-se em torno do provável comandante, vestido de vermelho escarlate, uma veste suntuosa demais para quem pretendesse liderar algum agrupamento militar. Estavam os dez pilotando veículos semelhantes às motos dos encarnados, porém com capacidade de voar. Os veículos ou *vespas*, conforme eram conhecidos no submundo, mediam cerca de 3m e eram equipados com um ferrão, como ocorre com as fêmeas desses insetos; localizava-se à frente das vespas e rebrilhava, como se estivesse quente ao extremo. Os equipamentos cuspiam raios de energia negra, colocando em risco os acampamentos humanos, as instituições alvo da malta de obsessores.

— Vejam o vapor vermelho que envolve os veículos e os espíritos — apontou Irmina, dando a entender o perigo representado pelo grupo de opositores do bem. Um vapor grosso, espesso, seguramente contagioso, caso entrasse em contato com encarnados desdobrados, exalava dos equipamentos tanto quando das auras das entidades, que igualmente nos observavam, de longe.

Tobias foi amparado mais diretamente pelo espírito que o orientava, porém não guardava muita lucidez fora do corpo, o que naquele momento vinha a calhar. Quanto mais os médiuns conservam a lucidez fora dos limites vibratórios da matéria, mais podem atrapalhar, caso não tenham conhecimento e experiência sobre como se comportar na dimensão extrafísica.

— Reparem como exalam vapor pelas narinas e ouvidos — observou mais uma vez Irmina Loyola, nossa agente desdobrada. A visão era impressionante não por representar perigo, mas pelo inusitado da situação e pela maneira exótica ou tenebrosa com que os tais espíritos se apresentavam. O chefe parecia flutuar a uns 30cm do topo da torre; de suas narinas e ouvidos, da boca principalmente, exalava um vapor amarelento — ou exsudava, pois corria-lhe corpo abaixo, como se estivesse se liquefazendo, transformando-se num tipo viscoso de ectoplasma.

Raul aguçou os sentidos.

— São vampiros — declarou. — Roubam ectoplasma de seus alvos. Precisamos ter cuidado, pois somos três encarnados: Irmina, Tobias e eu. Atraímos a atenção dos obsessores.

Raul queria dizer que os encarnados, possuindo ectoplasma, porque ainda ligados ao duplo etérico, eram alvos preciosos de determinada classe de obsessores. Vampiros em geral visavam capturar encarnados desdobrados, roubando-lhes a vitalidade, quando não os transformavam em parceiros. A grande cobiça se deve ao fato de que desencarnados não possuem o elemento preciosíssimo para esse tipo de delinquente: o ectoplasma.

— Vamo-nos daqui, temos de preservar Tobias — disse Irmina ao espírito protetor do médium. Na verdade, era apenas um espírito familiar; alguém que, no passado reencarnatório, ligara-se a ele por laços consanguíneos. Não possuía muita experiência nem conhecimento dilatado de certas questões espirituais, porém aceitava que o auxiliássemos. Tobias, contudo, o confundia com Bezerra de Menezes, pois, na mente profundamente religiosa do médium, qualquer um com aquela aparência seria associado ao respeitável mentor. Mas isso não importava agora. Tobias estava relativamente protegido e nossa guarnição de guardiões era suficiente para ampará-lo.

Antes que tomássemos nosso rumo, levando conosco Tobias desdobrado, ouvimos a voz de uma entidade, que nos chegava através de um tipo de alto-falante, uma vez que não tinha capacidade de transmitir pensamentos nem ouvir os nossos. Utilizava o megafone, com o qual dizia, a plenos pulmões:

— Você, então, é o guerreiro das falanges do Cordeiro!

As narinas do sujeito pareciam se abrir e fechar enquanto pronunciava, de longe, as palavras eivadas de certo desdém. Apesar da distância que nos separava, era-nos possível perceber pormenores, não sem algum esforço de concentração. O estranho vapor saía em golfadas de suas narinas e boca, o que visivelmente o incomodava. Os demais espíritos esforçavam-se para ficar sobre os veículos, que flutuavam, ao lado do chefe, porém com bastante dificuldade mantinham-se no ar e, principalmente, equilibrados. Notava-se o dispêndio de energia, a despeito do qual o chacoalhar das vespas era percebido por todos nós, mas de modo especial por Irmina e Raul, que prestavam atenção em tudo à volta, acostumados que eram com certos detalhes da vida astral inferior.

— Você é o chefe desse bando? Fale, guardião!...

O sentinela do bem olhou significativamente, recusando-se a falar ou dar atenção àquele que se comportava como o maioral da malta de obsessores. Com certeza detinham alguma perícia, pois gozavam do acesso à tecnologia extrafísica, o que não está ao alcance do obsessor comum. Ao medi-los de longe, levando em conta também as circunstâncias, o guardião constatou que era melhor evitar um confronto direto, a despeito da tecnologia superior de que dispunha. A prudência recomendava não entrar em combate aberto, pois Tobias, Raul e Irmina precisavam ser poupados de desgastes energéticos desnecessários, isto é, fruto de eventos não programados. Os demais guardiões aproximaram-se de seu líder e formaram uma barreira para fazer frente a eventuais ataques.

Como uma serpente, astuta ao extremo, o espírito das sombras tentava falar com o guardião, talvez sondando se ele estava com medo ou algo assim. Mas os guardiões não demonstraram nenhuma insegurança. Raul e Irmina, porém, estavam inquietos com a situação. Uma inquietude inusitada, prenunciando algo ou alguma atitude jamais cogitada por nenhum dos guardiões ali presentes.

— Você deve ser o capitão da guarda, o comandante Hertrus.

— Sim, sou eu — resolveu responder o guardião, depois de muita insistência. A situação era tensa, e as entidades pareciam interessadas nos agentes encarnados.

— Vejo que estão com três viventes ao seu lado, guardião.

— Isso mesmo, e sabe também que eles são protegidos do Cordeiro.

Houve silêncio por algum tempo. Nenhuma das partes parecia querer romper o silêncio constrangedor que se fez.

Enquanto isso, Raul convidou Irmina a recuar alguns passos.

— Acho que isso aqui irá demorar demais. Não sei quanto a você...

— Não me aguento mais, Raul — ela o interrompeu. — Que sugere que façamos?

Olhando à volta, Raul apontou para o espírito familiar, que se ocupava de Tobias.

— Veja aquele espírito ali. Parece que não tem muita experiência em lidar com obsessores desse tipo. Aliás, especialistas. Veja como ele está rezando o tempo todo.

— É um espírito espírita — comentou Irmina. — Muito espírita para meu gosto. Um espírito ligado à misericórdia divina. Precisamos de guerreiros, e não da assistência de samaritanos. Que faremos?

— Vamos pedir ajuda a General — propôs Raul.

Antony, ou General, era um velho amigo dos dois; quando se tratava de tomar uma decisão mais impetuosa, Raul e Irmina não pensavam em outra pessoa. Deram-se as mãos, talvez para formar uma corrente magnética, enquanto o guardião fitava ao longe a entidade, que parecia cada vez mais interessada em atacar os viventes. Concentraram-

-se ao máximo, e Irmina desdobrou-se mais uma vez. Na verdade, ela estava ali, desdobrada, em corpo espiritual ou perispiritual, conforme preferem alguns. Desta vez, porém, desdobrou-se em corpo mental e deixou o psicossoma ali, segurando a mão de Raul. Elevou-se, sem forma aparente, rumo ao local onde General estava com seus soldados do bem, na cidade remodelada pelos guardiões[6] e que, agora, servia de base para os amigos de Antony.

Antes de prosseguir, porém, Irmina sondou ao redor. Notou que o tal espírito que se punha a conversar com o guardião não estava ali sozinho, com seu pequeno agrupamento de dez asseclas. Habilmente, ele procurava disfarçar esse fato, tentando distrair a atenção do sentinela. Elevou seu corpo mental para outra posição e percebeu, mais

[6] Antony, chamado General, teve contato com os guardiões por meio do médium Raul, segundo a obra que narra lances fundamentais da reurbanização extrafísica promovida nos tempos atuais (cf. PINHEIRO, Robson. Pelo espírito Ângelo Inácio. *O fim da escuridão*. Contagem: Casa dos Espíritos, 2012. Crônicas da Terra, v. 1. p. 265-284). O personagem aparece novamente no volume anterior da trilogia encerrada por este livro (cf. PINHEIRO, Robson. Pelo espírito Ângelo Inácio. *Os guardiões*. Contagem: Casa dos Espíritos, 2013. Os filhos da luz, v. 2. p. 383-419.)

além, um grupo de seres medonhos, liderados pelo mesmo espírito que antes conversara com o guardião e desejava, de alguma maneira, atacar Tobias. Era um grupo de mais de 50 entidades. Portanto, havia muita coisa em jogo ali, muito mais do que pudessem supor inicialmente. Por isso havia tantos espíritos convocados para auxiliar naquela situação aparentemente simples. Ao detectar a ameaça até então mantida em segredo, Irmina mentalmente alertou tanto o guardião quanto Raul, que segurava sua mão — isto é, de seu corpo astral.

As entidades pretendiam usar Tobias, mas seu alvo naquele momento era o outro médium, Alcides, que já há alguns anos era manipulado e constituía o principal instrumento para atingir os objetivos da organização criminosa. Entretanto, avaliaram que Tobias poderia atrapalhar seus planos, a partir da intromissão daquela noite. Pretendiam influenciar, em larga medida, vasta parcela do movimento espírita através do médium que escolheram como parceiro, o qual recebera de bom grado a "gentileza" das entidades, que pretendiam proporcionar certo destaque a seu trabalho perante o movimento espiritualista. O que sucedia ali era apenas um lance do grande conflito que se esboçava nos bastidores da vida.

Ainda em corpo mental, Irmina Loyola também sondou a entidade que dava mostras de chefiar aquele bando; somente depois, foi ao encontro de Antony. Pediria ajuda aos amigos, sempre muito prestativos, que em instantes seguiriam seu rastro magnético. Quando chegou à cidade astral onde viviam os amigos de General, logo se dirigiu a um prédio em que se reuniam alguns de seus soldados, velhos conhecidos de Irmina. Ela se aproximou de um dos homens; um após o outro, tentou contato com todos, mas em vão. Resolveu apelar, portanto.

General estava, exatamente naquela hora, numa conversa a respeito da estratégia que empregariam para ampliar os limites da cidade espiritual, que deveria abrigar mais 2 mil espíritos que para lá seriam transferidos. Um sentinela da equipe dos guardiões da noite estava de prontidão, auxiliando-o na organização do espaço da cidade, que no passado fora utilizada por magos negros como base de operação. Agora, era o lar de mais de 3 mil entidades e de seus familiares, espíritos ligados a eles desde longa data. Irmina notou que, entre os amigos de General, havia um mais ou menos sensível ao seu pensamento. Mas esse espírito, justamente este, estava quase dormindo, pois considerava a conversa enfadonha, não se interessando muito pela pauta posta em discussão por Antony.

Irmina aproximou-se enquanto os demais ouviam o guardião, que iniciava algumas explicações. Ela envolveu o espírito amigo de General, sondou seus pensamentos e resolveu assumi-lo, numa superincorporação mental. O espírito da agente duplamente desdobrada expandiu-se de tal maneira que envolveu o corpo espiritual do espírito, que se levantou de repente, tomando uma postura visivelmente feminina, o que não combinava de modo algum com seu tipo masculinizado, quase rude. Irmina fez questão de imprimir seu estilo ao espírito, que a recebia num evidente transe mediúnico, em que um espírito encarnado em desdobramento, embora em corpo mental, incorporava-se num desencarnado. Irmina pôs de pé o corpo espiritual do homem; colocando uma das mãos na cintura, falou com voz profundamente afetada, demonstrando a todos que não era mais o mesmo homem quem estava ali — era Irmina Loyola. E todos ali a conheciam muito bem.

— Precisamos de ajuda, General! Raul e eu precisamos que vocês venham imediatamente, pois há uma malta de espíritos da oposição com propósito nítido de nos atacar. Estamos na companhia de alguns poucos guardiões e um suposto mentor que não vale por nenhum de vocês.

— Irmina!? É você, mesmo?

— Não pense que seu amigo aqui, do qual me utilizo, resolveu soltar a franga, de um momento pra outro. É claro que sou eu!... Esperava quem? Raul?

Irmina brincou com os amigos, embora soubesse que, entre aqueles espíritos valorosos, havia alguns que se definiam energeticamente como *gays*, mesmo depois de desencarnados, o que de modo algum era impedimento para que integrassem o grupo de guardiões e estudiosos, além de participarem ativamente da vida social daquela dimensão. Enfim, ela brincava com humor debochado porque tinha liberdade com eles e sabia que jamais seria mal interpretada por qualquer espírito ali presente. O próprio General, que chefiava aquela cidade, tinha como companheiro um espírito do mesmo gênero, com o qual compartilhava mais estreitamente as emoções e a intimidade. Era seu grande objeto de afeto, que lhe dava energias e o sustentava na caminhada espiritual pelos vales sombrios por onde perambulavam, desmantelando as obras dos espíritos da oposição e erguendo bases de apoio dos guardiões. Além do mais, General era um dos espíritos mais respeitados e líder número um naquela comunidade.

— Venho pedir ajuda urgente, General. Estamos em meio a um grande dilema, e Raul e eu resolvemos vir pedir sua intervenção com a máxima urgência — falou Irmina incorporada, esclarecendo o motivo de sua manifestação daquela forma incomum.

— Bem, seja qual for a dificuldade, sabem que podem contar conosco — disse General, enquanto os demais riam gostosamente da situação, vendo o amigo em transe portar-se de maneira feminina. Além disso, havia o fato de que, na dimensão onde se encontravam, o fenômeno mediúnico guardava características singulares. Como estavam desencarnados, e Irmina desdobrada, o corpo espiritual comportava-se como de costume, isto é, com a plasticidade que lhe é própria. O perispírito dos desencarnados transfigura-se com extrema facilidade ante a aproximação e a eventual manifestação mediúnica. Era a mediunidade pelo avesso, ou seja, um desencarnado sendo médium de um ser encarnado em desdobramento. Sendo assim, o homem que recebia Irmina tinha a feição totalmente transformada, mostrando, embora não por completo, traços tipicamente femininos, o que conferia ao fenômeno um aspecto cômico. Como a turma ali não era nem um pouco religiosa, ou espiritualmente afetada por alguma síndrome de santidade compulsória, tampouco dada a muitos pudores, riram a valer do amigo que incorporara Irmina Loyola. Percebendo o que ocorria, ela fazia o máximo para reproduzir no homem-médium-espírito suas curvas e trejeitos, o que os levou à máxima descontração, já que rebolava de modo caricato, tornando mais cômica ainda a situação. Coitado do sujeito depois que Irmina se retirasse, alguém pensou. Talvez nem fosse alvo de piadas, porque, afinal, todos ali conheciam o fenômeno e viam com a mais absoluta naturalidade qualquer manifestação de sensibilidade, mas apostava que não o deixariam passar incólume à passagem insólita.

— Como faremos para encontrá-los, Irmina? Preciso apenas de alguns instantes para reunir nosso time.

— Se podem vir de imediato, venham, não temos muito tempo. Retornarei imediatamente, mas podem seguir meu rastro magnético. É urgente! — e, assim, desligou-se do espírito que lhe servia de médium naquele momento.

Os homens de General riram ainda mais ao notar que

o homem ficou ali, de pé, sem entender o que lhe sucedera. General pegou o rapaz pelo braço e retirou-se apressado, sendo logo seguido pelos demais. As gargalhadas cederam lugar prontamente à urgência da situação. Antony disparou o alarme já conhecido dos habitantes da cidade espiritual; em instantes, mais de 60 homens o encontraram, já de posse dos veículos cedidos pelos guardiões. Tinham o formato de disco, e em seu interior havia um painel que subia aproximadamente até a cintura, onde se localizavam os instrumentos de navegação e controle. Outro veículo mais potente, um tipo de nave de mais ou menos 20m de diâmetro, ergueu-se do solo astral nos arredores da cidade e, desse modo, seguiram todos rumo ao local onde Irmina-perispírito permanecia, ao lado de Raul e dos demais.

Irmina sabia que não podia esperar. Enquanto regressava, acessou a mente do guardião, dando-lhe notícias do que acontecia. Ao assumir o corpo espiritual novamente, à frente de Raul, não deu tempo para maiores explicações. Os dois simplesmente saíram, como se estivessem batendo em retirada, antes mesmo que General pudesse chegar com sua turma. Deram uma volta enorme para não serem percebidos pelos espíritos que estavam de tocaia, planejando atacar de surpresa.

Era noite naquela cidade dos homens. A maioria dormia profundamente, enquanto poucos tinham algum afazer noturno e outros mais perambulavam pelas ruas, procurando diversão ou outra coisa qualquer. A cidade banhava-se no brilho frio da lua nova, que iluminava a dimensão astral com uma luz suave, dando a impressão de que alguém acendera uma lamparina que lançava seu brilho discreto na paisagem ao redor, com uma luminosidade prateada. Mesmo dormindo, os homens, os poucos que se projetavam de maneira lúcida no plano astral, não podiam perceber a presença dos Imortais que ali estavam, àquela altura, para defender um de seus pupilos das investidas das forças sombrias. Invisíveis aos homens comuns, Hertrus e seus guardiões estavam atentos a qualquer movimento dos opositores do bem. Não podiam tomar nenhuma iniciativa que colocasse em risco os encarnados desdobrados naquela dimensão. Mas também não tinham tanta familiaridade com Irmina e Raul, agentes dos guardiões e amigos pessoais de Jamar e Watab, líderes espirituais que coordenavam os guardiões desde a próxima dimensão.

Ao chegarem próximo à torre onde se encontrava o

chefe da falange de seres da escuridão, Irmina e Raul deram a volta, pois sabiam que os sentidos das entidades que pretendiam atacar estavam orientados para o local onde Hertrus e seus soldados permaneciam.

— Não sei por que estes espíritos estão tão interessados em Tobias se dominam Alcides da forma como dizem... — comentou Raul, sem esperar resposta da parte de Irmina.

— Depressa, vamos subir no prédio — chamou Irmina, sem dar a menor importância à observação de Raul. Ela já conhecia o amigo.

Desdobrados, eles atravessaram com certa facilidade as paredes do edifício de matéria densa, saindo logo no *hall* de entrada. As entidades não os perceberam, pois estavam absorvidas em ganhar tempo com o guardião Hertrus. Ao chegarem dentro do prédio, depararam com diversas formas-pensamento em levitação, gravitando no ambiente. Eram criações mentais dos encarnados que ali trabalhavam durante o dia. Havia também entidades desocupadas, espíritos levianos, terra a terra, nem bons, nem maus o suficiente para causar algum incômodo ou fazer diferença na luta que teriam pela frente.

— Que faremos? — perguntou Irmina ao amigo ali projetado por meio do desdobramento consciencial.

Raul concentrou-se a ponto de quase sentir dor de cabeça. Transfigurou-se por completo na presença dos espíritos que encontraram dentro do prédio. Sua feição tomou a forma de um homem corpulento, com dentes grandes, grosseiro e brutal. Olhou para os espíritos ali presentes e rosnou como uma fera, dando a entender o perigo que representava para eles. Era o fenômeno da transfiguração. Os espíritos saíram em debandada; correram para fora do prédio com medo do fantasma no qual se transformara Raul, cuja feição era medonha demais para que o enfrentassem ou combatessem. Afinal, eram apenas espíritos vândalos, e não seres especialistas ou espíritos do mal, propriamente.

Nesse momento, eis que ocorre um fenômeno advindo das regiões mais amplas da espiritualidade. Ouviu-se um barulho surdo, provocado pelo choque da matéria do plano mais sutil com a do plano inferior, ou seja, com a do astral mais denso, onde ambos se encontravam desdobrados. Não um ruído forte, de volume alto, mas um som atípico, pois representava apenas a explosão da antimatéria daquele plano, talvez devido ao contato com a matéria ou resquício de matéria do plano mental superior. O som, mais pressentido do que ouvido, apareceu no mesmo instante em que foi avistado um fenômeno luminoso. Um tipo de fogo, de clarão ou radiação luminosa rasgou o *continuum* espaço-tempo da quarta dimensão e deu origem a uma brecha no conjunto espacial, temporal e dimensional. O espírito Joseph Gleber, acompanhado de dois amigos de sua dimensão, transportaram-se para o lado dos dois agentes, interferindo diretamente nos acontecimentos.

— Desculpem-nos, Raul e Irmina, mas acreditamos que vocês correm sério perigo, pois, entre as entidades que encontrarão, estão exímios especialistas, além, é claro, de hábeis magnetizadores, que foram avistados sobre os veículos que perceberam sobrevoar o local. O próprio ser que comanda a ação e chefia o bando de espíritos do mal é um especialista de primeira categoria. O guardião que ficou na retaguarda nos pediu urgentemente uma orientação quanto à iniciativa de vocês dois.

— Mas nós podemos dar conta da situação perfeitamente, sem problemas...

— Sei disso, Raul, mas não podemos deixar Irmina só, já que você julga que pode se virar sozinho.

Irmina sorriu delicadamente ao compreender o alcance das palavras do orientador Joseph Gleber.

Sem pestanejar, o espírito assumiu o comando da situação, sendo seguido de perto por ambos os agentes desdobrados. Joseph seguiu à frente, bastante cauteloso e prevenido, na companhia dos espíritos José Grosso e Palminha, integrantes da equipe de trabalho espiritual por ele liderada. Quando chegaram ao topo do edifício, ainda sem serem percebidos pelas entidades sombrias, Joseph pediu a Raul e Irmina que ficassem de sobreaviso, porém pediu a José Grosso que os amparasse mais de perto, pois ambos eram doadores de ectoplasma e poderiam despertar a atenção de entidades vampiras. O ectoplasma era facilmente detectado por elas, que manipulavam com larga desenvoltura esse tipo quase material ou semimaterial de energia.

José Grosso assumiu a incumbência, pois era um dos especialistas superiores em equipamentos da tecnologia astral, e dominava pormenores da manipulação do fluido chamado ectoplasma. Com a força de seu pensamento vigoroso, ergueu um cinturão ou campo de proteção em torno de Irmina e Raul, preparando-os para a peleja que viria em seguida. Enquanto isso, Joseph aglutinava energias; agregava fluidos daquela dimensão e os misturava àqueles que trouxera do plano mental, de onde viera com seus amigos mais próximos. José Grosso concentrou tremendamente a capacidade mental e pronunciou algumas palavras com grande conteúdo energético, as quais agregavam forças. Ao fazê-lo, explicou a Irmina e Raul o significado de sua atuação:

— Não pensem que estou pronunciando mantras ou palavras cabalísticas — José Grosso percebeu o pensamento de Raul, que de alguma maneira o criticava, sem entender o que se passava. — Cada letra conhecida do alfabeto, pronunciada com determinada inclinação e ênfase mental e emocional, desencadeia um tipo potente de reação, que pode ser utilizada de acordo com a vontade do espírito. No plano em que estamos inseridos neste momento, as palavras têm um poder ainda mais intenso, renovador, realizador e criador, por excelência. O verbo tem força capaz de criar, principalmente quando está sob a atuação e supervisão de um pensamento organizador. É isso que faço neste momento.

À medida que pronunciava as palavras ou certos fonemas, fazendo vibrar no ambiente o fluido próprio daquela dimensão mais próxima à matéria, algo acontecia no entorno. A princípio, um leve tremeluzir, uma baixa luminosidade parecia surgir em torno dos dois agentes, como se um gás luminoso fosse exalado de cada célula, de cada poro do corpo espiritual de ambos e, depois, envolvido por um tipo específico de luz que emanava de José Grosso. Logo se formou um contorno no corpo astral de cada agente; ambos foram efetivamente cobertos por uma camada finíssima, composta por fluidos ambientes aliados à energia emanada da mente do mensageiro espiritual. Como uma roupa finíssima, semelhante a uma malha, a estrutura tinha a propriedade de impedir que o ectoplasma fosse exsudado sem que houvesse uma intervenção direta e consciente da parte dos mentores e guias espirituais. Em suma, não haveria como as entidades sombrias descobrirem que Irmina e Raul estavam por perto. Eles simplesmente desapareceram vibratoriamente da visão e da percepção delas.

Evidentemente, Irmina não deixou passar a situação sem um comentário dirigido ao colega de trabalho:

— Você fica horroroso com essa roupinha de bailarina!... — e riu à vontade. Palminha também acompanhou Irmina, rindo gostosamente do amigo Raul.

— Ora, calem-se! — respondeu mal-humorado o rapaz.

Joseph Gleber, após tomar as devidas precauções, chamou Irmina e Raul para perto; juntos, continuaram a subida de maneira lenta, pelas escadas, e não volitando, como costumavam fazer em outros planos ou dimensões. Ao chegar ao topo, o benfeitor perguntou:

— Vocês conseguem ficar por aqui com José Grosso e Palminha? Sabem o que implica a iniciativa de ajudar os guardiões, da forma como o fizeram?

Irmina engoliu em seco e não quis de modo algum comprometer o amigo. Raul adiantou-se:

— Sim, eu sei, Joseph. E faria de novo o que fizemos. Não me arrependo de nada.

Joseph Gleber olhou significativamente para o médium desdobrado e foi encarado por ele, também, que não desviou o olhar do espírito amigo, demonstrando resolução.

— Pois bem, Raul e Irmina. Era isso mesmo que eu esperava ouvir de vocês. Suponho que pense o mesmo, Irmina?

Ela balbuciou, não tendo coragem de declarar-se abertamente, mas apenas meneou a cabeça. Sem mais, pois Joseph não era um espírito dado a arroubos emocionais ou de outra natureza, deu por encerrado o comentário:

— Caso você tivesse outra postura, Raul, por certo me envergonharia de você. Fizeram o mais acertado — e, dizendo assim, deixou os dois por conta de José Grosso.

Joseph saiu pela primeira abertura encontrada no terceiro andar. Os demais teriam de subir ainda mais de sete andares, de maneira gradual, até atingir o final do trajeto. Somente então o benfeitor levitou, subindo ou literalmente voando nos fluidos densos da atmosfera em direção ao local onde os demais espíritos aguardavam a ordem de combate. Os seres da escuridão, os espíritos que faziam tocaia, ao longe, jamais imaginariam que alguém pudesse surgir assim, inesperadamente, do nada. Nunca poderiam imaginar que um espírito da categoria de Joseph Gleber iria ter com eles.

Enquanto isso, Irmina olhou para Raul e respirou aliviada, soltando o ar fortemente pela boca.

— Você é louco, Raul! Como pôde enfrentar assim o chefe?

— Ora, bolas... E ele lá pode me encarar assim?

— Pode! — respondeu Irmina imediatamente, enquanto os irmãos José Grosso e Palminha iam logo à frente.

— Pode, nada. Eu não fiz nenhuma grosseria com ele. Só o encarei.

— Sei, mas ele é alguém muito maior do que nós, em cujos ombros repousa uma responsabilidade muito mais ampla do que possamos imaginar.

— Pois é verdade — respondeu Raul em tom de voz mais sereno. — Mesmo assim, não fiz nada demais; só o encarei. E ele soube entender que não quis afrontá-lo. Afinal, somos amigos, não acha? E se um espírito assim ficar ofendido com o fato de eu ou qualquer médium sermos tão enfáticos e decididos como ele próprio é, então não sei, não. Nesse caso, ele não seria assim tão elevado como dizem que é. Ou, então, estaria precisando de oração, de psiquiatra ou coisa parecida.

— Como assim, *dizem*, Raul? E você duvida desse fato?

Antes que Raul respondesse, José Grosso falou pausadamente, de acordo com a ênfase que queria dar, mas baixando o tom de voz o máximo que pôde:

— Estamos quase chegando, amigos! Fiquemos atentos, pois Joseph foi tomar providências para evitar o pior, no confronto com as entidades que se opõem à política do bem maior.

Subiram os demais lances da escada em completo silêncio, e Palminha ia à frente, pois, mais do que qualquer outro, ele sabia ser discreto o bastante. Antes de chegar ao cume, fez sinal para Irmina e Raul, que se adiantaram, posicionando-se junto dele. Logo acima, estavam os equipamentos usados pelas entidades para se locomoverem, os veículos aéreos ou vespas, que faziam tremendo barulho, um som ensurdecedor, como se fossem estourar ou cair ao solo a qualquer momento. Havia uma agitação quase palpável no ar. Palminha pediu maior cuidado e verificou se os dois agentes desdobrados estavam devidamente protegidos pelos fluidos usados na formação da roupagem fluídica. Tudo pronto, Raul e sua amiga de tarefas assumiram a frente da batalha, pois estavam habituados a se expor e enfrentar situações semelhantes. José Grosso permaneceu com o irmão na retaguarda, prontos a agir, também.

Irmina aproximou-se de um dos veículos, enquanto Raul discretamente subiu sobre outro, que balançava, ameaçando cair a qualquer momento. A um sinal de José Grosso e Palminha, os dois se lançaram ao ar, elevando-se uns 3m de altura acima das entidades que pilotavam as vespas. Como não podiam mais ser localizados ou percebidos visualmente por eles, sentiram-se à vontade para agir conforme o plano de ambos. Além do mais, eram secundados pelos dois amigos espirituais. Do alto, deixaram-se despencar pesadamente sobre o piloto de dois dos veículos, derrubando-os e fazendo com que as vespas perdessem o equilíbrio, batessem contra a construção astral e deslizassem pesadamente, despedaçando-se no solo astral. O chefe da turba de espíritos levou um forte susto, pois nem mesmo ele era capaz de ver Irmina e Raul após as providências de José Grosso, nem tampouco perceber o rastro fluídico dos dois.

4

BAAL, O LORDE DAS TREVAS

J

OSEPH PASSOU MUITO veloz entre as entidades que pretendiam combater os guardiões e auxiliar os demais obsessores a levar a cabo os planos de ataque contra Tobias e Alcides. O orientador espiritual de procedência cultural alemã adentrou um pequeno recinto existente apenas na dimensão astral, usado pelos espíritos das sombras para reunir os comandantes daquele grupo de obsessores, especialistas e estrategistas da psicologia humana. Nesse local, próximo ao lugar onde a maioria estava reunida, encontrou os chamados guerreiros da oposição. Também avistou, do lado de fora, aqueles espíritos menos especializados; não fosse a procedência cultural dessa casta de seres infernais e talvez pudessem ser chamados de quiumbas, marginais e *encostos* do astral inferior, aquartelados ali sob o comando de hábeis instrutores e psicólogos do mundo sombrio.

Antes que General chegasse, Joseph queria oferecer sua contribuição, juntamente a equipe que o acompanhava, que estava mais avançada no campo de batalha, auxiliando Irmina e Raul nos embates próximos ao local onde Tobias permanecia. Os espíritos das sombras ali reunidos aguardavam apenas a ordem de avançar, ou melhor, de se jogar sobre os guardiões. Jamais saberiam que os sentinelas do bem estavam todo o tempo em ligação espiritual com os espíritos que auxiliavam a humanidade, de planos mais altos. Julgavam haver apenas dois ou três guardiões envolvidos com uma pessoa somente, alguém que entendiam não ter nenhuma capacidade espiritual mais expressiva. Por isso, acreditavam poder atacar a qualquer momento. Para os estrategistas das sombras, o que contava naquela situação era a quantidade.

"Para estes espíritos — pensou Joseph —, o fator quantitativo é muito mais importante e merece mais investimento do que o fator qualitativo. E é exatamente nesse ponto que se enganam redondamente", concluiu o emissário da outra dimensão. As entidades conheciam o fato de que Tobias era o único encarnado ao qual Alcides possivelmente escutasse; sendo assim, a todo custo pretendiam evitar o contato mais direto entre ambos. Queriam deixar Alcides à mercê do especialista mais competente do grupo, que desempenhava habilmente a função de hipno e, por todos os recursos, procuraria controlar e minar o trabalho mediúnico de Alcides.

Agrupavam-se ali como parte de uma tática de guerrilha espiritual. Tentariam aproximar-se cada vez mais dos guardiões e sentinelas do bem, a fim de subjugá-los por completo. Assim pensavam e assim agiam, ignorando completamente a presença do espírito Joseph Gleber.

"São muitos os aquartelados aqui – pensou o mensageiro das alturas –, mas desconhecem o poder do bem, a força que representa o eterno em dimensões superiores."

Joseph encontrou no recinto um número expressivo de desencarnados, de guerreiros que se opunham aos planos do Alto; ao mesmo tempo, descobriu uma parte importante do plano de certos psicólogos da oposição. Alguns estavam assentados em bancos, outros se punham de pé sobre um tablado, enquanto outros, ainda, desempenhavam o papel de soldados. Estes observavam pelas janelas enquanto dois outros ficavam de prontidão do lado de fora da entrada. Porém, mesmo com toda a cautela da qual estavam imbuídos, não perceberam o espírito que ali estava, representante da dimensão superior. Aliás, não podiam vê-lo, pois se encontravam vibratoriamente em planos distintos, embora próximos espacialmente.

As roupas das entidades perversas se assemelhavam a uniformes de guerra, do exército de algum país oriental; era algo exótico. Guardavam poucas diferenças entre si, a não ser alguma insígnia que talvez identificasse a hierarquia dos seres ali presentes. Joseph observou-os detalhadamente, perscrutando a mente de cada um, e logo descobriu os líderes da horda. Eram esses os considerados poderosos guerreiros, entendidos da alma humana, estudiosos dos intricados escaninhos da mente. Pelo menos é o que propalavam e, decerto, aquilo em que acreditavam os espíritos que os seguiam. Dois deles se destacaram entre os demais, e foi exatamente neles que Joseph penetrou mais fundo os pensamentos e emoções. Em número, eram muito mais do que os guardiões que defendiam Tobias, mas não conseguiriam vencer os representantes da divina política e do Reino. A estatura dos dois homens à frente do visitante era impressionante, e mentalmente Joseph relembrou os tempos em que estivera trabalhando sob o regime do Terceiro Reich, quando tivera contato com generais de Hitler.

"Parece que a guerra ainda não acabou" — pensou o mentor, relembrando os dois filhos e a esposa, que morreram juntamente com ele nos fornos crematórios da Alemanha nazista. Um quê de saudade, uma vontade de voltar ao passado, à época em que convivia com seus filhos e a mulher, Herta Misloy, uma nostalgia profunda se mostrava presente na alma daquele que detinha enorme responsabilidade ante a outorga que lhe fora dada diretamente pelas mãos de Maria de Nazaré.

— Não é hora para saudosismo — sentenciou, relegando aos porões da memória espiritual qualquer sombra de saudade, de melancolia ou mesmo qualquer sentimento semelhante que pudesse emergir de sua alma iluminada naquele momento.

Antes de prosseguir com seus planos, deixou escapar de si para si mesmo:

— Meus irmãos encarnados nem imaginam como nós ainda temos coisas por resolver; como ainda sentimos, amamos e, muitas vezes, temos cá nossas questões malresolvidas. — Respirando fundo, o amigo Joseph terminou com a seguinte frase, sabendo que nenhum daqueles espíritos ali poderia ouvi-lo. — Imortais, mas humanos, eis o que somos. Graças a Deus!

Alguns dos homens à sua frente pareciam mesmo generais guerreiros; quem sabe, reconhecesse neles alguém com quem houvesse feito contato durante a peregrinação física, na última encarnação? Contudo, não deixava transparecer esse fato; refugiara-se em pensamentos que tinham a ver com a importância do trabalho ao qual se dedicava.

O visitante Joseph Gleber se impressionou com a ambição daqueles espíritos, que discutiam planos muito mais abrangentes do que simplesmente atacar Tobias ou seu amigo médium. Mentalmente, conectou-se a José Grosso e aos amigos desdobrados e informou Palminha sobre os acontecimentos — conseguia estar totalmente envolvido com o que ocorria a sua frente e, ao mesmo tempo, entabular um diálogo com os agentes distantes e conversar com a equipe de General. Por isso mesmo, sabia que os companheiros de Antony já estavam a caminho. Porém, antes de interferir ou tomar uma decisão qualquer a respeito do que via, teria de penetrar mais fundo na vida mental dos dois espíritos que ali estavam. Assim o fez, sem maiores dificuldades. Ele dominava as energias de dimensões superiores, e seu pensamento transcorria numa trilha mental muitíssimo mais ampla do que os limitados caminhos mentais e emocionais daqueles espíritos. Era um dos Imortais, e isso constituía o bastante para que se pudesse inferir algo acerca de sua capacidade. Aproximou-se dos dois espíritos que se mostravam como líderes e pôs cada uma das mãos na nuca de um dos guerreiros. Os dois experimentaram leve estremecimento, no entanto não saberiam dizer o que se passava. Joseph penetrou na memória espiritual de ambos.

O espírito das trevas gostava de ser chamado de Irial; esse nome o fazia lembrar dias antigos da Babilônia, quando se juntara às hostes infernais da escuridão na luta pelo domínio espiritual da região. Ainda hoje, embora tivesse a facilidade de ir e vir entre as nações, mantinha seu quartel-general na região astral demarcada pelos rios Tigre e Eufrates, das mais belicosas nos dias atuais. À época, estava sob o comando de um dos maiorais das regiões ínferas. Pertencia à casta dos espíritos satânicos conhecidos como Baal ou, segundo algumas línguas já esquecidas, como baalins, isto é, aqueles guerreiros que não temiam nenhum tipo de ofensiva por parte dos adversários e, além disso, eram exímios e sanguinários assassinos. Recebiam ofertas de sangue, nos tempos das civilizações antigas, quando seus seguidores entre os humanos encarnados os adoravam em meio às florestas e às montanhas de países mergulhados na ignorância espiritual. Irial não era qualquer espírito que tentava ascender na hierarquia do mundo da escuridão. Era um torturador do inferno, das trevas mais densas jamais conhecidas pela alma humana. Na história recente, desempenhou um papel preponderante nos tempos das grandes guerras mundiais. Agora, envolvia-se com outro tipo de guerra, embora não por vontade ou iniciativa própria. Era um fantoche nas mãos de magos e cientistas.

Dizem os anais da história astral que, em épocas mais recuadas, alguns espíritos dessa categoria andavam pela Europa medieval, aliciando, entre aldeões, adeptos para um culto excêntrico; acabaram entronizados, na forma de um animal que mostrava sangue escorrendo pela boca e por outros lugares. Eram simplesmente associados à morte e traziam aspecto similar ao humano, geralmente cobertos por um manto negro; na mão esquerda, uma caveira, também ensanguentada. Muitos feiticeiros e bruxas da Idade Média os adoravam nessa figura bizarra. Entretanto, na origem de tudo estava apenas um espírito, um especialista enviado das profundezas para atormentar reis, rainhas e governantes, absorver o máximo de informações das cortes europeias e levá-las a seu chefe, que se encastelara em regiões ignotas do submundo.

Entretanto, Joseph viu mais.

O cientista passou veloz sobre a ponte Glienicke, indo ao encontro de certo amigo, médico de expressão, pretendendo o beneplácito de Hitler. Ambos desenvolviam experimentos secretos e objetivavam cair nas bênçãos do Führer. Eram dois representantes vivos da violência a que a ciência se dedicava, na busca por descobertas que possibilitassem ao Reich, a todo custo, vencer a guerra. O primeiro homem correu por mais de quatro quadras até atingir o local onde um carro o aguardava. Dentro dele, estava o médico que sujeitava crianças a experiências tenebrosas e inumanas, cujos resultados pretendia levar a um dos generais do Terceiro Reich. Junto deles havia alguém mais, além do motorista que os guiava. Era Irial, o espírito demônio, um dos mais frios e calculistas, sanguinários e inumanos seres que representavam a ciência do abismo perante o regime do partido nazista. Rumavam a um bairro que, então, figurava entre os recantos mais sombrios dos subúrbios de Berlim.

Irial desprezava enormemente os homens encarnados. Por mais que trabalhasse nos bastidores da ciência e da política, jamais gostava de se mostrar, em qualquer forma que fosse, entre as chamadas aparições, ou seja, não se comprazia em manifestar-se ante os olhos de algum vidente ou sensitivo. Como consequência, sua aparência verdadeira permanecia uma incógnita, pois se apresentava de variadas formas, quando necessário; quem sabe, a que mais gostasse era mesmo a de demônio. Intentava, com isso, incitar o medo nos espíritos mais crédulos, sejam desencarnados ou humanos encarnados que, eventualmente, pudessem se desligar do corpo e deparar-se com ele em dado momento, ao passar pelo mundo extrafísico através do desdobramento, embora ele próprio evitasse tal exposição, por detestá-los.

O gabinete improvisado para onde se dirigiam os dois cientistas do inferno era algo soturno, medonho. Havia teias de aranha nos cantos da parede e muitas, mas muitas larvas mentais, vibriões e outros tipos infectos de formas-pensamento aderidos às paredes. Em meio à luminosidade muito baixa, escondia-se uma das figuras que aguardava pelos dois, movimentando-se entre artefatos e certos equipamentos a serviço de uma ciência abjeta. Tratava-se da mãe de um deles; porém, vestia-se como homem e disfarçava-se na penumbra. Do outro lado da mesma sala, um homem, o filho do outro cientista, que também se camuflava na semiobscuridade, à espera dos dois. O homem com o qual os cientistas pretendiam se encontrar jazia no chão, ensanguentado, morto por uma arma que o rapaz, filho do cientista, escondera na manga de seu traje.

A dupla da ciência abjeta corria em direção ao gabinete, muito embora a entidade que os dominava ignorasse por completo o que ocorria mais além. Somente quando o carro chegou ao destino Irial percebeu que algo acontecia, algo que nem mesmo ele, com os sentidos extrafísicos, conseguia perceber de maneira clara. Do lado de fora, parecia que algum campo de força, algo sobre-humano, impedia o acesso de espíritos inferiores. De modo inexplicado, um campo sutilíssimo evitava que alguém de procedência sombria e com intenções infelizes adentrasse o lugar. Mas não impediria que Irial ali penetrasse, pessoalmente, embora ele próprio, o espírito mais experiente entre seus companheiros de desventura, parecesse hesitar, talvez mesmo pensando: "Errei o lugar, ou melhor, esses miseráveis humanos encarnados erraram o local. Só pode ser isso".

Sem ouvir os pensamentos do inimigo de suas almas, os dois cientistas conversavam entre si:

— Devemos nos apressar. O general não tolera atrasos.

— Ah! Se ele apreciar o resultado de nossas pesquisas por certo irá nos condecorar, no mínimo...

— E por acaso quero saber de condecorações? Quero algo muito maior. Meu desejo é chefiar um grupo de cientistas pessoalmente, sob o patrocínio do Führer.

O companheiro olhou-o de soslaio e compreendeu que seu alvo era algo muito maior do que uma simples condecoração. Contudo, não deixava de pensar no brilho momentâneo que alcançaria diante dos demais colegas. Felizmente, seus pensamentos não podiam ser ouvidos pelo médico ao lado. O espírito em forma de demônio tentou a todo custo dissuadir os dois de entrar no cômodo, para onde iam, apressados. O tal ser adiantou-se; não obstante, somente na última hora descobriu que algo não sucedia de acordo com o planejado. Havia uma interferência não programada. Corria o risco de ser impedido de realizar seus planos por parte de algum opositor. Caso isso ocorresse, era preciso um plano B, pois os magos da escuridão jamais perdoavam aqueles que falhavam. E ele não sabia o que de tão hediondo poderia acontecer com ele.

O primeiro homem então abriu a porta, ignorando por completo a força mental do espírito que os acompanhava. Uma vez que ambos estavam absortos naquilo que os movia, na ambição de serem promovidos ou levados diretamente à presença do maioral da nação, não assimilaram os raios mentais da entidade que os usava como marionetes. A vontade de se projetarem era muito mais forte do que qualquer pensamento intruso. Os espíritos de baixa hierarquia que estavam postados em frente à casa não conseguiam entrar, tampouco detinham informações sobre o que ocorria lá dentro. Os dois homens entraram e se espantaram com a situação reinante. Algo diferente, algo sobrenatural, segundo pensavam e acreditavam, fez com que ficassem arrepiados.

— Estamos seguros aqui! — falou.

— Ninguém está seguro de nada nestes tempos em que vivemos — respondeu o médico para o colega, sem imaginar quanto suas palavras eram reais e o alcance que tinham. De repente, sem motivo aparente, os dois foram rendidos pelos que os espreitavam na semiobscuridade daquele ambiente. A mãe de um e o filho do outro, ambos os renderam sem que tivessem tempo de reagir. O espírito imundo que os seguia de perto nada pôde fazer. Aquela emboscada, se levada a cabo, tiraria dele todo o mérito e o impediria de alcançar seus objetivos. Precisava urgentemente impedir que os dois disfarçados pudessem concluir seu intento. Mas não houve tempo. A mulher segurou com força o filho, apertando o braço em torno de seu pescoço; pressionando uma faca contra seus pulmões, falou com a voz gutural, rasgada, que por pouco não foi sufocada pelo pranto quase convulsivo:

— Prefiro vê-lo morto a ter a vergonha de ver seu trabalho se concretizar. Não concebo um filho meu ser promotor de um assassinato em massa e, principalmente, fazer experiências com crianças vivas, como você está fazendo!

Em meio ao choro de completo desespero, não deu tempo de o filho retrucar; pois sabia que o cientista era um dos braços fortes na pesquisa com crianças, que usava ácidos em seres humanos, entre outras barbaridades. Enfiou a faca no pulmão esquerdo do homem, que segurava com um braço, e, em seguida, mais outra e outra vez, logo colocando fim à vida miserável daquela criatura.

O rapaz, filho do médico, com apenas 28 anos de idade, fez algo semelhante.

— Nunca imaginei que você pudesse ser o assassino que matou minha própria mãe só por ela ser judia.

Sufocando o pai, impedindo que ele respirasse normalmente, continuou:

— Isto é pelas crianças que você matou, pela mamãe e pelas outras mulheres de quem você tirou a vida — e puxou o gatilho da arma, que mantinha encostada ao corpo do genitor. E disse mais, em prantos, enquanto o homem se esvaía em sangue. – Eu o amo, mas prefiro vê-lo morto pelas minhas próprias mãos a saber das atrocidades que você comete em nome do louco Fürher.

Desfez-se em pranto convulsivo, enquanto o pai caía ao chão, com sangue esvaindo-se pela boca e pelo buraco feito à bala. Os dois assassinos saíram correndo do local, mas a mulher, tresloucada pela dor de haver matado o próprio filho e, mais ainda, pelo desespero de saber das experiências que ele realizara com crianças e mulheres, não suportou a pressão. Em meio à fuga, jogou-se da ponte Glienicke, que cruza o Rio Havel, o qual interliga as cidades de Berlim e Potsdam. O rapaz apenas olhou atrás; não quis dar maior importância ao fato de a mulher haver cometido suicídio. Preferiu refugiar-se no morro Kleiner Ravensberg; embora o sentimento que o consumia, não optou pelo caminho de sua companheira de desdita. Ao contrário, sentiu-se de certa forma confortado por ter tido condições de colocar fim aos projetos infelizes e infames do pai, que trabalhava para o Terceiro Reich. Não conseguiu fugir da Alemanha, das montanhas. Uma semana depois, foi-se para a cidade vizinha de Schwielowsee e, dias mais tarde, foi assassinado, sem conseguir ter seu sonho realizado naquele momento. Sonhava trabalhar para reparar os malefícios causados pelo próprio pai.

Joseph Gleber retirou suas mãos da nuca de ambos os espíritos; neles havia identificado os antigos cientistas. No chefe e líder maior, aquele que aguardava os guardiões para enfrentá-los próximo ao campo onde protegiam Tobias, reconheceu o próprio Irial, que, como pôde notar, mantinha a dupla nazista sob controle, mesmo tantas décadas após a morte de seus corpos físicos. Quanto a Alcides e Tobias, eram personagens muito relevantes nessa história. Médiuns, haviam se colocado sob o comando de espíritos benfeitores, porém precisavam de muita ajuda a fim de não sucumbirem às energias mentais de entidades perversas como Irial e seus fantoches. Joseph aguardou alguns minutos apenas, enquanto falava por telepatia simultaneamente com General e os amigos que assessoravam Irmina e Raul. Uma voz repercutiu na mente de Palminha, sendo acompanhado por José Grosso:

— Vou agir imediatamente — falou a voz de Joseph, projetada nas mentes dos dois espíritos, ao longe. — Façam o máximo para proteger nossos agentes, enquanto pessoalmente me encarrego dos espíritos por aqui. Daí mesmo poderão perceber quando tiver concluído a tarefa. Aguardem os reforços, pois Antony está a caminho com seus amigos.

Ao mesmo tempo, Antony ouvia repercutir em sua mente a mensagem de Joseph: "Apressem-se, pois os espíritos destruidores estão arquitetando algo muito mais grave do que possam supor. Preciso da ajuda de vocês para recolher os vândalos num posto mais próximo dos guardiões. Não tenham dó deles. Não são espíritos necessitados nem sofredores; são assassinos desde épocas antigas. Ajam rápido antes que busquem ajuda. Quanto aos líderes, darei cabo deles pessoalmente."

Antony apressou-se com sua turma de mais de 60 espíritos, que trabalhavam sob a tutela dos guardiões. Eram, por assim dizer, uma tropa de elite. Investiam contra tudo e todos que se dispusessem contra os princípios do Reino, que espalhassem destruição e morte. Haviam se apossado de uma cidadela das sombras, cujos ocupantes anteriores eram magos negros; com a ajuda de Irmina e Raul, conseguiram transformar o local numa importante base dos guardiões. Recebiam treinamento sob a supervisão dos guardiões Watab e Kiev, que patrocinavam também seus estudos. Impediam, enfim, que males maiores pudessem ser perpetrados contra as comunidades e contra a humanidade. Joseph sabia disso e dava seu aval ao trabalho.

Quando os líderes saíram do local onde se reuniam, dirigindo-se para onde estava a maior parte dos espíritos que os seguiam, seus correligionários, um deles finalmente emitiu a ordem para irem em direção aos guardiões, atacando os que defendiam Tobias.

— Sou o mais legítimo filho de Baal, sou um baalim, um destruidor — gritava a plenos pulmões o orgulhoso Irial, mantendo os outros dois espíritos, líderes da turba violenta, sob seu controle mental completo. — Fui designado para lutar, destruir, subjugar e submeter cada um dos miseráveis que pretendem defender o Cordeiro e sua política. A guerra agora é outra: é pelo poder no submundo, e não somente para se estabelecer no mundo dos viventes. Destruirei tudo que represente ameaça à nossa política.

Os outros dois nem ao menos reagiram. Sabiam que o baalim jamais atacaria se não tivesse plena certeza da vitória. Só lutava quando convencido de que podia vencer o inimigo. E num rompante de arrogância, querendo parecer mais forte do que era, Irial gritou a plenos pulmões, ao mesmo tempo em que ordenava o ataque, levantando a bandeira com a insígnia de que o nazismo se apropriou, a suástica, porém estilizada e com o acréscimo de novos elementos:

— Quero encontrar o comandante, o representante do Reino do Cordeiro. Quero conhecê-lo pessoalmente e ver se tem a coragem de me enfrentar cara a cara — e agitou a bandeira de sua horda.

Neste momento, segundos antes que a tropa de ataque tomasse a frente do combate, partindo em direção ao local onde estavam os guardiões, aconteceram duas coisas. A fina membrana psíquica, etérica, que separa as dimensões, foi rompida numa explosão de luz, que cegou a quase totalidade dos espíritos que pretendiam atacar os sentinelas do bem. Joseph Gleber resolveu se fazer visível, porém com a mesma estrutura perispiritual com que se apresenta nas dimensões superiores, sem nenhuma intenção de diminuir sua luz e o alcance de sua aura. Irradiações douradas partiam das células do seu corpo espiritual, de tal maneira que todo o local ficou nimbado de pura luz da dimensão superior. A luz entrou em contato com as moléculas astrais daquela dimensão e ocasionou pequenas explosões, materializações de outras luzes, resultado do contato da antimatéria daquele plano com a matéria mental própria do plano superior dos Imortais. Era irradiada com tal intensidade que o próprio Irial foi arremessado a uma distância considerável, sem que Joseph o quisesse, propriamente; tudo ocorria devido ao fenômeno que difundia magnetismo de uma dimensão muito superior. Quase a totalidade dos espíritos ficou cega; a luz que emanava do benfeitor, aos olhos dos espíritos guerreiros e assassinos, se assemelhava a um sol que, de repente, surgisse na plenitude de sua força. A grande maioria caiu ao solo ou foi arremessada longe, devido ao fenômeno, assim como seu chefe, que caiu rolando, como se tombasse morro abaixo, sem conseguir estabilizar o corpo semimaterial, espatifando-se em meio ao susto, diante da aparição que, de um momento para outro, colocou fim às suas pretensões.

Joseph, porém, até então não considerava capturar Irial; queria, primeiro, ficar frente a frente com os dois espíritos manipulados por ele. O espírito demônio não sabia que seu tempo estava contado. Como viu que Joseph se interessava pelos outros dois seres que dominava, levantou-se com muito custo, cabisbaixo por mais uma vez haver sido humilhado — agora, perante seus subordinados. Saiu sem rumo, sem saber que carregava um raio de luz coagulada em suas células astrais, através do qual poderia ser rastreado a qualquer momento. O espírito inquieto, vencido, derrotado em sua arrogância apenas pela aparição da luz superior, sem batalhas, sem enfrentamentos, saiu praticamente cego, como Paulo outrora, ante a luz da imortalidade que lhe apareceu às portas de Damasco. Mas enquanto o destemido discípulo de Gamaliel aproveitou a chance e se transformou ao contato com a nova realidade, o espírito imundo recolheu-se ao seu recanto, às cavernas onde se aquartelava, na tentativa, também, de escapar de alguma ameaça por parte dos senhores da escuridão, os magos do abismo, que provavelmente desejariam impor-lhe alguma represália em virtude da derrota que amargara, outra vez mais. Chorava de raiva, de ódio e rebeldia, por se sentir impotente diante de um dos representantes da divina lei.

Antony aproximou-se em grande velocidade, juntamente com seus soldados do astral. Vinham pilotando os veículos aéreos preparados para enfrentar a atmosfera densa daquele plano. Ao serem avistados, ao longe, pareciam um bando de pássaros voando em formação de cunha, tendo à frente um veículo mais potente e maior, semelhante a uma ave com as asas abertas, embora muitíssimo maior do que qualquer ave encontrada na paisagem física. À distância, sua aparência lembrava um réptil voador de épocas pré-históricas, também devido ao ambiente energético do astral, severamente impregnado de criações mentais inferiores, de fluidos densos, que se assemelhavam à fuligem observada nas chaminés de muitas indústrias da Terra. Tão densa era a atmosfera astral, que os pilotos dos veículos aéreos — tanto das pranchas voadoras como do veículo maior, no qual se deslocava General e alguns especialistas — tiveram de aplicar força máxima de propulsão em suas máquinas e, mesmo assim, não conseguiam voar a mais de 200m de altitude.

No exato momento em que Joseph aparecia para as infelizes criaturas, General descreveu uma coreografia no ar com suas naves, envolvendo o acampamento inimigo com seus soldados, todos munidos com armas que produziam choque elétrico, uma vez que sabiam que aqueles espíritos, em particular, eram sensíveis à eletricidade e ao magnetismo da dimensão astral. Pousaram com estrondo, devido ao choque das partículas de antimatéria com o material que constituía os veículos do comboio de sentinelas de General.

Enquanto os espíritos caíam por toda parte, cegados pela luz repentina irradiada do corpo espiritual de Joseph, que se materializara naquela dimensão, os soldados de General aproveitaram o momento de susto, de pavor e lenta reação por parte dos seres das sombras para recolher aqueles que permaneciam atordoados. Os que se encontravam mais distantes do epicentro do fenômeno também cambaleavam, zonzos, pois jamais esperavam que um Imortal pudesse ali aparecer e sozinho, sem aparente esforço, fosse capaz de fazer tamanho estrago nas fileiras da oposição. Tão logo viram seu comandante ser varrido para longe, pela luz e pelo vendaval que marcaram o momento em que a delicada membrana dimensional entre os planos foi rompida, seguindo-se à materialização de Joseph Gleber, viram-se acuados, sem liderança e sem força moral para enfrentar a situação.

— Vamos, soldados! Honrem a causa que abraçaram — concitou General, firme e resoluto. — Recolham os filhos das sombras e não deixem nenhum dos chefes de milícia escapar.

Cada sentinela armou-se de força, destemor, paixão pela causa e atirou-se nas entidades assassinas, que desconheciam argumento ou diálogo que lhes pudesse sensibilizar ou demovê-las. Foram subjugadas pela força de combate dos homens de General ou Antony.

Irmina e Raul, auxiliados por José Grosso e Palminha, também combateram, lado a lado, aproveitando a situação de quase invisibilidade proporcionada pelo campo de deflexão criado por aquele amigo espiritual. Embora Raul estivesse com a aparência horrenda naquela espécie de traje de proteção, algo medonho de se ver, ele realmente era preservado, bem como Irmina, de serem vampirizados ou percebidos como doadores de ectoplasma. Raul aproveitou que estava fora do corpo, ocasião em que experimentava maior mobilidade e agilidade do que durante a vigília, e dava pontapés à vontade, de modo que os espíritos sentissem o impacto, ainda que não percebessem de onde vinha. Parecia um médium ninja. Irmina se contentou apenas em tocar nalguns pontos específicos dos corpos astrais das entidades sombrias, o que os fazia perder por inteiro o controle das funções corporais e, então, desmaiar. Foi quando Palminha olhou significativamente para Raul e falou:

— Cuidado, moço. Você não está numa guerra, mas apenas lutando contra os opositores do bem. E, numa luta, necessariamente não tem de haver vencidos...

Raul modificou por completo sua atitude, não antes

de fazer um comentário:

— Puxa, Palminha, você é muito certinho pro meu gosto, viu? Estou aproveitando que estou fora do corpo pra me exercitar um pouco. Afinal, todos aqui, com exceção de mim e Irmina, já estão mortos mesmo! Então, eles não morrerão com uns soquinhos e um carinho especial que eu fizer neles...

— Raul... — falou Palminha, em tom de reprimenda.

— Ah! Se fosse Kiev que estivesse conosco... Mas não; a gente vai ouvir mentor, e é nisso que dá — respondeu Raul com cara de birra, estendendo o lábio inferior como uma criança chorona. Irmina riu enquanto ajudava os irmãos do antigo bando de Lampião a envolverem magneticamente os espíritos; logo Raul fazia o mesmo, brincando com a situação. O chefe imediato da turba viu-se acuado ante a presença de José Grosso, que impunha respeito. Vendo o espírito temer-lhe, José Grosso abusou do potencial de sua voz, fazendo vibrar intensamente a atmosfera ao redor. Afinal, era alto, imenso, um legítimo caboclo do sertão brasileiro. Sua estatura, somada a seu magnetismo, impunham respeito a qualquer um que o visse, muito embora os adversários não soubessem que, por trás do corpo enorme de José Grosso, restava uma alma sensível, sonhadora, suave como uma brisa. Nem precisavam saber disso, naquele momento. José Grosso fez jus à fama de seu vozeirão e disse, na plenitude da potência vocal:

— Pare, imediatamente! — ordenou, assim que viu o chefe imediato desejando fugir, enquanto os poucos soldados de sua guarda pessoal eram capturados pelo seu irmão, Palminha, secundado pelos agentes desdobrados. Seriam eles levados a um posto de socorro da cidade de Nosso Lar, onde receberiam informações sobre as condições para ingressar em tratamento. Evidentemente, teriam a liberdade de recusar e forçosamente sair da proteção da cidade astral, vagando pelo mundo sombrio. Seria dada uma oportunidade aos espíritos vândalos, embora não se esperasse que compreendessem seu significado. Quanto aos comandantes, esses sim, teriam um destino diferente.

José Grosso encarou o espírito, que estremecera diante de sua voz e corpulência. Quem o medisse apenas pela aparência, veria em José Grosso alguém perigoso, temeria quando falasse e, ante seu intenso magnetismo, talvez recuasse, um pouco amedrontado. Mas o espírito à frente dele era um chefe, um tipo de oficial no comando de um bando de seres agourentos, de quiumbas e marginais do mundo inferior. Estremeceu diante de José Grosso, o amigo de Joseph Gleber. Porém, encarando-o, resolveu jogar tudo numa única cartada:

— Nós devolveremos a você seu agente, seu médium, e você nos deixa prosseguir, guardião — falou o espírito para José Grosso, que irradiava magnetismo intenso à volta, dando a conhecer um pouco de sua elevação espiritual.

— O agente a que se refere é um amigo muito querido de todos nós e, sobre ele, você não tem qualquer poder, filho das sombras.

— Sei disso, guardião do Cordeiro. Sei disso. Mas nosso alvo é ainda outro e lhe digo que não pode fazer nada que nos demova de nossa meta.

— Não é o que pretendo agora — respondeu José Grosso, enquanto Palminha e os demais concluíam o trabalho junto aos marginais do astral. — Sinta-se à vontade para ir, mas quero que saiba que você também não é objeto de nossa ação. Queremos apenas, neste momento, proteger Tobias. E sabemos muito bem dos seus planos e dos planos daquele que o comanda.

— Nosso comandante é invencível e contra ele você

não pode fazer absolutamente nada.

— Sinto lhe informar que seu comandante acaba de sofrer uma vergonhosa derrota. E seus planos são conhecidos por nós há tempos. Não há como deter a força da luz e do bem. Não são as trevas que invadem a luz, mas o contrário; é a luz que invade as sombras, fazendo claridade. Essa é uma lei que nenhum espírito no universo é capaz de derrogar.

Pensativo nas palavras de José Grosso e temendo pelo destino, pelos planos de domínio que tinham, o espírito sentiu-se inseguro, pois sabia que os representantes do Cordeiro jamais mentiam. Talvez, seus amigos encarnados, seus agentes, mas os Imortais, jamais. Era inevitável acreditar que seu comandante estivesse derrotado e, possivelmente, tivesse sido capturado. Não havia como se certificar disso naquele instante. Resolveu capitular:

— Considere que estou lhe prestando um favor, representante do homem grande. Caso você me deixe ir, eu lhe devolvo seu agente e não mais o atacarei. Você sabe que sua alma nos pertence. E não falo do miserável Tobias, falo do outro, que para nós é muito mais precioso.

Os espíritos sombrios já haviam sido capturados por Irmina e Raul, além de Palminha, e àquela altura eram conduzidos ao posto de socorro. Mais ao longe, Hertrus, o guardião, acompanhado de seus dois amigos e do espírito familiar de Tobias, estavam a caminho de outro ponto de trabalho antes de reconduzir o médium ao corpo físico.

Havia espíritos batedores, covardes, atormentadores escondidos no entorno. Observavam tudo, embora não participassem da luta, ao lado da entidade chefe da milícia sombria. Contudo, eles se encarregariam de espalhar a notícia da ocorrência, desmoralizando o chefe perante as comunidades umbralinas. Nas construções do plano físico, do outro lado da barreira dimensional, espíritos vândalos, errantes, desocupados e sem alvos mentais mais sérios e elevados precipitavam-se dos prédios, escorregando até as casas e pelos postes de energia elétrica; outros, endiabrados, enfiavam-se nos veículos que corriam como seus motoristas, loucos, através das ruas e avenidas da cidade. Em comum, todos procuravam parceiros para estripulias, quem quer que lhes desse abrigo em sua vida mental e emocional e, mais ainda, aqueles que lhes servissem de médiuns, canalizando seus pensamentos de pobre e enlameada qualidade.

Espíritos guardiões faziam a ronda pelas ruas da cidade dos homens. Seus habitantes não tinham como perceber os eventos que ocorriam na próxima dimensão, um universo paralelo ao conhecido dos humanos encarnados. Três espíritos acompanhavam Tobias, a partir daquele momento, não o deixando apenas sob a tutela de seu amigo espiritual, um espírito familiar cheio de boas intenções, mas sem especialização para lidar com entidades arruaceiras e, menos ainda, com especialistas da oposição.

Anás, o espírito chefe imediato, queria distrair a atenção de José Grosso e Palminha e ganhar tempo, pois desconhecia por completo o que se passava ao longe, com seu comandante, o hipno. José Grosso, tomando a palavra novamente, surpreendeu Anás, o espírito que o confrontava:

— Fique à vontade para ir aonde quiser, mas saiba que seu reino já está dividido. Nem você nem seu comandante têm força ou poder para enfrentar os Imortais, os representantes da divina lei.

— Então você me deixa ir? Em contrapartida eu devolvo seu agente a suas mãos.

— Não precisa, Anás! Ele já está seguro, e você não poderá nada contra Tobias.

— Mas o outro, Alcides, ele já é nosso, ele nos pertence.

— Veremos. Vá e não hesite em contatar seu comandante. Ele lhe dirá com que forças está lidando — José Grosso sabia que Irial estava destroçado após o confronto com Joseph Gleber, por isso instigou Anás dessa maneira.

Joseph se aproximou dos dois espíritos com os quais mantivera contato, aprofundando-se no passado espiritual, nas memórias de ambos. Ao notar que cobriam os olhos, quase cegos diante da luz que emanava de sua aura, resolveu arrefecer as irradiações de seu magnetismo. Atenuou a tal ponto sua luminosidade que diria ter ficado opaco, como se estivesse encarnado. Corporificado ante as duas entidades, que jaziam ao chão, trêmulas, o mentor estendeu-lhes a mão e falou em alemão, para ser o mais familiar possível a elas:

— Se desejarem, eu posso ajudá-los!

— Quem é você e o que quer de nós? A luz quase nos cegou, e vemos com uma névoa nos olhos...

— Sou um amigo e peço desculpas, pois fui eu o responsável pela aparição da luz que os cegou.

— Era o efeito de alguma bomba? O Führer conseguiu desenvolver a bomba? Nós ganhamos a guerra?

— A guerra já acabou há mais de 50 anos. Vocês estão prisioneiros do passado e das ideias que desenvolveram.

Venham, e eu lhe mostrarei uma causa muito mais excelente do que a que vocês defendiam — disse no idioma alemão.

— A guerra não pode ter acabado! Estamos no *front* de batalha contra os inimigos do estado alemão e fomos promovidos para trabalhar para o Führer. O general Irial nos contratou pessoalmente...

Joseph percebeu que os dois haviam morrido e ficado cativos em seu próprio mundo mental. Não perceberam que estavam desencarnados. Aliás, seus corpos físicos morreram, porém eles não desencarnaram, pois estavam há mais de 50 anos vivendo na completa ilusão dos sentidos, certamente estimulados pelas artimanhas de Irial. Compreendendo o que se passava, o mentor não foi nem um pouco sutil.

— Não há tempo a perder, nem tenho a eternidade como prazo. Vamos, olhem em meus olhos — determinou, convicto, aos dois espíritos, que não conseguiram tirar os olhos do Imortal. Penetrou no fluxo de seus pensamentos e escaneou a memória espiritual de ambos. Paralelamente, deu uma ordem mental a Hertrus, o guardião:

— Traga-me Tobias e Alcides com urgência. Quero-os aqui imediatamente.

Hertrus pediu a Irmina e José Grosso que buscassem Alcides, que, a esta hora, estava desdobrado. Enquanto o mentor fazia uma imersão nos escaninhos da memória espiritual dos dois cientistas, José Grosso trazia Alcides, e Hertrus materializava-se ao lado de Joseph, sem interromper o processo.

— Vejam o que aconteceu com vocês — falava Joseph para os dois companheiros, que haviam sido subjugados pela força mental de Irial. — Vejam como o passado ressurge em sua memória.

Gradualmente, as imagens anteriormente vistas por Joseph Gleber ao tocar a nuca dos dois espíritos emergiram da memória de ambos. Na verdade, haviam relegado aos porões da memória espiritual as recordações do momento da morte. Tão logo se localizaram na dimensão extrafísica, Irial, que já os acompanhava, impôs ou incrementou o domínio mental sobre ambos, hipnotizando-os. Despertavam, agora, do transe no qual estiveram mergulhados por mais de 50 anos; gradativamente acordavam para a realidade. Assim que tomaram consciência do que ocorrera consigo, assistindo ao filho e à mãe matá-los, irromperam em pranto convulsivo. Joseph havia conseguido, em apenas alguns minutos, desfazer a barreira do inconsciente, que impedia as memórias de emergir e de tornar-se acessíveis. O elo mental com o mago havia se desfeito por completo, porém os dois espíritos estavam inconsoláveis.

Joseph olhou para Tobias e Alcides; tocando-os no chacra frontal, ambos se transfiguraram. Encontravam-se ali a mãe e o filho dos cientistas, ora reencarnados como os dois médiuns que se pretendia auxiliar. Alcides parecia um pouco anestesiado; trazia sobre a cabeça um brilho diferente, algo que mais tarde se revelaria plenamente, por meio da intervenção do Alto.

Joseph se dirigiu a Hertrus e a José Grosso, deixando claro que não dispunha de mais tempo para permanecer ali:

— Agora é trabalho de vocês. Tenho compromissos inadiáveis.

Tentando entender melhor o que se passava com os dois espíritos cientistas, José Grosso perguntou ao amigo Joseph:

— Não foi muito abrupta a forma como recobraram a consciência do passado? Não haveria como ser mais sutil?

— Você sabe como sou paciente ao extremo — respondeu o benfeitor. — Que tal você, meu amigo, usar suas habilidades e sutilezas com os dois agora? — apontou para os cientistas, que se levantavam para se encontrar com os parentes reencarnados e em desdobramento. — Sabe que não posso ficar por mais tempo. Então, peço que você assuma pessoalmente a situação. Depois, precisarei de todos eles reunidos para uma proposta de trabalho que irá modificar o rumo da história de vida de cada um. Elevando-se ao alto, Joseph partiu em direção aos planos onde integrava um grupo de seres que trabalhavam sem cessar pelo bem da humanidade.

Junto com José Grosso, Ranieri, saindo do seu silêncio prolongado, aproximou-se dos espíritos, pois queria ajudar. Enquanto isso, Raul acordou do transe sonambúlico banhado em suor, depois do embate com as entidades malévolas com as quais se envolveu.

5

SENHORES DA MAGIA

D

ESDE CEDO ALCIDES apresentou sinais de mediunidade. Foi numa casa de umbanda que mais conseguiu se expressar mediunicamente, de maneira a destravar o psiquismo e ofertar campo mental às entidades que o patrocinavam na ocasião. Mais tarde, ao descobrir o espiritismo e a mediunidade sob a ótica apresentada por Allan Kardec, migrou de um lugar para outro, porém conservou os trejeitos que adquirira como médium na escola da qual participara. À medida que o tempo transcorria, Alcides expressava cada vez de forma mais completa suas faculdades mediúnicas. Mas não se fixou em apenas um grupo de trabalho. A psicografia surgiu de um momento para outro, mas junto com a habilidade de escrever surgiu também — ou melhor, desenvolveu-se — o desejo de ser um mensageiro reconhecido, um missionário que pudesse ser incensado com os vãos aplausos de seus supostos seguidores. Certo dia, após desligar-se de um núcleo de atividades espirituais, assistiu-se ao seguinte diálogo, durante o sono do médium:

— É ele mesmo que estamos visando — principiou determinado espírito, enviado das sombras.

— Se não o arrebanharmos para nosso lado imediatamente, não se sabe o que nos sucederá. O senhor da magia pode ser implacável, inflexível e, de toda sorte, violento e convincente com seus métodos.

— Então devemos ficar atentos e não podemos falhar. Ou melhor, você não pode falhar — falou um dos dois acompanhantes ao mais temível dos baalins.

O súbito cheiro de uma substância das profundezas tomou conta do ar, como se fosse o produto de alguma explosão originada nos recônditos pavilhões da morte, na obscuridade do submundo. Fazia-se acompanhar de um farfalhar, um bater de asas de morcego ou, quem sabe, mais propriamente, do arrastar de um manto negro, que se estendia atrás de seu detentor, carregando em si a fuligem tóxica de mil demônios da escuridão.

Os três espíritos imediatamente se puseram de prontidão, em pleno alerta, temendo ser surpreendidos por algum poder superior. Mas não, era um dos temíveis dominadores da magia, que subira pessoalmente àquele plano a fim de observar o que sucedia com seu enviado.

Irial, o baalim, desconhecendo o fato, armou-se até os dentes com as armas que possuía — um tipo de lança de mais ou menos 1,5m de comprimento e uma espada velha, enferrujada pelo tempo —, as quais lhe serviam como condensador energético, dinamizando sua força mental e dirigindo-a a um provável inimigo. Posicionara-se para o combate iminente.

— Veja, sobre a igreja! — apontou um de seus auxiliares, manipulados mentalmente pelo baalim.

Era um mago negro, que se erguia sobre a catedral da cidade, observando de longe o que se passava. Queria saber se seu enviado cumpriria o que prometera. Jamais confiava em qualquer espírito, mesmo que este estivesse sob o comando do mais importante dos senhores da magia. Não apresentava nenhuma imponência o encapuzado, que, de tão medonho, fora consagrado como um dos mais temíveis tipos de obsessores. Contudo, embora repugnante, disfarçada pelo manto de pura escuridão, sua aparência impunha respeito ou mesmo medo a quem quer que o visse ali, em pé, olhos vermelhos, como se houvesse chamas vivas nas órbitas. O baalim continuou com as armas em punho, pois, mesmo sabendo agora de quem se tratava, não quis acomodar-se sem ter certeza de que não sofreria nenhum ataque por parte dos odiosos manipuladores da magia.

— Veja! — apontou o outro servo de Irial. — Ele não está só. Repare nos sombras, a guarda de elite dos malditos.

Os mascarados parecem ser da guarda dos velhos senhores do Oriente.

Seis outras entidades haviam subido das profundezas e acompanhavam seu senhor em completo silêncio. Mesmo que o baalim quisesse e se armasse até os dentes, e junto com seus dois asseclas resolvesse enfrentá-los, nada poderia contra o domínio infernal do senhor da magia, pois a temível milícia dos sombras o acompanhava.

Uma nuvem de vapores negros parecia envolver os espíritos, como se fosse fumaça das chaminés das fábricas construídas pelos homens. Um gás mefítico e morno emanava dos espíritos que ali emergiram em meio aos vapores da escuridão. As energias miasmáticas davam origem a uma mixórdia de cheiros nauseabundos, macabros, que lembravam velhas criptas abertas repentinamente, depois de milênios lacradas. Apesar disso, a fumaça era muitíssimo mais tóxica que os gases, pois carregava em si larvas, bactérias e um tipo de baba espessa e pegajosa que ia se estendendo chão afora, à medida que o ser hediondo caminhava ou se arrastava sobre o solo astral, subindo pela construção em que se alojara. Formas mentais, cultivadas nos laboratórios do abismo, escondiam em seu interior toda sorte de substância cinzenta e impura, produto da criação de mentes adestradas, porém doentes.

O perispírito dos senhores da magia, em razão de estar há tanto tempo sem corporificar-se através da reencarnação — séculos e, em alguns casos, milênios —, cobria-se de pústulas, semelhante ao que ocorre quando alguém na Terra é acometido de varicela.

O mago que se fizera presente era apenas um enviado do mais temível dos magos daquela casta de seres. Atrás do mestre das artes negras, estava o bando de obsessores, de espíritos perigosos, que representavam a elite dos sombras, cuja passagem lembrava a de morcegos velhos, que voavam frenéticos, em revoadas infernais, emitindo ruídos iguais aos sons estridulantes do grande abismo, onde as almas perdidas soltavam seus tristes ais. Como demônios alados, usando seus mantos como asas prenhes de escuridão sem fim, saíam pelas noites mais funestas do submundo atrás de seus mestres, donos e senhores, executando as ordens de entidades místicas, ferozes, sinistras. O habitante das noites soturnas resolveu se pronunciar. Olhando firmemente o Baal, falou num tom cavernoso, primitivo, gutural, mas audível:

— Então você é o baalim, o especialista em hipnose —

manifestou-se o demônio das profundezas em forma quase humana. Enquanto isso, o vapor quente que o envolvia, cheio de pesadelos incomparáveis, serpenteava à sua volta, formando um quadro grotesco, senão pavoroso.

Irial e seus dois companheiros — ou melhor, os dois espíritos que o seguiam como que enfeitiçados, e assim mantidos por força de sua vontade — olharam o ser horrendo sobre a igreja e chegaram à conclusão de que era melhor não enfrentá-lo, não se opor a seus observadores, proviessem eles de que inferno fosse.

— Sou eu mesmo: Irial, um baalim, guerreiro, assassino e manipulador mental.

O ser das sombras mais espessas, um dos senhores da magia, mirou-o de longe. Talvez até quisesse expressar um riso qualquer, mas o esforço apenas serviu para acentuar em seu rosto um esgar horrendo; deixou à mostra os lábios inchados e conferiu um aspecto ainda mais temido ao seu olhar abraseado.

— Então você localizou o suposto emissário dos Imortais. Alguém que pretende ser um representante das forças superiores.

— E quem é você? Por acaso vem em nome dos senhores da escuridão? — indagou um amedrontado Irial.

— Pode me chamar do que quiser. Os milênios que passei nas criptas do submundo deram-me a sabedoria de não me importar com nomes nem posições. Sou um dos que pertencem à casta daqueles que você pensa serem demônios.

O baalim estremeceu ao saber que a criatura conhecia seus pensamentos. Ou, então, jogava muito bem com as palavras. Respondeu, quase de imediato:

— Eu fui enviado para acompanhar este homem.

O ser funesto nada comentou. Apenas olhava, atraído pela situação, já que também não lhe interessava escarnecer o baalim naquele momento, ao que tudo indicava. Seja como for, considerava-se acima dele.

— Até queria conhecê-lo, pois ouvi boas referências sobre sua capacidade de manejar habilidades mentais. Quero saber do que é capaz — foi o que falou a entidade de capuz.

— Não entendo como me tiraram do campo de batalha entre as nações e puseram-me aqui, ao lado deste miserável sujeito, com suas pretensões arrogantes de superioridade espiritual. Será que ele vale o empenho de vocês? Será que realmente compensa todo este esforço?

— Ele pode ser um perigo maior, caso não esteja do

nosso lado. Além disso, os dirigentes das nações já estão em nossas mãos há muito tempo. Seu concurso é completamente dispensável junto deles.

— Pode considerar que este homem já nos pertence. Usarei sua própria vontade para tê-lo para sempre do nosso lado. Ele não nos escapará.

E assim que fez esse pronunciamento, um outro espírito, um amigo espiritual do médium Alcides apareceu, intrometendo-se na conversa. Era um espírito familiar, alguém muito próximo do médium, que dormia, imerso em sonhos de autorrealização espiritual.

— Sou o responsável espiritual pelo médium. Deixe-o em paz — falou o espírito que o protegia.

— Você pode ser até muito bom, meu amigo, mas não sabe com que forças está lidando.

— Sou o espírito que guarda o médium e sei muito bem quem são vocês. São obsessores e querem desvirtuar o trabalho do rapaz a quem protejo. E eu sou um espírito do bem, um representante do Alto.

O mago mediu o espírito familiar com um olhar de desprezo. O baalim também o olhou.

— Quem sabe você queira nos enfrentar? Se é realmente um espírito bondoso, como diz, não pode nos temer, não é mesmo?

— Não os temo.

— Então tente nos tirar daqui, faça algo que nos estimule a deixar seu tutelado.

Houve silêncio entre eles por um tempo apreciável. E o espírito demônio não tirou os olhos do que se pretendia mentor espiritual. Continuou ele:

— É preciso muito mais do que um simples espírito imbuído de bondade para nos enfrentar. Não pense que sejamos medrosos ou temamos você e os de sua estirpe.

— Proponho a vocês uma questão.

— Fale, anjo da guarda — disse Irial para o espírito familiar de Alcides.

— Deixe que o médium decida a quem quer seguir. Vocês já causaram muito estrago na vida dele, na última experiência no corpo que ele teve.

Irial olhou o espírito da escuridão, indicando segurança ante a proposta do pretendido mentor. O senhor da magia soube captar o pensamento do baalim.

— Façamos o seguinte — interferiu o mago, com a voz cavernosa que o caracterizava. — Se porventura Alcides rejeitar nossa proposta, nós o abandonaremos definitivamente. Caso contrário, você não interferirá em nossos planos. Mesmo que não queira deixar seu protegido, não se intrometerá mais.

O espírito familiar permaneceu calado, tentando chegar a uma conclusão. Irial permaneceu com a mão na espada, embora tenha deixado a lança no chão.

— Além do mais, você pode ficar à vontade com os amigos mais íntimos de seu agente. Ele tem um homem de confiança perto dele. Caso Alcides decida por nossa proposta, você poderá ainda tentar influenciá-lo através de seu amigo pessoal. Note que minha oferta não é nada imoral — argumentou de longe o manipulador da magia. Irial ria intimamente, pois percebeu a ingenuidade do espírito que fazia as vezes de protetor do rapaz.

— E o que pretende com ele? Por que ele é tão importante para vocês? Trata-se apenas de uma pessoa comum, que não pode representar perigo algum para sua autoridade e sua organização.

— Não é de fato ele que nos interessa, mas o que virá através dele. Daremos o suporte necessário para que continue sua tarefa espiritual. Seremos para ele aquilo que você nunca conseguiu ser: um amigo espiritual que o guiará de forma que se sinta seguro. Por intermédio dele, pretendemos controlar as pessoas que o escutarão e o resultado de sua obra mediúnica, no futuro. Interessam-nos sobremaneira cérebros, mentes e almas daqueles que poderemos arrebanhar por meio do magnetismo de Alcides.

Novamente o espírito familiar calou-se, pensando no alcance dos planos do homem das sombras. Por fim, resolveu se pronunciar:

— Que assim seja. Eu confio em Alcides. Ele fará a escolha certa, pois conhece o perigo que vocês representam para ele.

O baalim ficou eufórico com a aceitação da proposta. Nem em seus sonhos mais delirantes acreditava que o espírito fosse tão ingênuo a ponto de aceitar o desafio. Bem se via que ele não era um ser elevado, deduziu Irial, mas apenas um espírito imbuído de boa vontade, que tomara sob seus cuidados um dos possíveis futuros agentes do bem. O espírito familiar esqueceu-se de orar, pois confiava plenamente em seu tutelado.

O mago olhou ora para Irial, ora para o espírito familiar, meneando a cabeça, muito lento. Admirou a fé cega — estúpida, na avaliação dele — do espírito que se dizia do bem. Quase sentiu piedade dele, mas a crise de comiseração passou num átimo. O protetor apresentava-se envolto numa luz suave, fraca, porém nitidamente impregnado do desejo de auxiliar, embora sem conhecimento profundo de seus opositores ou daqueles que classificava como simples *obsessores*. Decididamente, não sabia com quem estava lidando.

Antes que algo mais acontecesse, antes mesmo que pudesse pedir ajuda, um novo ribombar foi ouvido. Um farfalhar característico do momento em que o ser do abismo arrastava seu manto; descia agora as paredes da igreja, e, no meio do caminho, a nuvem de vapor negro o envolveu, marcando seu regresso ao domínio dos donos da magia. Irial ficou a sós com seus comparsas, que não sabiam ao certo o que se passava, hipnotizados que estavam. Apenas participavam, mas com limitado poder de raciocínio. O espírito em forma de demônio partiu, com sua comitiva de sombras. O baalim ficou, aguardando algum acontecimento.

— Que pensa de nossas possibilidades junto a Alcides? — indagou um de seus comparsas.

— Já somos vencedores. Vou jogar com os desejos do médium. Ele terá o que quer.

— Será que o protetor dele pretendia nos intimidar com suas palavras?

— Talvez — respondeu Irial. — Talvez tenha sido essa a sua tentativa. Mas não esperava que o mago lhe fizesse uma contraproposta; foi pego de surpresa.

— Isso denota que não é tão elevado assim.

— Concordo!

— A proposta do homem de capuz foi estratégica.

— Ele queria evitar enfrentamentos desnecessários. Além do mais, poderiam aparecer outros, contra os quais não teríamos muito a fazer.

Alcides dormia num quarto de hotel da cidade aonde fora proferir uma palestra. Havia sido recebido por companheiros de sua confiança. A seu lado, notavam-se alguns espíritos do limbo, descompromissados com sua prática mediúnica e com intenções plenamente questionáveis. Eram seres da marginalidade e elementos causadores de tormentas; boêmios e malandros da vida astral. Moviam-se os dementados espíritos, escorregando aqui e acolá, entre os apartamentos do mesmo prédio onde Alcides repousava. De certo modo, serviam para deixá-lo suscetível à ação de Irial. Seus comparsas procuravam também pela mulher de Alcides; com efeito, ela representava forte ameaça aos planos sombrios. Entretanto, ela não se encontrava no local; um dos espíritos atormentadores havia feito com que fosse conduzida ao hospital da cidade pelos amigos que os recebiam: sentira-se mal com a última refeição. Dessa forma, Alcides ficara só no quarto. Cinco espíritos se dedicavam a manter a esposa do médium longe, sempre usando os amigos do casal para influenciar os acontecimentos, de qualquer maneira que fosse. Outros acompanhavam o aspirante a missionário a qualquer custo. De certa forma, todos o preparavam para o encontro com o baalim.

O espírito familiar queria alertar seu protegido; contudo, tinha dado sua palavra aos opositores. Esperaria uma oportunidade para falar diretamente com ele.

Alcides rolou para fora do corpo inconsciente do que se passava; não guardava lucidez nos momentos de projeção da consciência. Seus cabelos, nessas ocasiões, pareciam sempre desalinhados. O corpo, não muito alto, quando em desdobramento era bem mais desenvolvido. Ele remexeu-se; movimentava-se quase como um fantasma, pois não tinha habilidade de desdobrar-se e manter-se sereno, com capacidade de ver além. Para Alcides, não era importante o fato de ser um simples médium. Queria muito mais do que isso: sonhava com o dia em que pudesse ser reconhecido pelo movimento espiritualista como "o" médium. Para tanto, afirmava ter diversas faculdades mediúnicas. Quem não o conhecia acreditava piamente em suas palavras. Irial baseou-se nesse desejo e em suas pretensões para abordá-lo.

Alcides via-se num ambiente espiritual ou astral forjado até os detalhes pela hábil mente de seu interlocutor, exclusivamente para aquele encontro. Os fluidos ao redor foram manipulados para receber as energias, o magnetismo do baalim. Irial aproximou-se do rapaz e, com as mãos estendidas e o olhar fixo em seus olhos, magnetizava-o. Alcides sentia correntes de energia percorrendo-lhe o corpo espiritual. Cambaleava, quase sem lucidez extrafísica, devido ao influxo do pensamento que o dominava. Caso aceitasse a sugestão, estaria acabado; liquidavam-se o sonho e as aspirações, embora para ele todos os projetos transcorressem às mil maravilhas.

À medida que absorvia o magnetismo do especialista, seu coração físico, devido à repercussão vibratória, parecia afundar no peito, dando mostras de que se ressentia da estranha energia que lhe era imposta. Respirava com dificuldade, fora do próprio corpo. Irial não arrefeceu nesse momento em que o domínio sobre o médium apenas se iniciava. Então Alcides conectou-se novamente à sua ambição mais profunda. E, talvez inspirado pelas entidades ali presentes, ou, quem sabe, demonstrando que tal anseio provinha de si próprio, pela milésima vez pensou: "Terei de me contentar em ser apenas um médium como outro qualquer? Por acaso não poderei ser aquilo a que aspiro? Com certeza, quero prosseguir com meus planos — pensava com maior clareza fora do corpo. — Farei qualquer coisa para atingir meus objetivos."

Foi neste pensamento, precisamente, que Irial se apoiou para induzir Alcides. O ar à sua frente estremeceu, e uma mulher lindamente produzida, uma menina-moça apareceu à sua frente. Era o próprio Irial quem se transfigurara para apresentar a proposta ao rapaz.

— Venho em nome dos trabalhadores da luz me apresentar a você, meu querido tutelado.

Alcides ficou boquiaberto com tamanha beleza e com a aura iluminada do espírito que aparecia para ele.

— A partir de agora, serei eu o espírito que o acompanhará em sua vida missionária. Seus anseios alcançaram o coração amoroso de elevados mentores do mundo, e eu fui designada para assessorá-lo, a fim de que dê continuidade à tarefa que iniciou na última encarnação.

— Quem é você, nobre dama? De onde vem com sua luz especial?

— Fomos muito próximos na sua última existência. Por isso, hoje, das alturas da espiritualidade, venho lhe fazer uma proposta.

Inebriado com a entidade que lhe falava, Alcides rendia-se à proposta antes mesmo que esta lhe fosse feita.

— É preciso que você entenda muito bem sua missão. Você é um escolhido e fará uma obra que a ninguém mais caberá. Será levado a falar em muitas tribunas, e muita gente se apoiará em você e nas revelações que vierem por sua mediunidade.

— Nem sei se mereço tamanha confiança depositada em mim — respondeu, instigando Irial, disfarçado, a continuar com a representação. Ele sabia que estava no caminho certo.

— Não se preocupe, meu querido! Somos duas almas comprometidas com o Evangelho, com o bem e com a multidão de sofredores e aflitos. O mundo precisa de seu concurso.

— Conte comigo, conte comigo! — exclamava, chorando diante da aparição, enquanto intimamente pensava: "Eu sabia! Eu sabia que tinha uma missão. Sou um escolhido e vou honrar minha tarefa e fazer de tudo para levá-la avante. Sou um missionário!".

— Quero que saiba, Alcides, que juntos temos um compromisso com o espiritismo e juntos levaremos essa honrosa mensagem aos quatro cantos do mundo. Não o abandonarei e pessoalmente cuidarei de sua mediunidade. Darei a você condições de se sustentar e sustentar a obra que representará a partir de então.

Alcides aceitou de bom grado a incumbência que lhe fora dada por um espírito da mais alta estirpe espiritual, segundo acreditava. Afinal de contas, fora agraciado com a presença de um representante do Mundo Maior. Talvez não se lembrasse dos detalhes da entidade quando acordasse, porém ficaria gravado em sua alma o necessário a fim de prosseguir com a tarefa e ser o missionário escolhido pelo Alto.

— Voltarei a lhe falar oportunamente. Por ora, é o que precisa saber, para que isso lhe dê o impulso inicial. Todos aqueles que de alguma maneira se interpuserem em seu caminho, tentando dissuadi-lo de sua tarefa, eu mesma farei com que se afastem. Não se preocupe, pois não está sozinho. E mais uma coisa, meu querido...

— Fale, fale, bondoso espírito!

— Cuidado com outros espíritos — advertiu Irial transfigurado perante o médium e olhando significativamente para o espírito familiar, que a tudo observava, cheio de arrependimento por haver aceitado o desafio do homem da escuridão. — Cuidado quando aparecerem outros espíritos pretendendo nublar-lhe o pensamento ou tirar o foco de sua vida missionária. Sobretudo, tenha cuidado quando alguém, qualquer espírito, lhe falar que você não é o escolhido ou quiser fazê-lo pensar que é um médium comum, como outro qualquer. Esteja atento e chame por mim quando isso acontecer. Jamais se esqueça de que os verdadeiros missionários nunca duvidam de seu chamado, de sua convocação para o trabalho. Não se esqueça disso.

— Me lembrarei! Me lembrarei com certeza! — chorava Alcides, tamanha a emoção diante de tão nobre mensageira das alturas. Entregara-se por completo ao espírito que, a partir dali, o conduziria.

Irial concedeu tempo para Alcides se recompor, pois suscitara nele forte emoção, a fim de atingir seu ponto nevrálgico. Como o médium era dado a sentimentalismos e, para ele, as emoções estavam acima da razão, não avaliou detidamente o que sucedia ali. Irial, transfigurado na nobre dama de séculos passados, tirou uma pequena tela, uma teia, de uma bolsa que carregava consigo, lindamente adornada, e falou:

— Este é um presente meu para você, meu querido companheiro de tantas jornadas — e apresentou a tela, que parecia haver sido tecida com fios finíssimos de ouro, de tal forma que brilhava e se movimentava nas mãos da entidade, como se vida tivesse. — Coloque-o sobre a cabeça, ajuste-o delicadamente. Será uma forma de nos conectarmos mentalmente. Este tecido, feito de pura luz das estrelas, agirá sobre seu psiquismo de maneira a aumentar-lhe o potencial mediúnico. Quando quiser, através dele poderá me contatar.

Alcides aceitou de boa vontade o presente, acreditando piamente na elevada entidade que o assistia. Tratava-se de um espírito superior e disso ele não podia duvidar. Até lhe falara de sua missão! Como poderia desconfiar de tão bondosa entidade?

Irial encarava o espírito familiar, que permanecia ao

lado, sem que Alcides o percebesse. Enquanto isso, o médium ajustou delicadamente e com tal enlevo a teia sobre a cabeça que não percebeu quando seus fios se expandiram, entranhando-se em seu córtex cerebral, daí partindo para a medula e ramificando-se por todo o sistema nervoso periférico. Somente então o espírito familiar resolveu orar a fim de pedir socorro a quem quer que o ouvisse.

Irial despediu-se do rapaz, que, àquela altura, estava sob seu controle mental quase irrestrito. A conexão estava feita e não havia como evitar que, de longe, os senhores da magia e os científicos manipulassem seu agente da forma como desejassem. Alcides retornou alegre ao corpo físico, enquanto a teia continuava a se ramificar por todo o sistema nervoso, pois era constituída de elementos vivos do mundo astral e de elementais manipulados pela mais pura magia. Irial gargalhou como nunca, e seu riso sádico foi ouvido pelo espírito cheio de bondade e boa vontade, o espírito familiar que não pôde fazer nada para impedir o que viu. Irial zombava agora do protetor e despedia-se do ambiente, deixando-o a sós com suas lágrimas.

— Eu jurava que Alcides não aceitaria a proposta. Ele não pode se entregar aos inimigos de sua alma — falava o espírito em meio ao pranto. Antes que terminasse sua lamúria, sua rogativa por ajuda, um guardião de ruas, um exu, materializou-se a seu lado.

— Que está acontecendo, criança? Por que chora assim?

— Perdi meu tutelado para os espíritos da oposição, para magos e feiticeiros do mundo sombrio.

— E por que não pediu ajuda antes disso ocorrer?

— Eu confiei que ele não aceitaria a proposta feita pelos maus espíritos. Ele era conhecedor das verdades eternas; não sabia que iriam usar suas emoções contra ele mesmo... — e chorava de desespero a pobre entidade.

O exu, que já conhecia Alcides de outras tarefas, antes que migrasse para o espiritismo, falou com certo pesar:

— Vou procurar ajuda urgente. Mas não posso assegurar que haja algo a ser feito pelo seu tutelado. Afinal — falou com a sem-cerimônia típica dos guardiões das ruas —, parece que você não serve nem para espírito protetor. É você quem está precisando de auxílio.

E, para não deixar o pobre espírito protetor ainda mais melancólico ou deprimido, completou, respirando fundo:

— Bem, cada um tem o protetor que merece. Não se pode modificar isso!

Anos depois, Alcides ministrava palestras em todo o país. As pessoas se emocionavam, eram tocadas pela força de seu pensamento, que era apresentado de maneira claríssima. Irial acompanhava tudo com supremo interesse e somente então compreendia os objetivos dos senhores da magia e dos científicos. A guerra agora era outra; não somente entre nações, mas a manipulação mental e emocional das pessoas, das comunidades espiritualistas. E Alcides crescia a olhos vistos perante o segmento religioso ao qual pertencia. Era tido, afinal, na conta de um missionário com certo reconhecimento. Mas não na medida em que ele desejava. Queria mais. Muito mais!

Num recanto do submundo, uma torre negra se erguia entre as encostas altíssimas daquela região remota do astral inferior. O sol? Ali ele não era visto muito mais do que como uma bola avermelhada, quase escura, que emitia uma luminosidade embaçada. Frio intenso parecia varrer a escuridão, congelando a pele debaixo dos mantos tecidos em treva e solidão. Segredos, medos, conhecimento, magia — tudo se escondia ali, entre as árvores ressequidas e nas entranhas das cavernas que cercavam a torre negra dos magos da noite. Nas encostas, os soldados das sombras, mais negros em sua alma do que a própria negritude do abismo. No topo, mil e um planos de dominação de reis, nações, povos e comunidades inteiras. Em meio à solidão das regiões ínferas, tristeza, sofrimento, dor e desespero imperavam soberanos nas emoções de todos, embora disfarçados sob o manto da escuridão. No fundo, eram almas humanas, embora sua feição demoníaca temporária, que lhes faculta a fama de emissários do inferno.

Um dos senhores mais sombrios conversava com seu emissário, seu arauto do desespero, um dos mais temíveis representantes da obsessão, cujo aspecto era tão doentio e assustador que sua simples existência era rejeitada pelos mais dedicados estudiosos do mundo. E este era justamente o maior trunfo de que a entidade dispunha: não era devidamente considerada a existência de formas de manipulação mental com tal extensão e gravidade.

— Como faremos para enganar os estudiosos do pensamento espiritualista? Cedo ou tarde descobrirão, nos escritos de Alcides, certos elementos que podem comprometer nosso trabalho — disse Irial a um dos senhores, que se trajava de modo a lembrar os aiatolás, enquanto os sombras, a guarda de elite dos magos, vestiam-se com indumentária que remetia à dos talibãs. Via-se muito tecido, de cores fortes, cobrindo o rosto, e longas vestes emoldurando o corpo, entremeadas com calças e botas robustas. As mãos seguravam armas desconhecidas, mas ameaçadoras para espíritos daquele plano. Tais eram os elementos que compunham o visual da guarda pessoal dos magos negros.

— Não se preocupe; teremos uma produção mediúnica muito extensa. Muitas mensagens estarão rigorosamente dentro dos parâmetros doutrinários mais conservadores; entretanto, com um leve toque nosso, algo que jamais será percebido, pois serão canalizadas para ajudar o povo, as pessoas carentes de apoio e segurança espiritual e emocional. Além do mais, você será o mentor, ou melhor, o espírito que o auxiliará, e terá vários nomes. Assinará as inúmeras mensagens com nomes respeitáveis, veneráveis, porém será somente você. E não esqueça: esta é apenas uma fase do nosso trabalho. Pretendemos muito mais; entretanto, por ora, isso lhe basta.

Irial queria a todo custo entender as minúcias dos planos dos magos da escuridão, mas eles jamais compartilhavam os detalhes com quem quer que fosse. Irial tinha apenas dois amigos com quem conversar. Aliás, dois homens, aos quais ele dominava desde os dias da última grande guerra. Eram suas marionetes, quase lúcidos, quase dementes. Mas eram os únicos que tinha permanentemente a seu lado e com quem podia contar.

Numa dimensão superior, muito acima das futilidades da vida mundana, espíritos comprometidos com o bem da humanidade se reuniam a fim de estabelecer novas diretrizes ou novos rumos para o momento histórico que vivia a humanidade. Encontravam-se no local dedicado à pesquisa a respeito dos médiuns e suas habilidades, dos agentes da próxima dimensão, ou seja, daqueles dotados de recursos anímico-mediúnicos para representar as consciências sublimes que trabalhavam pelo progresso do mundo. A sala situava-se nas entranhas do satélite lunar, em uma das bases mais importantes dos guardiões.

Ali estavam catalogados os possíveis agentes, seu histórico reencarnatório, suas habilidades psíquicas e suas conexões com o Invisível. O banco de dados abrangia um período de mais de mil anos; portanto, remontava às reencarnações pretéritas dos agentes, tanto os que estavam em atuação, quanto os que se encontravam sob observação, mergulhados no mundo Terra. Também continha informações sobre as características pessoais, desde o temperamento, as aptidões e as fraquezas até as de ordem sexual, passando pela identidade energética e por outros aspectos fundamentais no momento de identificar e selecionar mensageiros para esta ou aquela atribuição. Em algumas cidades espirituais que gravitavam no entorno do planeta, também havia registros semelhantes, mas somente de espíritos ligados àquelas cidades. Na base lunar dos guardiões, havia mais de 100 mil registros de seres que viviam espalhados pelas nações.

Um dos emissários ali presentes pedira permissão para recorrer a tais registros; deteve-se na ficha de Alcides e Tobias, entre outros.

— Nosso amigo é muito místico, de acordo com o que reza o registro pessoal — falou um espírito a outro, que o acompanhava nas pesquisas e observações.

— Ele teve várias experiências no campo da descoberta da espiritualidade, ao longo dos últimos 2 mil anos, como feiticeiro, místico, alquimista e médium. É natural que tenha essa característica tão marcada em sua personalidade — comentou o outro.

— Mas observe — apontou um registro visual do que se passava com o médium. — Um espírito muito ligado à sua família espiritual resolveu patrocinar-lhe a atual experiência reencarnatória. E veja no que deu. A despeito das inúmeras tentativas de mentores da espiritualidade para demovê-lo do seu intento, o espírito insistiu; acabou demonstrando não deter conhecimento, tampouco experiência suficientes para tutelar seu protegido. Veja o que está ocorrendo.

— Quem sabe possamos amenizar a situação? Talvez não possamos retirar a teia do córtex do médium, mas podemos aproveitar que tem faculdades mais ou menos sensíveis à presença espiritual...

— Sim, podemos aproveitar esse fato, mesmo que o outro ser ainda o tenha sob controle. Não está de todo perdido. Reunamos outros colegas e façamos um projeto com vistas a ajudá-lo. Para tanto, precisaremos muito do auxílio da ex-esposa e do amigo pessoal, Tobias. Os dois serão valiosos instrumentos para nossa aproximação. É claro que devemos ter cuidado para não despertar a atenção do espírito das sombras sobre Tobias e a mulher. Eles serão nosso passaporte para o coração e a mente do médium. Façamos nossos planos. Não ficarão sós aqueles que amam.

Desde então, os benfeitores, tendo detectado em Alcides leve disposição íntima de acertar, têm investido lentamente em seu futuro, na medida do possível, porém sem desistir. Como Irial não conseguia perceber muito além de seu campo estrito de interesse, também não percebia a aproximação de entidades portadoras da mensagem renovadora. Eles se revezavam no psiquismo de Alcides, na tentativa de anular os efeitos sinistros da teia, que constituía um novo tipo de obsessão: a tecnomagia das entidades sombrias.

— Infelizmente, nossos irmãos espiritualistas ainda têm estado desatentos para as novas artes das trevas, em matéria de obsessão. Muitos nem sequer admitem a magia negra, quanto mais a forma mais requintada de manipulação mental e emocional, a chamada tecnomagia dos infelizes senhores da escuridão, fruto de sua aliança espúria com cientistas. Dessa forma, fica difícil liberar os alvos mentais da ação de tais entidades. Contudo, podemos investir gradativamente na libertação da mente de nossos irmãos que se acham sob o controle mental e emocional dos opositores do bem.

— Muitas vezes — falou Joseph para um dos seus amigos, o espírito Palminha —, entre os meus irmãos espíritas, acredita-se que basta ter um mentor para enfrentar as artimanhas dos seres da escuridão. Como há gente boa e convicta de suas boas intenções que, sem saber a qual categoria pertencem os espíritos que lhe orienta, tenta enfrentar sistemas de vida dedicados à política do abismo. Essas pessoas abrem reuniões mediúnicas com o objetivo de atender casos complexos de obsessão sem se certificar da natureza, das habilidades e da especialidade dos espíritos que os conduzem. Não basta ser mentor para saber se defender do mal.

— Creio, Joseph, que frequentemente os espíritas ignoram largamente o que o codificador da própria doutrina que professam escreveu a respeito da natureza dos espíritos e da chamada escala espírita.[7] Esqueceram-se ou nunca se deram conta de que muitos chamados mentores são apenas espíritos familiares. Ou seja, são seres que compartilharam com eles alguma de suas existências, mas nem sempre são dotados de conhecimento, força moral ou habilidade para lidar com certos especialistas opositores do bem. Quando tais espíritos se veem diante de algo parecido com o que Alcides e Tobias enfrentam, não sabem o que fazer ou simplesmente perdem a chance de aprender, de fir-

[7] "Escala espírita". In: KARDEC. *O livro dos espíritos*. Op. cit. p. 117-127, itens 100-113.

mar parcerias mais eficientes com quem tem força moral e ascendência espiritual sobre aquele tipo de entidade.

— Muitos mentores, embora louvados e até venerados por seus médiuns, não passam de espíritos comuns, que não detêm grande conhecimento além do necessário para acompanhar seu protegido nas questões mais cotidianas. Além do mais, erram muito, como nós mesmos. Veja o caso de Alcides, por exemplo — ponderou Joseph. — Apesar de todo o potencial mediúnico, colocou-se inteiramente sob a ação e a tutela espiritual de entidades organizadas para promover o caos, o mal e a oposição à política divina. O sucesso de qualquer investimento maior, no caso de Alcides, dependerá muito da sua resposta a esse investimento. E pode ser que erremos muito na tentativa de ajudá-lo, até aprendermos a melhor forma de atingir o centro de sua razão, para fazê-lo ver até onde caminhou nessa sua empreitada como suposto missionário.

Palminha acompanhou pensativo o raciocínio do amigo espiritual, pois estava visivelmente preocupado com o caso do médium. Ranieri, interferindo no pensamento do amigo, introduziu novas observações:

— Também me preocupa muito, em amplos setores do

movimento espiritualista atual, as ideias que fazem a nosso respeito aqueles que se dizem nossos representantes no mundo físico. Eu mesmo, quando ainda habitava o mundo carnal, alimentava certas ideias, hoje sei, tão fantasiosas sobre os espíritos... Agora que estou do lado de cá há tanto tempo é que descobri quão equivocado estava naquela ocasião. O problema é que, desde meu último mergulho na carne, já se passaram mais de 50 anos. E, depois de tanto tempo, perduram as mesmas crenças, veiculam-se as mesmas ideias!

— Isso sem falar que nos veem — resolveu interferir o pai-velho João Cobú —, em certa medida, da mesma forma como os católicos veem seus santos, ou seja, de modo completamente idealizado.

Joseph manteve-se quieto ouvindo os demais falar, sem interferir. Ranieri acrescentou:

— O querido Chico Xavier já dizia que espiritismo é religião de católico fracassado. Hoje eu entendo isso mais profundamente. Como a mensagem espírita é relativamente nova no mundo, pode-se inferir que os atuais representantes dessa ideia renovadora são, na maioria, egressos do catolicismo, e boa parte ainda guarda os conceitos que aprendeu na igreja milenar, persistentes em sua memória.

Respirando mais pausadamente, talvez para diluir a decepção que se esboçava nele, Ranieri complementou:

— Vejam o que fizeram de Chico Xavier logo depois de sua vinda para o lado de cá da vida. Não creio que ele aprove o que tem acontecido. É quase um processo de canonização espírita. Em vez de exaltarem o trabalho de um homem de bem, como ele indiscutivelmente o foi, noto que muita gente procura transformá-lo num quase santo. E ai de quem ousar duvidar, questionar ou criticar. Para dar mais força ao pensamento de que ele é um ser ultrailuminado, quase apagando qualquer rastro de sua humanidade, tentam fazer com que ele seja reconhecido como a reencarnação de Allan Kardec!

Um dos guardiões, que até então se mantivera silencioso, resolveu também se manifestar, oferecendo sua contribuição ao mesmo tempo em que chamava a atenção para um problema de fato mais abrangente:

— Num momento tão complexo como o que se vive hoje no planeta, quando precisamos da ajuda de mais e mais pessoas que se tornem colaboradores invisíveis, desdobrados ou não, no andamento de questões sérias, que se desenvolvem no plano internacional, tão grande número de espiritualistas e espíritas perde tempo precioso disputando quem está com a razão em sua política, quem é a reencarnação de quem, chegando a mergulhar no contexto mais pessoal, nas intrigas paroquianas. Fico imaginando o que seria do planeta, das nações do mundo, caso dependesse somente dos espiritualistas para auxiliar nos momentos de transição pelos quais passamos.

Foi neste ponto do raciocínio que Joseph Gleber manifestou seu pensamento:

— Demoraríamos alguns milênios, ainda, até que começasse o processo de seleção das almas no planeta. Todavia, temos muito o que fazer no que se refere aos meus irmãos espiritualistas, tanto quanto em relação ao momento de transição que o mundo todo atravessa. Temos de aproveitar aqueles que têm maior potencial e investir nos meus irmãos que têm carisma, capazes de desenvolver ou manejar um magnetismo que movimente multidões.

"Observemos o caso de Alcides, por exemplo — voltou a abordar a questão do agente que se deixara levar pelas sombras. — Fomos contatados por um dos espíritos que tentam ajudá-lo. Precisamos reverter esse processo e pelo menos tentar, de alguma maneira, ter Alcides do nosso lado. Não somente devido ao pedido de socorro, mas também pelo fato de nosso amigo médium ter um potencial que, se menosprezado, poderá causar grande estrago na mente de centenas e até milhares de pessoas, devido ao seu potencial de influenciar muitas comunidades. Ele seria um precioso agente do bem e, neste momento em que necessitamos de cada vez mais trabalhadores capazes de influenciar a multidão, de utilizar o magnetismo para desconstruir mitos e libertar consciências, ele nos poderia ser muito útil. Não podemos perder agentes com esse potencial para a oposição. Alcides seria evidentemente mais proveitoso nos auxiliando junto às nações e aos governantes, contribuindo para o momento de transição planetária, do que realizando uma obra cujo objetivo é a autoprojeção."

Dando um tempo para os amigos analisarem o caso sob a ótica apresentada, Joseph levantou-se, caminhando alguns metros até ao local onde podia operar o banco de dados dos médiuns. Tocou no equipamento de alta tecnologia dos guardiões e projetou a imagem holográfica do médium Alcides. Ao lado, outros painéis apresentavam informações sobre a vida e as experiências do agente que, naquele momento, colocara-se inteiramente sob o domínio dos opositores do progresso e da evolução da humanidade.

— Observem o histórico de Alcides e pensem como esse potencial nos poderia ser bastante útil, principalmente quando temos desafios intensos no contexto internacional.

Um bloco de informações foi aberto, tendo ao lado a imagem do médium em três dimensões, movendo-se lentamente, descrevendo um giro completo em torno de si.

— Ele teve participação de destaque em eventos muito importantes na história de vários países. Vejam aqui — e apontou uma imagem que se formava ao lado da figura central, com um homem pronunciando-se no parlamento inglês, na Câmara dos Lordes. — Este outro registro mostra o mesmo agente reencarnado na Alemanha, no período anterior à Primeira Guerra Mundial, interferindo fortemente nas questões políticas, porque dotado de vasta capacidade de persuasão junto aos poderosos de seu país. Recuando mais ainda no tempo... — e apontou novo bloco de informações, que se erguera à frente de todos. Eram os arquivos de sua trajetória espiritual, de suas experiências na busca por espiritualidade.

Depois de bem mais de uma hora percorrendo os arquivos extrafísicos, analisando-os e mostrando o potencial daquele agente, Joseph comentou:

— Este é um espírito que precisamos ter do nosso lado; ele seria muito útil. Com sua experiência, pode ajudar-nos no colegiado de guardiões da humanidade, e interferir conosco nas questões políticas e sociais que dizem respeito ao momento que vivem nações e governantes. Quem sabe seria um braço direito para ações mais destemidas do lado de cá da vida, nos bastidores da política ou nos eventos que marcam este momento de transição e juízo geral?

— Agora entendo perfeitamente por que investir nesse agente. Ele realmente tem um forte potencial, que poderá ser de grande valia para a causa renovadora.

— Mesmo nós, os espíritos envolvidos nesta etapa de reurbanização extrafísica, de relocamento dos espíritos do planeta ou de transmigração e limpeza energética da Terra, não poderíamos aplicar nosso tempo em quem não tem potencial ou não seja genuinamente um bom agente nosso — acrescentou Pai João, que se mantivera calado por algum tempo.

— Assim agem os Imortais — acrescentou Ranieri.

— Exatamente, meu amigo — frisou o guardião. — Jamais podemos desperdiçar tempo e energia com gente que não tenha condições de ser útil à humanidade. E os Imortais jamais investem em quem não apresenta forte potencial e determinação ou capacidade de realização. Considerando esse aspecto, existe uma imensidade de espíritos bondosos, com condição relativamente favorável de auxiliar seus tutelados nas experiências mais comuns do cotidiano. Contudo, para que os Imortais invistam em alguém, é preciso muito mais. Assim, pode-se entender que nem todos que dizem ter este ou aquele espírito mais esclarecido como mentor e orientador evolutivo realmente o têm. Como se pode ver em nossa reunião, existe outra face do trabalho dos espíritos que talvez poucos estejam habituados a ver.

Ranieri, como era um espírito muitíssimo ligado ao movimento espírita, ficou pensativo. Divagava sobre como a personalidade e o jeito de agir dos Imortais eram completamente diferentes do que se dizia e divulgava nos meios mais religiosos. Havia interesse sim, por parte dos espíritos, em seus médiuns. Contudo, tratava-se de um interesse real, genuíno, diretamente ligado ao potencial de realização, trabalho e parceria com os projetos de alcance mundial. Nada que indicasse apenas sentimentalismo, *puro amor*, tal como se entende o amor atualmente, ou mesmo acréscimo de misericórdia. No caso sob análise, o interesse de Joseph e outros espíritos mais esclarecidos se dirigia ao potencial para ajudar, que o médium apresentava. Mais ainda, no quanto poderia ser útil nos processos de transição do planeta.

Um espírito que até então se mantivera calado, apenas observando e tratando de assuntos de cunho internacional, apenas pelo pensamento ou pela telepatia, com Joseph Gleber, resolveu se pronunciar, dando sua contribuição à análise do caso de Alcides e à abrangência da situação. Era o espírito Bezerra de Menezes, que, junto com Eurípedes, acompanhava a equipe naquele momento.

— Não podemos ignorar, meus filhos, que durante este processo de transição, que apenas se iniciou, precisaremos do máximo de auxílio possível entre os encarnados. E se esperarmos ajuda apenas dos espíritas e espiritualistas declarados, talvez a Terra só se renove daqui a milênios. É necessário alargar as fronteiras da nossa ação e buscar em todos os povos da Terra nossos auxiliares, a fim de colaborarem no momento de crise que a humanidade enfrenta.

Voltando-se particularmente para o caso de Alcides, Bezerra ponderou:

— Interesso-me pelo nosso Alcides sobretudo devido a

seu grande magnetismo. Nas mãos inescrupulosas de entidades sombrias, ele pode fazer muito estrago. Importa que invistamos nele, na tentativa de resgatá-lo para as fileiras de Cristo. Que tal chamarmos alguns amigos espirituais que possam aproximar-se dele, a fim de utilizá-lo quanto puderem, como medianeiro?

— Mas será que conseguirão, uma vez que Alcides está sendo vigiado o tempo todo? Ele é monitorado diretamente pelos senhores da magia — argumentou Ranieri, visivelmente preocupado.

— Isso com certeza é um obstáculo real, mas enquanto intensificamos a ação sobre ele, disfarçaremos nossa presença ao máximo, de modo que pareça a seus manipuladores que emerge de sua mediunidade um produto puramente anímico. Aliás, eles já contam com isso, ou seja, com o fato de que todo agente no plano físico oferece maior ou menor cota de conteúdo anímico nas comunicações. Precisamos é evitar que descubram que os autores verdadeiros de algumas mensagens são espíritos comprometidos com a lei divina — respondeu Pai João, já inteiramente envolvido com a situação de Alcides e Tobias.

Bezerra então propôs:

— Sei que o companheiro Joseph desenvolve experimentos científicos de ponta junto aos técnicos de algumas cidades espirituais.

— Isso mesmo — falou Joseph ao espírito amigo.

— Que tal forjar um tipo de aparelho, talvez algo tão minúsculo que não possa ser detectado por nenhum especialista das sombras, e programá-lo com imagens e sugestões positivas, de conteúdo ligado aos interesses da justiça divina e apelos do Plano Maior? Podemos, se isso for possível, implantar esse elemento no cérebro perispiritual de Alcides, de maneira que receba *insights*, imagens, enfim, sugestões nossas para contrapor à influência mental e emocional do hipno que o controla.

— Isso é possível — falou Joseph, interessado. — Mas temos de contar também com a teia, a nova forma de obsessão, que alia magia e ciência, e que está enraizada no sistema nervoso de Alcides. Por ora, não podemos retirá-la sem causar dano à sua fisiologia nervosa. Tendo isso em vista, podemos programar um tipo de implante estruturado em matéria mental.

— Um tipo de forma-pensamento? — indagou Ranieri.

— Talvez possamos chamar assim, mas é algo mais elaborado — respondeu Joseph. — Trata-se de algo programado previamente, em cuja estrutura íntima possamos utilizar a matéria do plano mental concreto. A esse tipo de matéria o acesso dos seres da escuridão ainda é vetado.

— Seja como for, temos de fazer uma visita ao local onde as entidades sombrias preparam seus médiuns e os demais mensageiros temporariamente desviados do caminho espiritual. Somente lá seremos capazes de entender melhor o projeto que levam avante, além de podermos perceber a dimensão do que está sendo preparado para os trabalhadores da última hora, os agentes que poderiam servir-nos de parceiros no mundo físico — Pai João acentuou a urgência de uma ação nas regiões mais densas.

— Concordo plenamente — falou Bezerra. — De minha parte, contribuirei chamando alguns trabalhadores da nossa dimensão para se prepararem, a fim de utilizar Alcides como instrumento de trabalho, contando, é claro, com as limitações que oferecerá após ter se colocado a serviço dos opositores da humanidade e do reino do bem.

— E como nos conduziremos ante sua megalomania e seu desejo de se projetar como missionário? — arguiu o guardião que acompanhava o caso.

— Cada coisa em seu devido lugar e no momento certo. Não podemos tudo — obtemperou Bezerra de Menezes. — Somos apenas seres humanos e continuaremos sendo por inúmeros milênios. Temos de nos contentar em fazer aquilo que nos diz respeito. O que não é de nossa alçada, entreguemos à Providência Divina. Acredito que possamos trabalhar assim mesmo, com todo o desejo de se projetar que alimenta nosso irmão. Aos poucos, a megalomania poderá ser disfarçada, a partir dos problemas que possamos criar para ele, a fim de distrair sua atenção da síndrome de missionário.

— Criar problemas? — perguntou alguém, que, até então, estava silencioso. Era o espírito familiar, um dos responsáveis diretos pelo quadro em que se achava Alcides.

— Isso mesmo! — respondeu Joseph, adiantando-se a Bezerra. — Alguns probleminhas poderão ser a solução de problemas maiores. Muitas vezes lançamos mão de alguns artifícios que os encarnados denominam problemas no intuito de evitar males maiores. O amigo Alcides enfrentará dificuldades que providenciaremos. Algo que lhe ocupará bastante e, em alguma medida, fará com que se sinta abatido e desestimulado com a ideia de ser missionário. Claro que não podemos esperar milagres, pois ele traz esse desejo inscrito em sua memória espiritual desde longos séculos. Mas podemos, quem sabe, providenciar elementos novos com os quais terá de repartir sua atenção. Isso o deixará menos suscetível à manipulação mental e emocional das entidades sombrias.

— Jamais pensaria que espíritos superiores agissem dessa maneira... — falou, boquiaberto, o espírito teoricamente responsável pela reencarnação de Alcides.

— Pois é, meu filho — interveio Bezerra de Menezes, algo amoroso. — Você se surpreenderá ao ver os métodos que empregamos para evitar os males maiores que assolam a humanidade. Aliás, tanto você quanto muitos de nossos irmãos encarnados têm uma ideia equivocada a nosso respeito. Acham que somos sempre muito sutis, amorosos, permissivos ou compassivos ao extremo. Definitivamente, não é assim. Muitas coisas que representam problema para os amigos encarnados, tanto quanto para espíritos menos experientes, por vezes são recursos do Alto para evitar que as pessoas, instituições e comunidades caiam em precipícios sombrios. Problemas, até aqueles aparentemente insolúveis, não raro são cercas providenciais no caminho; visam desviar nossos amigos no plano físico de situações irremediáveis. Por ora, é o que sabemos fazer, pelo menos nós, que ainda não aprendemos a fazer milagres.

Bezerra demonstrou outra faceta de sua personalidade. Segundo me pareceu, uma face muitíssimo diferente daquela que geralmente apresenta através de muitos médiuns. Ele percebeu meu pensamento imediatamente. Olhando para mim — eu acompanhava tudo para escrever futuras observações por meio da mediunidade —, falou, com um leve sorriso:

— Não sei exatamente se sou eu mesmo que me manifesto em muitos médiuns ou se são os médiuns que me formatam de tal maneira, e a seus mentores em geral, atribuindo determinado tipo de comportamento, a mim e aos espíritos que os dirigem, nem sempre coerentes com aquilo que somos. Não somos santos canonizados; não agimos como espíritos enquadrados pelas normas das religiões do mundo ou incapazes de pensar. Infelizmente, porém, Ângelo, não temos como desmanchar ou desconstruir essa imagem que se faz dos mentores, de modo tão generalizado.

Joseph complementou a fala de Bezerra:

— Exatamente isso é o que ocorre. Os médiuns concebem seus mentores e os mentores da humanidade e os idealizam. Tais percepções se dão de acordo com a ideia que formaram sobre eles, inspirados pelo pensamento religioso vigente. Se o médium procede de uma cultura extremamente religiosa ou mística, ele nos formata durante o transe; na comunicação, embora nem sempre deliberadamente, apresenta-nos como seres de fala mansa, pacíficos e até bobos, conforme queiram, com o palavreado recheado dos jargões comuns ao segmento religioso ao qual pertence ou do qual provém. Mas aqui, em nossa dimensão, somos nós mesmos, destituídos dessa imagem forjada pelos médiuns. O resultado é que, ao chegarem aqui pelo descarte biológico final, decepcionam-se conosco, pois nos encontram tais quais somos e não como disseram que éramos.

A observação de Joseph Gleber lançava luz, também, sobre o modo como Alcides interpretou a presença do espírito de feições femininas que lhe aparecera. Para ele, era um ser da mais alta hierarquia, pois aquela imagem condizia com a ideia que ele tinha de um espírito superior. Daí a conceder-lhe um nome escolhido a dedo, batizando-o como se fosse alguém de grande projeção, foi apenas um passo — um passo que lhe assegurasse certo prestígio nas fileiras espírita.

A partir de então, Bezerra se encarregou de convidar espíritos amigos para auxiliar junto ao médium, enquanto Joseph assumiria as questões mais urgentes, relativas a um novo método de influenciar a mente de Alcides, da melhor forma possível, embora o espírito familiar que o assistia discordasse da metodologia empregada. Mas como somente ele divergia e havia muito mais em jogo do que ele próprio supunha, Joseph deu prosseguimento ao projeto.

6

O
PACTO

E

LE HAVIA FEITO um pacto com o próprio demônio, um espírito em forma de diabo. Alcides soube, desde o primeiro momento, que não seria fácil enfrentar os desafios da trajetória que havia pedido insistentemente para trilhar, até atingir a primeira etapa de seus objetivos. Porém, não pôde perceber o ódio, o desprezo e a zombaria no sorriso da entidade malévola que o olhava, do Invisível, inspirando-lhe os mais secretos pensamentos apenas para ver se o médium correspondia às suas expectativas. Anos depois do pacto selado entre ambos e da instalação da teia sobre seu córtex cerebral, ele ainda era testado pelo comparsa astral.

Alcides deixou-se cair sobre o leito, no apartamento onde residia. Estava exausto, um tipo de cansaço emocional, com uma tendência acentuada à depressão. Ele não saberia dizer o motivo desse tipo de emoção tão forte, quase permanente, que o dominava. O espírito amigo de outras existências, tendo entendido que não era especialista na condução de nenhum pupilo, agora cedera o lugar a outros seres mais competentes, a fim de tentarem evitar um precipício sombrio no futuro de Alcides — se isso ainda fosse possível. O rosto do médium estava marcado com profundas rugas e marcas do cansaço. Vinha experimentando dificuldades para dormir e nem ao menos lograva desligar-se dos pensamentos repetitivos que o incomodavam há muito. Estava vencido pelo cansaço.

— Você está perdido, miserável criatura! — dizia a voz que ressoava em sua mente, como se fosse pronunciada através de um autofalante.

Em outro momento, a voz se manifestou de um modo um pouco diferente, o suficiente para que ele pensasse que provinha de outra pessoa:

— Você não tem escolha, agora. É nosso! Terá de cumprir todos os itens do nosso contrato, seu desgraçado. E sofrerá ainda mais quando eu mesmo o torturar, pois por sua causa fui arrancado do meu posto importante entre as nações e sou obrigado a ficar a seu lado, indefinidamente. Você simplesmente não tem esperança, seu imprestável dos infernos. Em pouco tempo, você será o missionário que quer ser, mas, em um tempo ainda menor, será a sua queda, seu imbecil! — afirmava a outra voz, zombando dele.

— Quem é? Quem está querendo interferir nos planos meus e dos amigos espirituais? — perguntava cheio de medo o médium comprometido com os habitantes das sombras. O coração parecia-lhe querer arrebentar dentro do peito. A taquicardia estabeleceu-se e a pressão arterial alterou-se sensivelmente.

— Veja como somos invencíveis e como você é insignificante, seu verme, sua peçonha dos infernos! — exclamava Irial, sabendo que sua voz seria percebida apenas na forma de emoções desconexas e de uma certeza insuportável de que havia gente por ali. Gente muito perigosa.

— Você é louco, é louco, é louco, seu miserável? — gritava Irial, e sua fala era repetida por seus subordinados ou súditos, bem ao lado de Alcides.

Foi neste momento que um ser de outra estirpe aproximou-se vibratoriamente de Alcides; sem sequer estar naquele mesmo espaço, assoprou-lhe algo nos ouvidos. O homem pulou da cama imediatamente e saiu de casa, com a certeza de que havia alguém ali. O médium tinha medo de espíritos.

Irial sentiu-se ofendido, como se alguém o tivesse enfrentado. Não esperava a reação de Alcides. Queria atormentá-lo ainda mais; porém, o médium teve uma iniciativa inesperada. Irial não poderia perceber um dos intangíveis por perto, tampouco sondar o pensamento insuflado; deduziu, portanto, que a iniciativa fora do próprio médium.

Sem se conformar com a atitude tomada por Alcides, num misto de raiva, desespero e indignação, arrastou-se casa afora. Quando Alcides ainda estava no *hall* do prédio onde morava, Irial jogou-se sobre ele, cravando suas unhas negras no pescoço do homem, que foi ao chão, imediatamente desmaiando. O espírito aproximou-se de sua cabeça, absorvendo-lhe as formas-pensamento, como se aspirasse um gás. Os outros espíritos que acompanhavam Irial sopravam sobre o médium, agredindo-o vibratória e magneticamente, de modo a acentuar o estado em que se encontrava. Alcides agonizava, gemia, sem compreender o que se passava.

Insultando o médium com palavras pesadas, era claro apenas que queriam vingança, mas os dois acompanhantes de Irial nem entendiam o porquê. Não sabiam, ainda, que Alcides e Tobias na verdade eram ligados a eles no passado. Ainda não sabiam. Um deles, o médico, enfiou o punho com força sobre-humana no plexo solar do médium, desencadeando como reação o vômito, enquanto Alcides era socorrido pelo porteiro do prédio, que não sabia ao certo o que fazer. O cientista comparsa de Irial resolveu interferir; aproveitou a situação para introduzir, no cérebro do rapaz, um instrumento parecido com uma faca. Alcides rolou para fora do corpo, demente, quase em completa loucura.

Foi nesse exato momento que entrou no ambiente o intangível, o espírito que inspirara Alcides a sair de casa. Ele simplesmente apareceu. Do nada, como se fosse uma aparição. Uma luz forte o suficiente para cegar qualquer que a fitasse irradiou-se pelo *hall*, sendo percebida inclusive pelo porteiro, que falava ao telefone pedindo ajuda. A explosão de fluidos advindos da repentina corporificação do espírito fez com que as entidades quase materiais fossem dispersadas imediatamente. Na verdade, foram arremessadas, atravessando as paredes do prédio e indo parar a mais de 50m de distância, atordoadas, sem saber o que as atingira. Tudo ocorreu num único momento, num átimo.

Tomando Alcides desdobrado nos braços, o espírito levou-o consigo para um hospital localizado na região superior do mundo astral. Lá ele receberia tratamento adequado, enquanto seu corpo seria conduzido por uma ambulância a um pronto-socorro no mundo físico. Assim que Alcides foi colocado na maca, o espírito que aparecera de maneira repentina beijou-o ternamente na fronte. Ele perguntou balbuciando, embora mais tarde não guardasse a lembrança de suas palavras nem das pronunciadas pelo benfeitor:

— Quem é você? Onde estou? — perguntou ainda amedrontado, angustiado e sentindo-se sem vitalidade. Ele tremia, e seu corpo espiritual apresentava visivelmente a teia associada a cada célula do crânio extrafísico.

Olhando-o ternamente, a entidade, firme, porém delicada, respondeu-lhe, antes que saísse:

— Bezerra, meu filho, Bezerra!

— **Não conseguem** perdoar nem mesmo as pessoas que foram tão importantes para vocês? — perguntou José Grosso aos dois espíritos, que recobravam a consciência após longo período sob o domínio do hipno Irial. Procurava usar das sutilezas do diálogo, já que a metodologia adotada por Joseph lhe parecera abrupta demais.

— Vejam que aqueles que vocês perseguem, juntamente com o espírito demônio que os subjugou, são gente muito cara a vocês. Alcides é sua mãe reencarnada e, por isso mesmo, ligada a vocês por profundos laços de amor. Ela preferiu ver você sofrer a morte física do que se comprometer indefinidamente com as experiências que realizavam em nome do Führer. Tobias — continuou, fixando o outro espírito — é seu filho, que lhe tirou a vida e agora vem para restituir-lhe a liberdade, até mesmo para recebê-lo em um novo corpo físico. Ambos se propuseram a vir como médiuns, a fim de auxiliar no reajuste espiritual daqueles que vocês usaram como cobaias.

Os dois espíritos, entreolhando-se, rejeitaram em uníssono qualquer argumento da parte de José Grosso. Nada os demovia de seus intentos. Vendo a situação mental na qual estavam imersos, Palminha, irmão de José Grosso, concluiu:

— Não adianta. Não temos os recursos capazes de auxiliá-los a abrir os olhos para a realidade. Pelo menos não aqui. Passaram muito tempo sob o domínio mental de Irial. Suas mentes foram adestradas e, mesmo distantes do hipno, há a chamada repercussão vibratória. Mais de 50 anos sob o influxo de uma força intrusa tão pertinaz provoca severos danos à vida mental de qualquer entidade da categoria deles.

— Que faremos? O que sugere? — perguntou José Grosso.

— Levaremos os dois a um posto de socorro. Creio que a situação mental de ambos requer auxílio psiquiátrico ou, pelo menos, tratamento mais intensivo, com espíritos ligados ao psiquismo humano. Não é a nossa área.

José Grosso entendeu, então, a atitude de Joseph Gleber, e reconheceu que estava equivocado. Embora tivessem recobrado a memória dos fatos ocorridos na última existência corpórea — tanto as experiências que realizaram com sua ciência infernal quanto os fatos que envolveram as circunstâncias de sua morte —, não estavam preparados para um contato mais íntimo com seus parentes, mãe e filho, reencarnados como Alcides e Tobias. Recuaram no último momento, pois ainda tinham a mente impregnada do magnetismo de Irial.

— Joseph tinha razão quando provocou um abalo na estrutura mental com o fito de fazê-los recordar ou enfrentar os processos traumáticos do passado — disse a Palminha. — Pensei que os dois estivessem prontos para outro tipo de abordagem...

— O problema, meu irmão — falou Palminha —, é que quase sempre ele tem razão... quase sempre! — comentou a atitude de Joseph Gleber, que lhes parecera, talvez, abrupta ou irrefletida, no primeiro momento. — Acredito que eles precisassem mesmo enfrentar os traumas do passado, receber o choque de se ver face a face com seus parentes reencarnados, que aqui se encontram desdobrados. Joseph tinha pleno conhecimento do que fazia; acredito, meu irmão, que você interferiu no trabalho dele...

— Temos de convir — concordou José Grosso, enquanto olhava os dois cientistas de pé, quase anestesiados diante dos dois médiuns transfigurados — que o homem tem um conhecimento da alma humana que a gente nem suspeita. Ainda bem que ele é um amigo e tanto, e não só nos compreende as limitações como respeita nosso ponto de vista.

— Verdade! — disse Palminha. — Mesmo quando nosso ponto de vista atrapalha uma tarefa ou adia a solução de alguma pendência.

Os amigos espirituais recolheram os dois cientistas contra a vontade destes. Contaram com a ajuda de Alcides e Tobias, ambos desdobrados com a aparência que tinham no passado, e levaram-nos a determinado posto de socorro na dimensão próxima. Lá seriam atendidos e acompanhados no processo de reassumir sua identidade, enfrentando seu passado. Por ora, não havia muito mais a fazer. José Grosso ministrou magnetismo intenso nos dois médiuns desdobrados e ambos reassumiram o aspecto da atual existência, como Alcides e Tobias. Não obstante, Alcides, logo depois, desdobrava-se novamente, sozinho, por vontade própria, embora não guardasse lembranças das ocorrências fora do corpo.

— **Vamos, é** hora de visitarmos a cidade onde os adversários do progresso da humanidade preparam seus médiuns — falou Joseph Gleber à equipe, composta por Pai João e Ranieri, o médium que acompanhara de perto inúmeras reuniões de materialização, quando encarnado, além de José Grosso, Palminha e um espírito indicado pelo colegiado de guardiões da humanidade. Convidou-os todos para a nova etapa de trabalhos. Quanto a mim, segui junto silenciosamente, pois não entendia nada de mediunidade, pelo menos não como aqueles espíritos ali reunidos. Atuaria apenas como repórter a fazer minhas observações, que, oportunamente, submeteria à apreciação dos Imortais. Depois disso, e somente depois, poderia decidir em qual correio escreveria a história desses trabalhadores da última hora sob a perspectiva dos Imortais.

Nem mesmo suspeitávamos que o caso Alcides abriria campo tão vasto para a abordagem mais intensa e extensa de problemas abrangentes, que exigiam atenção imediata. Isso só descobriríamos mais tarde. Joseph fazia questão de acompanhar tudo pessoalmente, sem deixar restrita aos guardiões a tarefa delicada e complexa que tínhamos pela frente. Com efeito, nem sequer cogitávamos que havia coisas muito mais graves no bojo da história que acompanhávamos.

Joseph materializou-se ou corporificou-se à frente da cidade onde se abrigavam mais de mil médiuns desencarnados. Mas não era nada fácil, como não foi, o transporte, a materialização e o enfrentamento da matéria densa daquele plano. Parecia que todos estávamos cobertos de fuligem. Um tipo de substância muito suja, densa e com uma textura totalmente diferente da que se observa nas matérias do plano físico, tanto quanto nas regiões do astral com as quais estávamos acostumados. Havia algo mais no ar; era uma atmosfera carregada. Demoramos tempo dilatado até estabilizar as moléculas de nosso corpo espiritual para, somente então, prosseguirmos a caminhada rumo à cidade. Joseph demorou bem mais tempo do que os outros espíritos para concluir a corporificação.

— Esse processo me faz lembrar a materialização junto aos meus irmãos encarnados — comentou Joseph Gleber. — É muito trabalhosa a constituição de um corpo adequado a esta dimensão.

Primeiramente, o corpo espiritual quase materializado de Joseph apareceu incompleto. Apresentava órgãos e membros incompletos, como se fossem pedaços de braços, pernas e algo faltando na cabeça. Somente depois de algum tempo é que o restante adquiriu forma, gradualmente, porém, tomando a consistência necessária, a fim de que ele se locomovesse naquele ambiente. Sem sombra de dúvida, o processo de materialização, tanto no mundo físico como em ambientes tão densos quanto aquele em que nos encontrávamos, era algo penoso para certa categoria de espíritos. Apesar da larga experiência com materializações, Joseph, José Grosso e Palminha tiveram grande dificuldade de se corporificarem ali, devido ao tipo específico de vibração da matéria daquele plano.

Assistindo a esse esforço, resolvi perguntar, pois sabia que, como eu, Ranieri também tinha suas dúvidas quanto ao que ocorria:

— Que plano é este? Estamos no plano astral, ainda? Para mim, esta dimensão guarda particularidades que a diferem muitíssimo das regiões aonde costumeiramente vamos em nossas tarefas.

José Grosso, que terminara antes dos outros dois o processo de corporificação naquele plano de densidade semimaterial, explicou o motivo de tanta dificuldade:

— Digamos, meu amigo Ângelo, que estamos na fronteira do plano astral com o físico. Isto é, esta dimensão guarda elementos da matéria física, mas também da matéria astral. Estamos num estado vibracional, numa zona limítrofe entre o plano etérico e o astral.

— Ou seja, estamos quase no mundo físico.

— Ou quase no astral, de tão material que isto aqui é! — complementou Palminha, que terminara de se corporificar.

Joseph estava irreconhecível. Aliás, todos nós. Olhei-me; sinceramente, não me via assim desde os tempos de encarnado. Só que, agora, muito pior. José Grosso e Palminha eram o retrato de velhos cangaceiros, em tudo aparentando a rudeza de homens do sertão, com trajes do bando de Lampião, incluindo o embornal, a peixeira e o chapéu de couro tão típico daquele contexto. Estavam sobremaneira "nordestinados". Pai João era um homem do interior da Bahia. Ao se compor para o trabalho naquele plano, parecia um capoeirista, vestindo uma calça cujo tecido lembrava algodão cru. Tinha o peito desnudo e barbas brancas; era mulato, quase negro. Faltava-lhe um dente, que talvez não tivesse conseguido materializar naquela dimensão. Ou seria aquela a forma como viveu um dos momentos de sua última existência? Ranieri apresentava-se como típico mineiro do interior, da área rural, talvez um pescador de mãos grossas e pele acostumada ao sol. Mesmo sem o querer, pois jamais o quereria, troquei meu terno de risca de giz por uma roupa que felizmente meu amigo Raul jamais me veria com ela, ou eu seria para sempre o centro de suas artimanhas linguísticas, com as quais ele adoraria me satirizar diante dos outros companheiros. Não posso me descrever. Estava ridículo naquele corpo pesado, grosseiro e que merecia pelo menos uns 70 anos de academia espiritual, a fim de disfarçar a enorme barriga com a qual me surpreendi. Por mais que me esforçasse para modificar a aparência, de nada adiantou. O guardião que nos acompanhava, coitado, mais parecia um detetive caricato dos idos de 1980, com o palito no canto da boca e os óculos escuros de lentes verdes, tipo aviador. Uma arma estranha estava no coldre e, em todos os detalhes, parecia um homem muito comum, inclusive no cheiro que exalava.

Aquela era uma cidadela erguida aleatoriamente numa região pouco visitada do mundo, num local quase material, quase astral. Não fossem os prédios e casas que se espalhavam sem nenhuma espécie de planejamento, como se alguém pudesse haver jogado todas as construções do alto e cada uma caísse em qualquer lugar, dir-se-ia se tratar de uma cidade como qualquer outra do mundo dos viventes. Era um ambiente extremamente material, forjado num tipo de matéria extrafísica amalgamada num sincretismo de formas e cores dificilmente encontradas em qualquer outro lugar. Não se viam crianças na cidade. Em momento algum as vimos ali.

Entramos caminhando, lentamente, para evitar chamar a atenção. Havia bastante gente reunida numa praça que parecia central. Grupos de pessoas ali e acolá ouviam pastores evangélicos; outros permaneciam em torno de pais e mães de santo desencarnados, que em várias esquinas pareciam praticar jogos de adivinhação. Faquires e médiuns misturavam-se ao burburinho geral, de tal forma que a vida ali corria como nas cidades da Terra dos viventes, embora suas particularidades. Curioso é que as pessoas pareciam alheias a nós; não se importavam conosco.

Logo cruzamos uma rua na qual não víamos carros, mas carroças sendo puxadas por escravos. Sim, ali ainda havia escravos. Mas eram seres de aparência estranha. Não consigo descrevê-los, tão diferentes eram. Nada que meu vocabulário consiga definir. Encontramos pessoas chorando, lamentando-se, como que desiludidas, e outras em estado visível de depressão.

Joseph aproximou-se de um tipo curioso, que, mais tarde, soubemos se tratar de um tipo de soldado daquele lugar.

— Meu amigo, somos estrangeiros nesta terra. Queremos saber onde fica a escola que prepara os agentes. Poderia nos auxiliar?

— Não me venha dizer que vocês também são loucos... São protegidos dos donos da cidade? — e gargalhou de maneira estrondosa, chamando a atenção de outras pessoas que por ali passavam.

— Queremos apenas nos inscrever na escola para, quem sabe, entrar para o círculo dos protegidos. Por enquanto, somos apenas forasteiros — complementou Joseph, assim que o homenzarrão interrompeu sua crise de risos.

Olhando-nos com um olhar enigmático, o homem recusou-se a nos ajudar a encontrar o caminho para a escola onde se preparavam os médiuns daquele lugar. Pai João, com sua nova roupagem fluídica, aproximou-se do soldado depois que Joseph assinalou qualquer coisa. Fixou o olhar nos olhos do espírito e disse, dando ênfase à voz, num tom de comando inconfundível:

— Fale agora mesmo! Diga onde encontramos a escola dos médiuns.

O espírito calou-se; em seguida, apontou em determinada direção. Assim que olhamos para onde indicava, o que vimos não combinava em nada com o restante da cidade. Era um prédio de oito andares, formando um conjunto arquitetônico muito mais moderno do que as demais construções. Pai João exerceu seu magnetismo de tal maneira que o homem não conseguiu se furtar a obedecê-lo. No entanto, antes que nos movêssemos, ouvimos um burburinho atrás de nós. Era um grupo de mais ou menos 20 espíritos, todos armados e com a mesma característica daquele que estava diante de nós. Havíamos sido descobertos.

— Estão todos presos. Nenhum forasteiro entra na cidade sem ordem expressa dos donos deste local.

Cercaram-nos de tal maneira que não pudemos resistir. Amordaçaram Pai João, e os demais tivemos, um a um, o mesmo trato. Uma multidão agitada começou a se formar à nossa volta; ao que parecia, como no plano físico, as pessoas se sentiam atraídas para onde há algum incidente ou situação complicada; notava-se um *frisson*, um gosto pela baixaria. Joseph deixou-se ser conduzido com as mãos para trás, amarradas, assim como José Grosso, Palminha e o guardião que nos acompanhava. Não ofereceram resistência. Fomos todos como prisioneiros; Ranieri, Joseph e Palminha foram tão maltratados pelos soldados como os viventes também o são, em algumas ocasiões. Receberam pontapés e socos, e um dos soldados cuspiu no rosto de Joseph e de Ranieri, sem nenhuma razão aparente. Eles permaneceram calados. Mas Joseph, ao que parece, era o que mais se ressentia da situação. Pai João esteve prestes a interferir, mas, a um olhar de Joseph, ficou em seu lugar, embora bastante incomodado com o que acontecia. Fiquei calado, caminhando meio sem jeito, sem entender como Joseph Gleber se submetia àquela situação sem reagir. Seguimos todos rumo ao edifício onde, supostamente, funcionava a escola de médiuns. Fomos conduzidos à recepção.

— Quem são estes? — perguntou o recepcionista a um dos soldados que nos arrastava, enquanto outros nos empurravam aos socos e palavrões. Joseph caiu ao chão e recebeu um pontapé, o que o fez gemer de dor. Pai João mais uma vez fez menção de intervir, mas Joseph o deteve com um olhar significativo.

— São forasteiros. Entraram na cidade sem nenhuma

identificação. Temos ordens dos chefes para botar nas masmorras qualquer um que chegue sem a permissão deles.

Fiquei assustado quando o espírito falou em masmorras.

Sem interferir na atitude daqueles que nos arrastavam como se fôssemos malfeitores, o recepcionista deixou que fôssemos levados ao subsolo da construção. O que vimos era repugnante. Na chamada masmorra, havia toda sorte de instrumentos de tortura. E ali estavam muitas pessoas sendo torturadas, chorando e gritando, e seu grito parecia doer muito mais em nós do que a forma como estávamos sendo tratados. Fomos jogados escada abaixo, e caímos todos num monte de sujeiras, palhas, pedaços de madeira apodrecida e alguns pedaços de corrente enferrujada. O corpo espiritual de Joseph e José Grosso parecia sangrar — sim, sangue humano. E, pelo que eu próprio sentia, pude julgar que eles sofriam dores também, dores concretas, como qualquer humano quando no corpo físico. Afinal, estávamos todos envolvidos na matéria densa daquela dimensão.

Assim que caímos, ouvimos os espíritos ali aprisionados gritarem:

— Nos tirem daqui! Pelo amor de Deus, nos tirem desta prisão miserável!...

— Ajudem-nos! Somos prisioneiros e não temos forças para nos libertar. Quem são vocês?

José Grosso resolveu falar, causando impacto com sua voz potente:

— Somos estrangeiros e fomos aprisionados, como vocês mesmos. Ainda não sabemos como sair deste local.

Antes de se dirigir aos mais de 30 espíritos que ali estavam, atrelados a correntes e a alguns instrumentos de tortura, um dos espíritos que trabalhava ali como carrasco brandiu um chicote no ar e bateu-o no chão, ao lado de José Grosso. O chicote passou de raspão no rosto de Pai João, que se continha, não sem custo. A situação era a pior pela qual eu havia passado desde que chegara da Terra, após o descarte biológico. Nada se comparava àquilo. O silêncio se fez imediatamente, somente sendo quebrado pelo choro murmurante de alguns e pelos xingamentos de outros.

Não demorou muito e um homem alto e corpulento apareceu, abrindo de repente a porta no alto da escada. Acompanhado de uma comitiva de seres sombrios, fitou-nos do alto por alguns instantes. Estava vestido com um tipo de manto marrom e um capuz sobre o crânio calvo. Retirou o capuz vagarosamente, de modo quase teatral, mas premeditado, deixando evidente seu olhar inumano. Era um mago, ao que me parecia, ou algum de seus mais fiéis e competentes auxiliares. Fixando a atenção em Pai João e Joseph, que estavam agora amparados um no outro, perguntou com voz potente:

— Como chegaram aqui em nossa comunidade? Quem indicou o caminho em meio às brumas e ao pântano?

Olhei de soslaio para os dois amigos espirituais, esperando que respondessem. Mas ficaram calados e baixaram a cabeça. Não soube exatamente o propósito de Joseph Gleber manter a atitude passiva diante daqueles espíritos. Mas ele sofria, e muito, tanto quanto Pai João e os demais.

O homem na escada deu uma ordem, e três guardas armados até os dentes vieram nos buscar, apesar de nem termos demorado ali o suficiente para descobrir por que aqueles espíritos eram mantidos como prisioneiros. Decerto desobedeceram alguma regra estabelecida pelos administradores da cidade.

Era uma cidade infeliz, e havia mostras de muita gente inconformada, triste, deprimida, cabisbaixa, embora a aparente vida agitada, como qualquer outra cidade do mundo dos encarnados. Eu nunca vira em outro lugar tanta gente deprimida, entregue à mais profunda tristeza. Fomos levados a um amplo salão, onde nos receberam dois representantes dos dirigentes da cidade. Junto deles, havia dois outros homens, vestidos exoticamente, com turbantes encimando as cabeças e um ar de superioridade. Mais tarde, descobrimos se tratar de médiuns videntes a serviço daqueles. Tinham a habilidade de penetrar na mente das pessoas e extrair informações que parecessem relevantes para os objetivos dos donos do poder. Havia símbolos desenhados nas paredes. Mas o ambiente interno não combinava com o estilo arquitetônico exterior. Havia algo de medieval que se misturava com modernidade. Não havia harmonia na composição geral. Notava-se excesso de cor e brilho; os móveis eram rústicos demais.

O homem assentado sobre um trono, algo por demais extravagante, dirigiu-se a nós, mas especialmente a Joseph e Pai João, fixando o olhar ora num, ora noutro:

— Vocês romperam nosso cordão de vigilância. Digam, como fizeram isso? Como conseguiram entrar na cidade?

— Desculpe, senhor — falou Pai João, rompendo o silêncio. — Mas não havia guardas na entrada da cidade. Parece que era hora do revezamento do turno.

O homem olhou para seu chefe da guarda num evidente pedir de explicação e perguntou:

— Que me diz, homem forte? Onde estavam os guardas no momento em que os forasteiros entraram?

— Senhor!... — balbuciou o chefe da guarda da cidade.

O homem assentado no trono demonstrou sua férula sobre seu subordinado. Olhou-o com uma fúria e de tal maneira dominando-o que ele foi se transformando lentamente, até assumir a feição de lobo. O homem urrou como fera e correu, cambaleando sobre as patas, deus sabe para onde. Joseph acompanhou o lobo com o olhar atento.

— Se aqui estão é porque venceram o pântano e também a floresta de espinhos. Que me dizem? Quem são vocês?

— Desculpe-me, senhor — falou mais uma vez Pai João, enquanto permanecíamos calados. — Não sabemos como viemos parar aqui. Estávamos juntos dentro de um veículo quando, de repente, algo nos assustou — respondeu Pai João — e viemos parar aqui. Acordamos aqui e não sabemos qual força nos trouxe até este mundo.

O homem virou-se, voltando-se para seu aliado, e falou baixo, mas o suficiente para que o ouvíssemos:

— São recém-vindos do mundo dos viventes. Devem

ter morrido num acidente. Não representam perigo algum. Só temos de cuidar agora da segurança da cidade. Deixe-os à vontade. Quem sabe possam ingressar na escola?

O outro homem, a quem o primeiro dirigiu a palavra, indagou-nos:

— Querem trabalhar conosco? Ser nossos agentes? Que me dizem? É uma oportunidade ímpar de servirem aos senhores supremos deste mundo.

Joseph falou finalmente e adiantou-se a Pai João:

— Será uma honra para nós, pois não sabemos ainda o que sucedeu conosco. Creio que podemos ser úteis a esta cidade e seus senhores.

O espírito levantou-se, juntamente com seus comparsas, e deixou-nos a sós com os guardas. Parece que iriam confabular a nosso respeito. Em seguida, após cerca de dez minutos, um deles retornou e deu a ordem:

— Levem-nos para conhecer a escola. Apresentem-lhes nosso diretor.

Fomos soltos; as cordas que nos amarravam, afrouxadas, a ponto de deixar nossas mãos livres. Um dos guardas, o mesmo que antes chutara Joseph e dera-lhe um pontapé, convidou-nos:

— Venham, vamos em frente. Se os senhores deram a ordem, então obedeceremos. Sigam-me.

Fomos todos atrás do homem da guarda, seguindo-o pelos longos corredores do edifício localizado naquela cidade estranha. Ao passarmos, avistamos várias portas, cada qual com inscrições como *Psicologia, Hipnose, Regressão de memória, Ciências psíquicas,* entre diversas outras especialidades. Ali parecia se reunir a nata daquela comunidade. Passamos por uma enorme biblioteca, com cerca de 30 mil volumes detalhadamente organizados. Havia vários espíritos debruçados sobre os livros, lendo-os com tal interesse que não notaram que passávamos por ali. O guarda falou em um tom de voz que somente nós pudéssemos ouvir:

— São os futuros médiuns que levarão ao mundo a mensagem dos nossos senhores. Do outro lado — apontou o lado oposto, onde estavam mais espíritos, visivelmente desdobrados durante o sono físico —, estão os médiuns que vêm aqui para se especializar. Aprendem de tudo: psicologia da mediunidade, manipulação e assimilação energética, psicologia dos filhos da luz; preparam-se para adivinhar os problemas das pessoas e influenciar as emoções; e, ainda, aprendem como enganar os trabalhadores do bem. Além disso, estudam técnicas avançadas de hipnose e magnetismo, miscigenação das crenças e religiões e perda de identidade dos cristãos modernos, intrusão mental, contratos e pactos e suas implicações, pactos com médiuns encarnados, entre muitas matérias importantes para desempenharem sua tarefa no mundo. São todos parceiros dos nossos senhores.

Fiquei impressionado como havia uma organização tão minuciosa naquela comunidade. Todos ali eram estudantes da mediunidade, muito embora se especializassem em matérias voltadas a propósitos menos elevados e em tarefas realizadas por manipuladores de pensamentos e emoções. Ao chegarmos à sala onde o diretor nos aguardava, fiquei boquiaberto. Era alguém de renome, muito conhecido no mundo físico. Na verdade, ele estava reencarnado e, durante a noite, através do desdobramento, comandava a escola de perto. Joseph olhou-nos um a um, dando a entender que deveríamos manter a tranquilidade e evitar qualquer atitude que facilitasse sermos descobertos. Precisávamos saber mais detalhes do funcionamento da escola que treinava médiuns, oradores e religiosos em geral a fim de representarem as forças da oposição no mundo. O diretor olhou-nos interessado e, apontando Joseph, falou:

— Você tem cara de ser o mais inteligente de todos. Qual o seu nome, rapaz?

— José, senhor — respondeu ao homem que dirigia o lugar de maneira incomum.

— José!... Então irá diretamente para nosso campo de experimentos científicos. Lá aprenderá com nossos especialistas o que deve e pode saber sobre nossa tecnologia de comunicação, algo inédito nesta dimensão do mundo.

Logo após, olhou para Pai João, transfigurado no homem mais rude, apontou também para José Grosso e Palminha e instruiu que seguissem para onde se realizavam estudos de magia. Ali poderiam aprender algo, caso quisessem, diretamente com os auxiliares dos senhores da magia, e ajudar no preparo de elementais para as experiências com os médiuns. Pai João fitou-nos — Ranieri, o guardião e eu —, demonstrando pelo olhar que sabia aonde iríamos e estava conectado conosco pelo pensamento.

Recebemos um breve pensamento de Joseph que nos assegurava:

"Fiquem tranquilos! Estou sabendo de tudo que ocorre com vocês e não deixarei que sofram qualquer manipulação ou intrusão psíquica" — isso nos tranquilizou bastante, principalmente a mim. Nós, os três amigos restantes, fomos conduzidos para outro recinto, onde tínhamos uma visão mais clara a respeito dos médiuns que, desdobrados, eram conduzidos para ali a fim de se especializarem na escola da cidade umbralina.

— Vejam! — apontou Ranieri para mim e o guardião. — Aquele homem ali, que está sentado com o capacete na cabeça.

Olhei e vi um homem magro, usando um terno elegante, sentado numa cadeira que a mim mais me pareceu uma cadeira elétrica. Era um aparato estranho demais. Um dos guardas explicou o que acontecia; era o mesmo que havia nos acompanhado até ali. Os três grupos foram escoltados por soldados, o que denotava que os donos do lugar e o diretor ainda não confiavam plenamente em nós, o que era de se esperar. Falou o guarda:

— Aquele é o Pastor Fulano de Tal. Ele vem aqui três vezes por semana e passa pelo processo de hipnossugestão. Aquele aparelho está conectado diretamente com o laboratório onde nossos cientistas e os mestres se reúnem. Ele recebe instruções, ideias que lhe são implantadas e, depois, treina magnetismo de multidões com nossos mestres da magia. Precisa estar bem amparado para fazer o trabalho que faz e combater, no mundo, o pensamento que nossos senhores desejam erradicar.

O guarda falava com certo orgulho por estar servindo aos senhores das sombras, os mestres da magia no submundo. Mais além, o guardião chamou nossa atenção para um grupo de pessoas:

— Vejam se conhecem alguém daquele grupo — falou nosso amigo.

Era um grupo de mais ou menos 15 pessoas, alguns facilmente reconhecidos por todos nós, até mesmo por Ranieri, que não era muito dado a certos aspectos da vida no mundo físico.

— São pessoas ligadas à política; entre eles, alguns religiosos.

— Isso mesmo — confirmou o guarda que nos conduzia pela excursão junto aos médiuns dos magos na Terra. — Eles são treinados aqui também. Mas existem outras escolas espalhadas em nossa dimensão; esta é apenas uma delas. Nossa cidade se orgulha de preparar pessoas de destaque no contexto social e religioso. Temos aqui a elite dos professores de todas as terras sombrias.

O homem estava realmente convencido de que a estrutura espiritual daquele lugar era soberana, sob todos os aspectos, e a política desenvolvida ali pelos senhores da escuridão, a melhor e mais correta, segundo seu ponto de vista.

— Não temos por que temer os filhos da luz. Eles são os mais fracos, os mais crédulos e aceitam de bom grado que nossos representantes assumam um papel importante no meio deles, sem ao menos questionarem ou suspeitarem de que são nossos senhores do submundo que os dirigem — e riu gostosamente, embora sem exageros. Tivemos de acompanhar sua risada, mesmo sem vontade, senão seríamos descobertos. Ranieri resolveu perguntar ao soldado:

— E você? Qual o seu papel nesta comunidade? Você também é médium?

— Eu? Sou um dos servidores mais fiéis das majestades satânicas, dos nossos senhores. Mas eu não acredito nessa coisa de médium. Os médiuns são, na verdade, um bando de loucos, de pessoas crédulas, pois eu mesmo cheguei a me manifestar em diversas casas espíritas no mundo e muitas vezes me fiz passar por um mentor da mais alta categoria.

— E eles acreditaram facilmente? — perguntou Ranieri, interessado na história do soldado dos magos negros. O homem deteve os passos, dando um pouco mais de atenção a nós, mas principalmente a Ranieri, e respondeu:

— Posso lhe assegurar, companheiro, que as casas religiosas maiores são as mais fáceis de serem enganadas. Quanto maior o número de médiuns, quanto maior for a casa, quanto mais patrimônio físico possuir e mais se assemelhar a uma empresa, o que para nós é vantagem, mais fácil se torna enganar seus membros e dirigentes. Nesses casos, geralmente estão tão preocupados em sustentar e administrar a instituição ou tão ocupados nas brigas pela direção da casa, pelo poder aparente e por aparecer nas tribunas, que se descuidam de coisas muito elementares. Assim, fica muito mais fácil enganá-los. Por outro lado, nas casas menores, devemos ter maior cuidado, de modo geral. Costumam ser mais dedicados ou atentos, mais fervorosos, oram mais, e você sabe, não é, companheiro? — tocou o ombro de Ranieri, como se ele fosse um dos mais experientes obsessores. — Gente que ora é perigosa para nossa organização. Isso é falado aos quatro ventos pelos senhores da magia. Quem ora e quem estuda. Eis dois problemas complexos que devemos enfrentar ao lidar com os seguidores do Cordeiro no mundo.

Ranieri aproveitou que o homem estava falante e abriu-se com ele, como se fôssemos velhos conhecidos. Disparou a perguntar, explorando nosso disfarce:

— E quanto aos médiuns que aqui vêm em desdobramento? Vêm todos por conta própria ou são induzidos pelos nossos senhores?

— Tenho pouca experiência com esses embusteiros, mas, pelo que observo há tantos anos em contato direto com o diretor de nossa cidade, e também o diretor da escola, os médiuns que aqui vêm geralmente já mantiveram contato com algum de nossos enviados, previamente. Os mestres têm lá seus eleitos, seus escolhidos, e os enviam para junto de muita gente que tem alguma tarefa importante a fazer. Mas não pense que todos sejam personalidades importantes, assim. Tem muita gente embusteira no mundo, aqueles que apenas querem parecer médiuns. Esses não nos interessam. Nossos senhores investem em gente boa, em pessoas que realmente estão fazendo diferença. Na atualidade, há muita gente que desponta entre políticos, religiosos, médiuns e também dirigentes de comunidades, ONGs e partidos. Entre os políticos, então, nem imagina quantos médiuns genuínos existem.

Chegamos perto de um grupo de pessoas que estavam ali para ouvir um espírito que se especializara em técnicas avançadas de magnetismo e hipnose; ele associava esse conhecimento a certos conceitos de magia, segundo nos explicou nosso guia. O instrutor ensinava aos médiuns novatos e àqueles que estavam em treinamento mais intensivo algumas formas eficazes de envolver o público, principalmente explorando emoções e sentimentos.

Tão logo paramos junto ao grupo, avistei Alcides desdobrado. Então ele estava ali também! Já havia se recuperado e estava novamente mantendo conexão com a comunidade de magos que liderava aquele lugar. Tentei me aproximar dele por um lado, enquanto Ranieri caminhava lentamente pelo lado oposto, na tentativa de ficar bem próximo do médium, também.

— Vou lhes ensinar como criar um elemental pessoal — ensinava o ministrante. — Trata-se de um ser que vocês mesmos podem manipular e usá-lo como defensor ou como mentor de vocês. Mas, antes de mais nada, saibam que este ser criado pelo pensamento e estruturado em matéria etérica pode se voltar contra vocês, caso não saibam ou não consigam controlá-lo pessoalmente.

O homem passou a mostrar numa projeção visual aquilo que tentava explicar com palavras. Na verdade, já conhecíamos algo a respeito a partir das conversas com Pai João. Porém, ali, víamos como o mesmo conhecimento iniciático podia ser usado também para finalidades nada nobres. Naquele caso, eram decididamente fins antiéticos. A exposição consistia numa aula prática de manipulação de pessoas, de como influenciar e manipular as crenças alheias, além de ensinar a usar as forças da magia no intuito de dinamizar o poder sobre os alvos mentais. Mostrava, ainda, como empregar forças elementais e hipnose de elementais[8] exclusivamente voltados à prática mediúnica — um perigo levado a cabo por muitos ali, embora poucos lhe conhecessem a extensão.

Aproximamo-nos de Alcides, sabendo que ele não nos reconheceria. Pensando bem, com a aparência que tínha-

[8] Para maiores esclarecimentos sobre os elementais naturais, agrupados sob a denominação *espíritos da natureza* na codificação espírita (cf. KARDEC. *O livro dos espíritos*. Op. cit. p. 337-340, itens 536-540), consulte o volume 2 da série Segredos de Aruanda (PINHEIRO. Pelo espírito Ângelo Inácio. *Aruanda*. 13ª ed. rev. ampl. Contagem: Casa dos Espíritos, 2011. p. 86-98, cap. 7). Há esclarecimentos importantes

mos, isso não era nem de impressionar. Ranieri e eu procuramos sondar a mente dele enquanto o guardião entretinha o soldado, tentando distraí-lo de nossa atuação. Sem que fôssemos percebidos ou descobertos, sutilmente arriscamos a sondagem mental. Mas havia algo intricado envolvendo Alcides; ele estava totalmente impermeável. Havia uma confusão mental incrível em torno dele. Era como se houvesse milhares de vozes falando ao mesmo tempo dentro de sua cabeça. Não sei como ele não enlouquecia.

Foi nesse momento que percebemos o pensamento de Joseph, que de longe nos acompanhava:

"Deixem Alcides por enquanto. Nosso objetivo é colher o máximo de informações sobre o funcionamento de todo este aparato dos magos e cientistas. Recolham todos os dados que possam reunir e nos encontraremos mais tarde na praça da cidade."

"Mas poderíamos libertar Alcides do jugo dos mestres

nesse trecho, inclusive sobre a opção por adotar a nomenclatura *elementais*, do esoterismo clássico. Já a respeito de elementais artificiais, é o espírito Joseph Gleber quem concede esclarecimentos (cf. PINHEIRO. *Além da matéria*. 14ª ed. rev. ampl. Contagem: Casa dos Espíritos, 2013. p. 151-161).

da magia" — pensei, ante a instrução mental de Joseph.

"Alcides está no lugar que escolheu. O que pudemos fazer já o fizemos, e ele procurou os magos por iniciativa própria. Só o tempo poderá ajudá-lo" — foi a resposta definitiva de Joseph.

Olhando para Ranieri e nos afastando um pouco, pois ele também ouvira a comunicação telepática, que se realizou numa dimensão puramente mental, inacessível aos espíritos que ali viviam e trabalhavam, comentei:

— Achava que poderíamos liberar Alcides. Não imaginei que Joseph e os outros pudessem deixá-lo à própria sorte.

— Os Imortais agem assim, Ângelo. Nem sempre compreendemos o que eles fazem, mas neste caso, veja como Joseph tem razão. O caso de Alcides é apenas o primeiro de uma série de testes que os magos e cientistas estão realizando. O que ocorreria se nos concentrássemos apenas no médium e deixássemos de lado as experiências realizadas nos laboratórios do submundo? Joseph quer que colhamos informações as mais detalhadas possíveis. Neste momento, ele próprio se imiscui no laboratório principal, tentando agir na surdina e obter o máximo de informações que puder sobre a nova metodologia utilizada pelos magos negros.

Se perdermos esta oportunidade por causa de Alcides, podemos comprometer inúmeras pessoas importantes no mundo, desde agentes nossos, os médiuns, até líderes políticos, religiosos e outras personalidades importantes para o estabelecimento do Reino no mundo e para o processo de reurbanização que está em curso.

— É, mas Alcides pode ser alguém muito importante para nós...

— Não mais do que os milhares de pessoas que poderão ser libertas da influência dos magos. Neste caso, Alcides é somente uma ponte entre nós e os magos. Afinal, ele foi atendido por Bezerra pessoalmente e, mesmo assim, veja o que acontece! Ele voltou, por conta própria, à presença de seus manipuladores. Isso não é somente um caso de obsessão comum, Ângelo, mas é o próprio Alcides quem persegue seus objetivos e não larga mão do pacto ou da parceria que estabeleceu com Irial e os demais. De que adiantou a interferência de Bezerra e Joseph junto dele?

— Você tem razão, não é hora para crises de caridade compulsiva!...

— Exato! E Joseph sabe muito bem o que está fazendo. Como dizíamos lá na Terra, ele não dá ponto sem nó.

Imagine se iria submeter-se a tanto sofrimento, a uma quase materialização com todas as implicações daí decorrentes e, ainda por cima, receber chutes e pontapés, caso não houvesse algo muito mais complexo e perigoso que a mera influenciação de um indivíduo. Sabemos que precisamos, de alguma maneira, auxiliar nossos agentes na Terra, mas, no caso de Alcides, ele não é um dos enviados do Plano Superior; apenas tem grande carisma e por isso, no futuro, até poderia ser agente nosso. Por ora, foi instrumento para descobrirmos todo um plano arquitetado pelos maiores obsessores do submundo. Ele foi apenas uma cobaia desses seres da escuridão. Para nós, entretanto, ele é uma espécie de agente duplo. Serviu para que pudéssemos abortar ou, pelo menos, conhecer os detalhes de um plano que é posto em ação mundialmente.

Sabendo que eu lhe compreendia as palavras e as implicações do que ocorria, Ranieri chamou minha atenção para outra situação:

— Vamos! Temos muita coisa a pesquisar e muitas informações para colher com os professores desta escola do inferno... — comentou enquanto saímos rumo a outro grupo de espíritos ao qual se ensinava como manipular mensagens, de modo a parecer que fossem originadas em planos superiores. Havia um perigo iminente ali e precisávamos conhecer os detalhes.

Pouco mais adiante, parlamentares e outros políticos estavam desdobrados e submetiam-se, como marionetes, às experiências dos chamados médiuns das sombras. Digo médiuns em sentido mais amplo, e não somente no sentido de médiuns ostensivos, espíritas, umbandistas e outros. Eram agentes dos espíritos do submundo, que usavam pessoas de relevo para influenciar, manipular e exercer um fascínio impressionante sobre os encarnados e também sobre uma multidão de desencarnados. Havia muita coisa em jogo, além de um problema ligado a alguns médiuns e casas espíritas.

Espero que meus leitores aprendam a ler nas entrelinhas e entendam o que não está explícito. Como já disse noutro momento, há muitas coisas que não foram escritas e demandam sensibilidade para serem captadas e compreendidas, muitas mais do que as que escrevo. São informações para quem tem olhos de ver e ouvidos de ouvir.

Enquanto nos ocupávamos das informações a serem obtidas entre os professores daquela escola, anotando tudo sobre as disciplinas estudadas e o projeto educativo, se assim podemos dizer, sobre a metodologia empregada ali, o guardião que nos acompanhava conversava com o sentinela dos magos e ganhava sua confiança:

— Sou um especialista em segurança e trabalhei na CIA; depois me especializei em outras agências — falou o guardião para o sombra, o guarda pessoal dos magos.

— É de uma pessoa como essa que precisamos em nossa cidade.

— Se eu puder auxiliar, coloco-me à disposição. Afinal, vejo que vocês aqui têm os mesmos interesses que nós, e que os meus, em particular.

— Nosso sistema de segurança ainda é muito falho. Veja como vocês entraram aqui sem ser percebidos — disse o sombra.

— Eu poderia contribuir treinando soldados e dando dicas mais eficientes de segurança. Quem sabe interessa a seus dirigentes?

O sombra ficou empolgado com o currículo do guardião, sem desconfiar que ele apenas lhe ganhava a confiança, conforme orientações diretas de Joseph. Ficou ainda cerca de duas horas conversando com o guardião, antes de nos reunirmos novamente, o que nos deu tempo suficiente para colher o máximo de informações, sem que fôssemos descobertos. Aquela conversa do nosso guardião com o soldado dos magos o levaria, em apenas um mês, a assumir a direção dos soldados daquela cidade. Ganhara definitivamente a confiança dos magos e cientistas, mas principalmente dos soldados, que ficaram fascinados com a metodologia, a forma de se relacionar com o guardião e, sobretudo, com os resultados em termos de segurança e defesa da base, que, pouco a pouco, caía sob o comando da equipe de Joseph Gleber. Enquanto isso, Joseph, José Grosso, Palminha e Pai João cada vez mais se envolviam com o time ligado à ciência e à magia naquela escola de médiuns e agentes da escuridão.

7

AGENTES DO AMANHÃ

U

M MÊS DEPOIS dos últimos eventos, Irmina foi convocada para comparecer à casa de um dos agentes encarnados. Nas regiões onde permaneciam Joseph e sua equipe, necessitava-se de doadores de ectoplasma, mas deveriam ser pessoas comprometidas com a lei divina, com a proposta dos guardiões da humanidade. Um dos agentes foi localizado em seu apartamento próximo a uma reserva florestal, da qual eram extraídos recursos fluídicos e bioplasma. Quando Irmina chegou, havia dois guardiões de plantão, do lado de fora.

— Boa noite, guardião! Preciso entrar para pedir auxílio ao agente. Ordens do chefe — falou Irmina Loyola a Gerard, um dos espíritos de plantão.

— Desculpe, senhorita. Nós a conhecemos pelos relatos de nossos líderes, mas no momento não posso permitir a entrada de ninguém no ambiente doméstico. O agente está ocupado neste instante.

— Ocupado? Será que preciso apresentar minhas credenciais e a ordem que recebi diretamente do chefe? — falou, referindo-se a Joseph Gleber.

— Não temos permissão de deixar ninguém entrar enquanto o agente estiver ocupado assim.

— Ocupado? — perguntou novamente Irmina, não entendendo direito a que se referia o guardião. — Você deve estar brincando comigo. A participação dele é uma necessidade urgente.

Respirando fundo, o guardião Gerard, sem conseguir demover Irmina de seu intento, teve de ser mais explícito:

— Ele está namorando, Srta. Irmina. *Namorando*... Será que me compreende?

— Namorando!... Pois bem! Entendi, sim. E não podia ter explicado isso logo no início? Voltarei dentro de duas horas. Acha que é tempo suficiente?

— Claro, Srta. Irmina! Claro. Ou melhor, espero que sim!

Irmina riu muito do jeito como o sentinela expressou que o agente estava num momento íntimo com a esposa. Em seguida, dirigiu-se a outro estado brasileiro, onde encontrou o outro agente deitado, lendo um livro. Após obter permissão para entrar no ambiente e ter de se identificar para um guardião mal-humorado, tomou as devidas providências. Aproximou-se do rapaz e tocou-lhe a fronte, emitindo intenso magnetismo; aos poucos, ele apresentou sinais de cansaço, entregando-se a um sono leve.

— Meu Deus! — exclamou Irmina após entrar em sintonia com o pensamento do rapaz. Com um sotaque tipicamente russo, disse para si mesma: — Estes homens de hoje em dia!... machos como só!

Desligando-se do campo mental do agente, concentrou-se na tarefa de tentar magnetizá-lo, trazendo-o para fora do corpo, num evidente trabalho de desdobramento induzido.

Um sopro dado na altura da cabeça fez com que o homem se desligasse dos pensamentos do dia a dia, nos quais estava mergulhado, em meio a lembranças quase não percebidas pelo consciente, que diziam respeito à vida privada. Irmina movimentou as mãos na transmissão de magnetismo, o que enfim ocasionou a projeção para fora do corpo.

O agente estava um pouco tonto; não conseguia ver Irmina na totalidade, mas somente um vulto que se contorcia diante de sua visão extrafísica. Ele não apresentava sinais de vidência fora do corpo; em razão disso, não guardava lembrança dos eventos que vivenciava na dimensão extrafísica. Contudo, ao ministrar alguns movimentos lentos ao longo do corpo espiritual, Irmina conseguiu que ele apresentasse condições de se comunicarem.

— Precisamos de você, meu amigo. A equipe de Joseph

necessita urgentemente de suas baterias.

— Pode contar comigo! — respondeu. — Se precisar, irei pessoalmente.

— Ainda não é hora para isso. Você precisa ser treinado para poder se movimentar com mais desenvoltura no ambiente extrafísico. Por ora, basta que se coloque à disposição.

Ela chamou um dos guardiões de prontidão na casa do agente e pediu que se assegurasse de que as reservas energéticas do rapaz fossem canalizadas para onde Joseph e seus amigos estavam. O sentinela imediatamente recorreu a um especialista na manipulação de ectoplasma, que logo acelerou o processo de extração do elemento precioso.

— Vamos precisar de suas energias, de seu ectoplasma. Raul e eu precisamos de uma pilha energética para determinada tarefa junto aos Imortais.

Pensando firmemente no amigo Raul, que dormia no ambiente doméstico, e no pedido de ajuda de Joseph, Irmina complementou:

— Afinal, até os Imortais precisam de ajuda.

O guardião, cuja habilidade era a manipulação de fluidos do ambiente humano, magnetizou o rapaz; este, desdobrado ao lado do corpo, via tudo como se estivesse bêbado.

Ocorria uma espécie de torpor, que aumentava gradativamente à medida que o corpo físico era magnetizado. Do homem-espírito e de seu corpo exalavam fluidos mais ou menos animalizados, dotados de forte conteúdo do plano etérico e de elementos que seriam por demais preciosos para as atividades que outros agentes desempenhariam em seguida. Dos poros tanto do corpo físico quanto dos corpos etérico e espiritual, exalava um rastro de névoa, uma espécie de vapor com parca luminosidade. Dos orifícios, principalmente daqueles localizados na região genital, um cordão de matéria fluídica formava um rastro, saindo dali como se fosse puxado por alguém. O cordão de ectoplasma comportava-se como se tivesse vida própria, girando no ar enquanto o especialista em ectoplasmia ministrava passes longitudinais no parceiro doador. Nesse momento, Irmina comentou com o guardião:

— Os amigos espíritas costumam ser muito cheios de dedos com suas energias sexuais. Seria muito melhor que nossos agentes tivessem uma vida sexual mais ativa, a fim de não acumularem elementos desnecessários junto do ectoplasma, tampouco serem vampirizados pelos opositores.

— Acho que teremos certo trabalho em eliminar os fluidos daninhos e nocivos que se agregaram ao ectoplasma. Veja ali, por exemplo — apontou o guardião.

Irmina fixou a atenção no cordão de ectoplasma que saía do rapaz. Apresentava coloração cinza, devido à grande quantidade de criações mentais quase materializadas na estrutura ectoplásmica.

— É o resultado de brigas e emoções exaltadas, provocadas pelos embates mentais e verbais com seus familiares. Ele absorve tudo como se fosse uma esponja energética. Além do mais, não tendo atualmente uma vida sexual ativa, parte da vitalidade é também sugada pelo vampirismo da mulher com quem se exaspera nas disputas emocionais.

Irmina examinou com bastante atenção o fluxo de ectoplasma que exsudava do rapaz e comentou com o guardião e magnetizador:

— Deixe pra lá, meu amigo. Faça o seguinte: ajude nosso amigo, liberando do psiquismo e do duplo etérico dele essas energias densas que observamos. Teremos muito mais trabalho ao lhe fazer uma limpeza energética do que procurando outro doador. Termine sua operação e faça o que puder para auxiliá-lo. Irei atrás de Raul imediatamente.

— Mas o rapaz aqui não servirá para ajudar vocês?

— Desculpe, mas os Imortais também erram. Joseph pediu para buscá-lo, mas, no estado atual, não está preparado para ajudar no tipo de trabalho que temos pela frente.

— Mas Joseph não deu ordem?

Irmina mirou o guardião com olhar fulminante e comentou em seguida, provocando medo no segurança, com seu intenso magnetismo:

— E eu sou lá de cumprir ordens? Não me conhece? Ora, bolas!!

Respirou fundo e arrematou, encerrando aquele tópico de discussão:

— Joseph ou outro dos Imortais podem até pedir ajuda a determinados agentes, mas não convivem com estes de maneira mais próxima. Então, nós, os que lidamos de perto com os agentes, sabemos quando estão prontos ou não. Eu é que não vou me envolver com limpeza energética, limpeza de formas-pensamento ou coisa que o valha; isso é trabalho para desencarnado, e eu ainda estou vivinha e bela. Não sujarei minhas mãos com criações mentais e emocionais de ninguém. Fica por sua conta essa tarefa, afinal o morto aqui é você.

E saiu do ambiente lançando-se ao ar. Atravessou as

paredes do prédio onde residia o agente, ao passo que falava consigo mesma:

"Ele é bom agente e responsável, mas enquanto não se liberar desses entraves que o comprometem e o atrelam a uma situação malresolvida, ele é quem precisará de ajuda."

Irmina chegou à casa de Raul ainda antes da mudança de turno dos guardiões. Encontrou um velho amigo tomando conta da residência. Sentia-se em casa, finalmente.

— Preciso de Raul urgentemente. Ordens da chefia — disse ao guardião em russo, acentuando o sotaque, que lembrava os tempos em que vivera com a família em São Petersburgo, bem próximo às margens do Rio Neva.

Não apenas ela, mas também o guardião conhecia muito bem a cidade boreal; ambos tinham ternas lembranças daqueles sítios do czar Pedro. Com a fala arrastada, se expressando agora em sua língua natal, o guardião sentia-se efetivamente à vontade com Irmina. Com os demais guardiões, via-se muitas vezes obrigado a tolerar os comentários sarcásticos a respeito de seu jeito e do sotaque que não conseguia disfarçar. Irmina era seu passaporte para a liberdade de ser e para relembrar o estilo de vida que deixara há mais de 50 anos, quando desencarnara.

— Raul vai gostar de saber que vem briga por aí — Irmina riu.

— Afinal, os Imortais só chamam vocês quando sabem que vão se sentir à vontade para aprontar alguma...

A moça fez beicinho e jogou um beijo para Kiev. Ambos riram, sentindo-se muito bem ao se reencontrarem.

Irmina entrou no ambiente onde Raul repousava. Recostado, dormira com o computador no colo, o qual estava prestes a cair.

— O sujeito está esfolado de tanto cansaço! — pensou.

— Deve ser falta de namorar que deixa ele assim — comentou Kiev ao entrar também, tocando de leve o ombro companheira. — Do jeito que ele anda, não fará isso antes da próxima encarnação! — riram gostosamente do amigo que repousava à sua frente.

— Deixe ele nos ouvir... — tornou ela. — Você não sabe do que ele é capaz...

— Claro que sei. Ele já aprontou muito comigo. Eu fujo dele — e olhando-o sobre o leito, completou o pensamento. — Para longe e para perto dele.

— Não entendi, Kiev.

— Ele é um amigo e tanto, mas que abusa da gente, abusa. Até parece que você não sabe disso!...

Irmina nem comentou o assunto; aproximou-se mais de Raul com o intento de magnetizá-lo e desdobrá-lo. Kiev aproximou-se também para auxiliá-la, quando ambos foram surpreendidos. Raul literalmente pulou para fora do corpo, deixando os dois atordoados com a atitude inusitada. Ele estava consciente de tudo o que ocorria fora do corpo. Abraçou os amigos, que por um pouco mais teriam ido ao chão de susto, e em seguida deu um beijo em Irmina e outro em Kiev, que ficou estático, paralisado. Raul soltou um riso de deboche e foi saindo, como se tudo estivesse na maior normalidade possível. Os dois ficaram logo atrás, ainda paralisados diante do ocorrido; Kiev, particularmente, um tanto sem graça com o incomum beijo recebido.

— Vamos, gente! A chefia espera. Ou vão ficar aí parados? — perguntou aos dois amigos. Irmina logo se recobrou do susto; Kiev, por sua vez, saiu resmungando no mais puro dialeto russo, algo que nem mesmo Irmina pôde entender.

— O chefe chama, e vocês aí, como se fossem duas estátuas... Ora essa, venham! —, falou Raul eufórico, sabendo que causara impacto.

— Como você fez isso, Raul? Como conseguiu sair do

corpo tão repentinamente, antes que eu o magnetizasse?

Mirando a amiga com um olhar enigmático, respondeu, arqueando as sobrancelhas:

— Segredos, minha cara; segredos. Nem precisa insistir que não falo de jeito nenhum — e saiu de casa, ainda brincando com Kiev, abraçando-o, enquanto o guardião ficava ainda mais vermelho.

— Me conta uma coisa, Raul, como você sabia que o chefe nos chamou? Quem foi que lhe disse?

Ainda rindo da situação, o sensitivo deixou a pergunta sem resposta; sabia que Irmina estava curiosíssima, mas de forma alguma quis responder. Mudando de assunto repentinamente, ele agora é quem perguntou:

— Vamos, diga-me, qual o próximo passo? Para onde iremos, afinal?

Irmina teria de se acostumar com seu parceiro; ele gostava de pregar peças nela e em Kiev. Não adiantaria insistir. Ela tomou a dianteira e seguiu rumo à próxima etapa de trabalho.

Era noite. Os reflexos rubros de um sol que se pusera desapareciam ante a escuridão da noite que se aproximava. Abaixo dos três amigos, a paisagem passava velozmente, enquanto eles se conduziam através dos fluidos da atmosfera quente daquele verão. O barulho da cidade ainda incomodava a muitos; era a hora em que o trânsito atingia o ápice, instigando a multidão com desafios cada vez maiores e mais intensos, o que desgastava a maioria durante o percurso de volta ao lar, após o dia de trabalho por vezes extenuante. Os dois agentes desdobrados, com a ajuda de Kiev, isolaram-se mentalmente dos milhares de pensamentos emitidos pela gente apressada. Voavam sobre a cidade em busca do alvo mental apontado por Joseph. Teriam de se desincumbir de determinada situação antes de prosseguirem rumo ao objetivo principal. Um efeito entorpecente parecia ser a única coisa que restara da produção mental dos encarnados e desencarnados, que se misturavam na atmosfera psíquica do orbe. As energias de Kiev causavam um efeito calmante sobre as mentes de Irmina e Raul, conduzidos pelo guardião.

Alcides procurava a todo custo livrar-se da pressão que sentia sobre a cabeça. Nem mesmo o passe ministrado pelo amigo Tobias conseguira diminuir a sensação de que iria desmaiar a qualquer momento. Próximo de Tobias, estava o espírito familiar que o acompanhava de perto — agora, porém, ressabiado, tentando aprender com a situação. Chegara à conclusão de que não bastava estar munido de boa vontade ou simplesmente ser um espírito bom para poder defender seu pupilo de eventuais ataques de seres especialistas das sombras. O espírito familiar orava, temendo se intrometer mais uma vez e a situação piorar. Alcides caíra sobre a cama, afundando no travesseiro macio, na tentativa de aliviar a pressão interna, que era muito intensa. Irial estava ao lado do médium, logo após uma sessão de autógrafos numa das grandes metrópoles do país, depois de uma jornada de viagens e palestras. Um dos enviados do hipno estava o tempo todo junto do médium; o espírito familiar não podia interferir nisso, mesmo porque estava com certo medo. Refugiara-se em oração, motivado sobretudo pela culpa que o consumia.

O emissário das sombras se passara por um espírito amigo muito conhecido no meio espírita; dera uma mensagem através de Alcides diante de um grupo de representantes do movimento espiritualista. Quase esmagava o médium com seu magnetismo opressor. Irial ria gostosamente da situação; deveria voltar ao seu posto anterior, mas não poderia largar o médium, de quem sentia enorme raiva, por julgar ser ele o culpado de seu afastamento de importante ministério entre as nações. Embora soubesse que Alcides atuava como cobaia para o teste da teia — a essa altura, profundamente enraizada no seu organismo psicofísico — e que esse equipamento de tecnomagia seria agora levado ao *front* de batalha, o ódio por Alcides era imenso. O médium obedecia cegamente a Irial, e este apertava o cerco contra seu alvo, que se encontrava angustiado e aflito com a pressão na cabeça e o aperto no peito, os quais acentuavam sua tendência à depressão e ao medo. Era um medo insuportável de que seu trabalho viesse a ruir, de que tudo terminasse de um momento para outro. Um medo infundado, mas que o levava ao desespero.

Tobias falava com imensa tranquilidade, sabendo haver espíritos ali por perto; eram entidades que o ouviam, mas que não eram de todo comprometidas com o bem. Sabia também que a situação era emergencial, mas sentia-se impotente para adotar algum gesto decisivo. O amigo estava muito envolvido com a ideia de que era um missionário; queria convencer disso o maior número possível de pessoas. A partir de determinado momento, passou a não ter escrúpulo de copiar mensagens de outros médiuns, forjar comunicações de supostos benfeitores e plagiar escritores não espíritas, adaptando o conteúdo de livros esgotados, que não mais eram publicados, e que a massa de seguidores ou leitores desconhecia. Para quem se encontrava mais próximo de Alcides, tais mensagens representavam o máximo de espiritualidade, e seus pretendidos poderes e habilidade psíquica jamais eram questionados. Pelo menos para a maioria; Tobias era uma das exceções. Ele sabia o que se passava; sabia também que seu amigo estava sob a influência de uma entidade pertinaz. Estava muito preocupado com a situação do médium Alcides.

— Sei que você está ciente do que está acontecendo — falou Tobias para o amigo, na certeza de que era ouvido pelas entidades malignas ali presentes. — Você pode deter esta situação; não precisa levar avante este trabalho.

— Não posso voltar atrás, meu amigo! — respondeu Alcides. — Já fui longe demais. Se eu retroceder ou admitir publicamente o que está acontecendo comigo, toda a estrutura que criei ruirá. Meus filhos serão prejudicados, minha ex-mulher sofrerá muito, e quem sabe o desastre que ocorrerá depois disso? Amo a doutrina e não posso fazer isso.

— Tenho absoluta certeza de que conhece a natureza

do espírito que se passa como seu amigo espiritual. E sei que ele está nos ouvindo aqui e agora. Mas cuidado, Alcides, você recebeu ajuda de espíritos comprometidos com a humanidade e sabe que está sendo usado como cobaia para um plano muito mais sinistro e abrangente do que simplesmente um processo qualquer de obsessão. Deve ter o devido cuidado, senão os verdadeiros benfeitores o deixarão de lado nessa história e seus algozes e manipuladores poderão fazer o pior com você e sua família.

— Eu sei Tobias, eu sei disso. Mas quero lhe pedir um favor, de amigo para amigo.

— Fale, Alcides! Você sabe que pode contar comigo.

— Me perdoe, meu amigo, me perdoe pelo que vou pedir. Mas quero que não volte mais a minha casa nem me procure mais. Você representa um perigo para mim. Você me faz refletir, e não quero nem posso pensar muito, senão comprometo todo o projeto no qual estou envolvido.

— Mas, Alcides, você sabe que já envolveu boa parte do movimento espírita; que muita gente, muitos centros estão mergulhados no pensamento trazido por você e na ação das entidades que estão a seu lado...

— Eu sei, meu amigo! Mas, sinceramente, não posso e

sobretudo não quero voltar atrás. Preciso continuar.

— Além do mais — falou Tobias entre lágrimas —, você sabe que essas entidades poderão até induzi-lo ao suicídio. Aí sim, sua atitude será descoberta e lançará um peso de culpa enorme sobre aqueles que o cercam, além de levar à ruina todo o trabalho representado por você.

Alcides estava agoniado, mas não conseguia refletir de maneira tão lúcida quanto necessário. Estava prestes a dizer algo importante para seu amigo, ao mesmo tempo em que quase o expulsava de sua residência, quando algo aconteceu nos bastidores da vida.

Foi um fenômeno mediúnico genuíno, verdadeiro, como há muito ele não experimentava. A delicada membrana psíquica que separa as dimensões parece haver sido levantada ou rompida ainda outra vez. Quem sabe — pensou — a pressão na cabeça causasse alucinação e ele percebesse algo parecido com o efeito de algum alucinógeno? De repente podia ver entidades, seres que o atormentavam, presentes no ambiente. E os via pela primeira vez tais quais eram, sem os subterfúgios usados para enganá-lo. Via cada um sem a aparência de mentores e benfeitores que diziam representar. Sucumbia a uma alucinação?

Seria tudo isso resultado de algum medicamento que tomara momentos antes? Ou pela primeira vez enxergava realmente? Afinal, tantas vezes declarara ver espíritos sem vê-los de fato; afirmara estar envolvido com entidades iluminadas, vê-las com relativa frequência, e o povo, crédulo, dava-lhe todo o crédito. Descobrira que falando de experiências mediúnicas, de visões espirituais, conseguia envolver maior número de pessoas.

Mas a realidade era outra, e aquela era a primeira vez que realmente via sem precisar mentir. E ai dele! O que via não era lá muito agradável. Enxergava além da realidade física e percebia entidades ali presentes, atrás de Tobias e também a seu lado. Via outros vultos também, enormes, deformados, de uma feiura estonteante, que o observavam cheios de raiva e desprezo. Em todos os anos de mediunidade, de pretendidos poderes mentais e psíquicos, nunca vira nada como naquele momento. Jamais enxergara tão claramente e nunca tivera tanta consciência do mundo invisível. Mas também jamais sentira tão intensamente o ódio desses seres como agora. Sabia que estava comprometido com todos eles e que era um fantoche em suas mãos. Mas não havia mais como retroceder. Muita gente boa, muitos homens de bem e boa vontade haviam acreditado nele e em suas revelações, e uma quantidade apreciável de centros espíritas estava convencida da veracidade das mensagens de seus livros. Ele não podia voltar atrás. Mesmo sabendo de tudo, tinha de continuar. Temia pelo futuro do seu trabalho e de sua família. A verdade é que, no fundo, acreditava mesmo ser um missionário.

Enquanto via um pouco além do véu da realidade física, seus pensamentos divagavam; seu amigo ali, em pé, a seu lado, chorava ao ver a situação à qual ele se lançara. O pior: Alcides temia solicitar ajuda. Pensava que pedir para ser socorrido espiritualmente seria confessar que não era missionário; pedir auxilio a algum centro espírita seria se colocar como as pessoas comuns — e isso ele não podia fazer. Percebia o ódio que era dirigido contra si, mas não conseguia orar, pedindo socorro, nem tampouco se abrir para a ajuda que lhe era oferecida pelo amigo.

De repente, Tobias notou o que estava acontecendo. O olhar parado do amigo sobre o leito indicava que via além das aparências e estava em relação direta com o mundo oculto. Tobias, enxugando as lágrimas, modificou por completo a atitude mental. Não mais importava apenas ajudar o amigo. Agora falaria, mesmo sem ver nitidamente, aos espíritos que tinha certeza estarem ali. Falaria com autoridade moral. Se eles o ouviriam, se o temeriam ou perceberiam o alcance de suas palavras, não saberia dizer; porém falaria, até mesmo ignorando Alcides, concentrando-se muito mais nos seres sombrios presentes ali. Tobias se expressava de forma tão convincente que não saberia dizer se estava dentro do corpo ou fora dele:

— Vocês estão cientes do mal e do estrago que causaram à obra de Cristo. Todos vocês lutam contra um reino superior e sabem que seu tempo sobre a Terra está prestes a se esgotar. Matam, aos poucos, alguém que poderia servir muito bem ao progresso; usam-no como se fosse uma marionete. Sei que não desconhecem a lei de causa e efeito. Serão julgados, serão levados ao tribunal divino da própria consciência e terão de ser confrontados com o resultado de suas ações. Lembrem que, acima de nós, existe uma justiça suprema, que interferirá em seus planos e os derrubará de suas pretensões.

Respirando fundo em meio às lágrimas, que lhe davam maior força espiritual, formando o pano de fundo para se fortalecer, exprimiu seu pensamento, de maneira que suas palavras se transformaram em oração, embora Alcides não o acompanhasse em suas intenções:

— Ó suprema força, supremo poder, suprema majestade à qual chamamos de Deus e Pai... A ti elevo meus mais profundos sentimentos e meus mais secretos pensamentos, rogando não somente por tua justiça soberana, mas, sobretudo, por tua misericórdia, que nunca nos falta. Peço, ó supremo senhor da vida, que envies um raio, uma faísca do teu amor, que tudo pode e toda treva dissipa, a fim de que se faça luz em meio à escuridão.

Enquanto orava, completamente arrebatado, como talvez jamais houvesse orado, um jato de luz iridescente jorrou da imensidade. A fina membrana psíquica que separa as dimensões rasgou-se no instante em que a luz se projetou naquele ambiente, irrompendo entre as trevas animalescas daqueles seres do abismo, trazendo a luz da imortalidade para aquele recanto onde era feita a rogativa sincera ao senhor supremo da vida. Os espíritos acompanhantes de Irial sentiram-se ameaçados, tendo sido expulsos do ambiente devido à natureza sideral daquela luz. O próprio Irial mais uma vez se viu arremessado longe; reagiu com um esgar, xingando como a mais monstruosa cria dos infernos. O bando todo foi catapultado para longe, enquanto uma música sublime preenchia o ambiente. Não se via forma alguma; apenas se pressentia alguém de elevada estirpe que ali atuava por alguns minutos, em resposta à rogativa, à oração do rapaz.

Ainda percebendo a presença amiga, que não conseguia identificar com clareza, Tobias acrescentou, inspirado por um santo espírito:

— Vocês estão derrotados! Seu poder foi destronado, e Cristo prevalece sobre os povos do mundo e os habitantes da escuridão.

Sua fala, envolvido que estava pela luz sideral, atraída pela oração profunda — uma simples oração, na qual expressara seu amor, sua submissão à vontade soberana —, perturbou aquela malta de seres do abismo, cujas fisionomias contraíram-se numa careta, mesmo estando longe do local onde se encontravam os médiuns.

Irial a tudo observava com um pensamento secreto e a certeza amarga de que aquela causa estava perdida. Não poderia lutar impunemente contra os representantes de Cristo. Olhou para seus subordinados, seus comparsas, e rosnou como um cão das trevas. Seu séquito se entreolhou assustado; de certa forma, compartilhavam o pensamento reprimido de seu chefe. Miraram seu comandante e superior na hierarquia das sombras. O espírito medonho, que pairava um pouco mais além do local onde estavam seus subordinados, arregalou os olhos quando Tobias concluía sua fala. Maldições foram enunciadas de sua boca, que se escancarava pelo medo do que poderia acontecer ali, devido à luz que, uma vez mais, o expulsara do ambiente. Praguejava também em razão da forma insolente como fora tratado e da queda de prestígio ante os súditos.

Numa língua incompreensível, certamente extinta há milênios e desconhecida pelos mais íntimos colaboradores, Irial rugiu imprecações contra os dois médiuns. Arreganhando os dentes, inflando-se completamente, como um balão que sobe ao ar, arremessou-se para longe, enquanto o bando de especialistas mantinha-se ali por perto, pois não ousavam acompanhar seu chefe no estado emocional em que se encontrava. Temiam-no muito mais do que os juízos do Todo-Poderoso, pois a ele poderiam ver e sentir seu chicotear de raiva e ódio que serpenteava em torno do infeliz que ousasse enfrentá-lo. Os melhores colaboradores, os espíritos que mais se especializaram em hipnose, em comandos verbais, em domínio das emoções, ali permaneceram por tempo dilatado, observando de longe o que poderia acontecer ou aguardando a hora de retornar, disfarçados de algum mentor, a fim de se apresentarem à visão espiritual de seu pupilo, Alcides. Estavam irritadiços, completamente atordoados, e entre si brigavam, discutindo o que fazer para agradar a seu patrão.

Enquanto isso, a prece feita por Tobias pareceu desvanecer as dores, a pressão e melhorar o estado emocional de Alcides, que se recobrava sobre o leito, enquanto a visão apavorante das sombras do umbral sumia ante suas percepções. Já não os via, porém permanecia irredutível, certo de que queria prosseguir com seus planos, sob a condução dos espíritos sombrios — mesmo sozinho, continuaria, e nada seria capaz de detê-lo.

A luz sideral dissipou-se lentamente, deixando os dois médiuns sozinhos com suas impressões. Alcides parecia acordar de um pesadelo, de um sonho interminável no qual era o protagonista. Para ele, os espíritos se dissiparam como uma chama que se apaga. Somente para ele. Não percebia mais o rasgo dimensional que fizera com que os seres daquele universo sombrio pudessem ser vistos por ele.

Voltara ao que era. Tobias, silencioso, abandonou o lugar, deixando o amigo sozinho, respeitando o pedido feito por Alcides. Este o encarava firme, confirmando que ainda desejava que Tobias o deixasse.

Exatamente no momento em que Tobias deixava o apartamento, chegaram Irmina, Kiev, Raul e outros dois guardiões, que logo se corporificaram ao lado dos demais, como auxiliares nas tarefas que realizariam.

— Ele está abatido demais — observou Raul, apontando Alcides. — Precisamos fazer alguma coisa com urgência.

Kiev olhou bem ao redor, percebeu um rastro de luz e também de trevas e comentou:

— Por aqui aconteceu uma batalha mental há pouco.

— Como sabe disso? — perguntou Irmina, intrigada com a observação feita pelo guardião.

— Rastros de luz, partículas de matéria mental e da antimatéria das dimensões inferiores. Por certo Irial esteve aqui e fugiu devido a alguma intervenção.

— Vejam ali! — apontou um dos guardiões. — Espíritos especialistas observam de longe.

As entidades satânicas, imbuídas do desejo de atormentar ainda mais Alcides, disfarçavam-se agora em entidades de luz. Mesmo aos olhos dos guardiões e dos dois agentes desdobrados, eles teimavam em manter o disfarce. Sem dúvida, pretendiam acercar-se de Alcides, mas, notando haverem sido descobertos, e sem a voz de comando de seu chefe, que fugira covardemente mais uma vez, hesitaram por um tempo — o suficiente para que a equipe de Kiev tomasse as devidas providências.

Irmina e Raul colocaram-se imediatamente à disposição de Kiev e sua equipe de guardiões do bem.

— Estamos prontos! — falou Irmina, encarando um dos especialistas das sombras, disfarçado de uma dama belíssima do século XIX. — É de mulher para mulher, se assim quer esse idiota, que pensa que estamos brincando... — Ela preparou-se para o confronto com a entidade, que havia se preparado para apresentar-se como um mentor à visão de Alcides. Com certeza, Kiev jamais agiria assim, mas Irmina, como uma agente encarnada e desdobrada, resolveu enfrentar o obsessor.

Kiev e Dimitri colocaram-se próximos de Alcides, embora este estivesse decidido a levar seus planos adiante. Desembainharam as espadas, que, na verdade, eram instrumentos de alta tecnologia, capazes de desempenhar várias funções. Deixaram que suas auras se irradiassem, de forma a mostrar sua procedência espiritual. A luz dos guardiões diluía as trevas no entorno, procedentes da presença dos espíritos obsessores. Podia-se perceber, advindo de outras dimensões, um coro de vozes e um murmúrio preenchendo o ar, semelhante ao farfalhar de asas de mil pássaros. Talvez fossem os guardiões superiores, que se permitiam ser percebidos pela equipe de Irial, incumbida de prosseguir ao lado de Alcides a torturá-lo.

Algo semelhante ao barulho de uma tempestade que se esboçava no horizonte — foi o que as entidades malévolas ouviram naquele momento, em que a luz dos guardiões expandia-se ao seu redor. Ficaram temerosos, porém não tinham para onde ir. O chefe Irial fugira, deixando-os para trás; não teriam coragem suficiente de encará-lo se não levassem avante a empreitada. Mas também não sabiam como enfrentar os guardiões e os dois agentes desdobrados. Para os infelizes filhos da escuridão, isso equivalia a enfrentar todo um exército celeste comandado por poderoso arcanjo. Na verdade, sabiam que estes guardiões estavam sob a liderança de Miguel, e o conheciam muito bem. As portas e janelas do apartamento de Alcides deixavam passar a luz celestial que emanava dos guardiões. Os móveis pareciam diluir-se em meio à aura dos seres enviados por Joseph, e a própria matéria densa irradiava, mostrando os reflexos dourados das auras dos soldados astrais. Os espíritos do mal, especialistas em enganar, ludibriar, disfarçar e destruir, ficaram apavorados e correram. Saíram pelo bairro afora, gritando e grasnando, como se fossem diabos fugindo da cruz.

Irmina e Raul puseram-se no encalço deles. Eram, no total, 17 espíritos, todos especialistas das sombras, cada qual ligado a um aspecto da mediunidade. O mais experiente, o que se disfarçava de mentor principal, não conseguindo manter sua aparência por muito tempo, na correria foi modificando-se até transformar-se num arremedo de diabrete, um tipo exótico, mais parecido com um réptil do que com um ser humano. Não havia tido tempo para operar a transformação completa... Quanto aos demais, ficaram com a aparência mal-acabada, dado o medo da equipe de guardiões, pois sabiam que as palavras de Tobias, ao evocar a justiça divina, estavam se cumprindo ali, sem nenhum tipo de misericórdia. O que, aliás, já havia sido transmitido a eles anteriormente; agora, deveriam enfrentar o tribunal da própria consciência.

Irmina, Raul, Kiev, Dimitri e Aharon iniciaram uma perseguição à malta de malfeitores astrais, na tentativa de impedi-los definitivamente de continuar com seu propósito sombrio, que envolvia não somente a pessoa de Alcides, como também o movimento espírita. Estavam todos comprometidos com um projeto maior, com eventos de ordem internacional da política humana. Os testes realizados com a teia no médium serviriam para, mais tarde, ampliarem a experiência com os políticos e representantes do mundo. Enfim, era uma rede de malfeitores com propósitos incrivelmente maldosos.

Os guardiões e os agentes desdobrados continuavam no encalço dos facínoras. Irmina e Dimitri conseguiram encurralar o mais experiente dos especialistas. Kiev, Aharon e Raul perseguiam os demais, que estavam perdidos, sem saber aonde ir.

— Pensei que os filhos da luz fossem espíritos mais suaves e com atitudes mais brandas... Nunca imaginei que fossem guerreiros, que usassem métodos tão constrangedores! — falou um dos diabretes enquanto fugia apavorado. — Eles são perigosos, muito mais do que nós!

Abdallah não era exatamente um espírito sutil, nem tampouco encantador. Não! Era um especialista em mentir, e muito bem poderia lhe ser conferido o nome de Mentira, em vez do próprio, que não lhe caía muito bem. Era um ser exótico em todos os sentidos; especializara-se na cidade dos médiuns, sob o comando do diretor da instituição. Na corrida e na tentativa desesperada e infrutífera de mudar a aparência, ficara com a forma parecida com a de um réptil, talvez uma mistura de humano com lagarto. Estava todo enrugado, com marcas profundas na pele e braços e pernas mal-acabados, parecendo uma aberração da natureza. Não tinha força mental suficiente para realizar a transformação do perispírito sem esforço. Sua face estava coberta de escamas, e a bocarra proeminente dava-lhe um aspecto horrendo. Era, definitivamente, o retrato do mau gosto.

Foi encurralado por Irmina e Dimitri, que era um guerreiro nato. Especializara-se em estratégias de guerras desde os tempos dos czares da antiga Rússia; antes ainda, na época do grão-ducado de Vladimir-Suzdal, já era um estrategista de primeira. Agora, sob o comando de Watab, o guardião da noite, era um dos mais conceituados espíritos de sua categoria entre os sentinelas do bem.

— Ele me pertence! — gritava Abdallah para os dois, que o e acuavam. — Alcides me foi dado como prêmio pelo poderoso Irial; não podem jamais tirá-lo de mim! — gritava a plenos pulmões o espírito embusteiro diante do poder ofensivo dos dois representantes da justiça.

Dimitri ergueu a mão, manipulando os fluidos do ambiente extrafísico; ao mesmo tempo, emitiu uma ordem mental para Irmina. Abdallah, percebendo com quem estava lidando, gritava:

— Eu dou a vocês a localização exata da base de Irial, caso me deixem escapar!... — tentava negociar.

Corria como louco, mas não obtinha nenhuma vantagem com isso. Subiu um prédio de mais de 10 andares, arrastando-se como lagartixa. Dimitri perdeu a paciência. Deu um pulo que o elevou mais alto que dois prédios do mesmo tamanho daquele que Abdallah escalava com dificuldade. A seguir, caiu vertiginosamente, rompendo os fluidos à frente, fazendo com que o efeito de sua ação fosse percebido pelo especialista como labaredas vivas, o que deixou o obsessor ainda mais atordoado e dominado pelo medo. Jamais esperaria que um representante de Cristo pudesse agir com tal desenvoltura e determinação. Irmina aproveitou o momento e jogou-se sobre a lagartixa cambaleante, o misto de humano e réptil que constituía a aparência atual do ser das profundezas. Abdallah ficou impossibilitado de se mover. Dimitri não perdeu tempo; ergueu sua espada, um condensador energético de altíssima potência, e brandiu-a no ar.

Abdallah gritou ao ver o rasgo dimensional e as estrelas do firmamento de uma outra dimensão, de um outro universo, que logo apareceram diante dos seus olhos acostumados com a escuridão das noites sem fim. O rasgo pareceu querer engoli-lo, puxando-o com força sobre-humana, quase sobrenatural. O brilho das estrelas do mundo estranho o fascinava, ao mesmo tempo em que lhe inspirava pavor; estava dominado pelo pânico, pois nunca vira algo semelhante, nem sequer ouvira falar desse fenômeno que os filhos da luz eram capazes de provocar. Porém, o fenômeno era inusitado apenas para ele; para Dimitri e Irmina Loyola era algo comum, que conheciam muito bem.

Enquanto a espada rodopiava no ar, Abdallah foi sugado como se um vendaval de energias o lançasse rumo ao desconhecido. O espírito infeliz foi transportado na velocidade do pensamento diretamente para a base dos guardiões, no lado oculto da Lua, onde o esperavam os especialistas da transmigração planetária. Não mais teria chances de voltar ao planeta Terra. Aguardaria ali o momento do degredo, sob o comando de Miguel, o príncipe dos exércitos celestes.

Kiev, Aharon e Raul perseguiam os demais espíritos especialistas, que influenciavam Alcides, porém tinham como alvo principal o movimento espírita e, no momento seguinte, representantes políticos mundiais. De algum modo, os acontecimentos estavam interligados, mesmo que aos olhos de muitos parecessem independentes um do outro.

O bando, agora desligado de um dos seus mais experientes componentes e sem o comando de Irial, foi acossado junto a uma montanha, que era um dos marcos da cidade onde morava Alcides. Subiram montanha acima, entre matas e pedregulhos, correndo, espumando e resmungando. Grunhindo, estertorando e espremendo-se entre pedras pontiagudas, os demônios mais vis daquela horda de seres infernais tentavam escapar da perseguição atroz que os guardiões do bem empreendiam contra eles. Aproximava-se o momento em que deveriam enfrentar o juízo e ser convocados pela justiça soberana. Haviam rejeitado os apelos da misericórdia quando o espírito Bezerra de Menezes interferiu de maneira decidida nas atitudes daquela malta de obsessores. Os emissários da bondade divina tentaram sensibilizar aqueles espíritos em noites e noites de trabalho, mas estes jamais ouviram os apelos advindos da soberana misericórdia. Aquela era a última chance que teriam no ambiente do planeta Terra; o último chamado.

Ao notar que os endemoniados continuavam tentando escapar, Raul contornou o flanco direito da serra, pulando de topo em topo, saltando cerca de 50m cada uma das vezes, até adiantar-se aos malfeitores. Aharon foi logo após, seguindo Raul, e deixou Kiev na retaguarda. Todo o ambiente à volta parecia inflamado pelo ardor da batalha, da perseguição, e os fluidos correspondiam a tal ardor; árvores e montanhas ardiam como se labaredas emanassem delas, resultado das energias desencadeadas pelos representantes da divina lei.

Ocorreu um fenômeno estranho para os sicários. Aos olhos deles, Raul e Aharon surgiram repentinamente, como se fossem teletransportados. Aharon havia se unido vibratoriamente a Raul. Este lhe doava ectoplasma para que trabalhasse mais intensamente; dos poros de sua epiderme espiritual, emanavam vapores de fluidos animalizados, os quais eram absorvidos pelo guardião. A aparência do médium desdobrado modificara-se por completo, e uma luz emanada do guardião envolvia-o de tal maneira que os malfeitores estancaram definitivamente diante dos dois, absortos com o fenômeno, que lhes era totalmente inusitado. Aharon uniu sua aura à de Raul, num acoplamento incomum; estavam quase justapostas. Aos olhos despreparados dos celerados, pareceram crescer, aparentando cerca de 2,5m de altura. Impunham respeito e medo à horda de atormentadores. Aharon elevou as mãos, quase fundindo-se com Raul. Os especialistas de Irial assumiram uma posição defensiva, sem conseguir esconder o medo que os dominava.

Enquanto isso, Kiev aproximou-se e desembainhou a espada, esperando o momento propício de agir. Eram muitos espíritos; ele teria de agir em sintonia com Aharon e Raul, do contrário não conseguiriam deter a turba. Precisavam de uma cota maior de ectoplasma, do contrário não alcançariam seu intento. As entidades estancaram ao perceber que tanto atrás quanto à sua frente havia representantes da lei maior. Teriam de tentar outra estratégia de fuga, mas não estavam preparadas para tal. Sentiam-se perdidas, abandonadas pelos seus líderes covardes. Um deles chorava e praguejava ao mesmo tempo. Palavrões eram ouvidos à distância.

Diante da transfiguração de Aharon e da espada rutilante de Kiev, o mais maldoso dos jagunços de Irial resolveu tomar uma atitude insana. Segurou as mãos de seus companheiros e, numa atitude de desespero, gritou antes de agir:

— Os anjos do Altíssimo estão por toda parte. Vamos à luta!...

Debandaram para cima dos guardiões, em completa selvageria, gritando e grasnando como animais selvagens diante da presa. A atitude pegou os guardiões de surpresa. Aharon-Raul movimentou as mãos, emanando fluidos e manipulando o ectoplasma do agente desdobrado, alimentando o instrumento nas mãos de Kiev com energia suficiente para o evento que se seguiu. Kiev, por sua vez, rodopiou no ar para enfrentar a horda de malfeitores; enquanto subia, rodopiava a espada, que rebrilhava, a emanar energias da dimensão superior àquela na qual se encontravam. Um buraco de verme ou um rasgo dimensional apareceu, marcado por um estrondo assustador, que pegou a horda desprevenida. A brecha feita no tempo e no espaço provocou um furacão de energias que dificilmente poderiam ser suportadas pelos demônios da escuridão. Eles apostaram na superioridade numérica de sua horda de malfeitores do submundo e não suspeitaram do poder e da estratégia de guerra dos guardiões do bem.

Raul estava em transe, ofertando o ectoplasma que facilitava o fenômeno. Os guardiões elevavam-se ao alto, enquanto um túnel de luz e estrelas era visto pelas entidades, que foram sugadas em câmera lenta para o seu interior, atraídas pela força gravitacional de mil sóis e estrelas. Rebrilhava a fenda dimensional. E os celerados foram todos conduzidos, transportados e desmaterializados dali para, numa velocidade alucinante, rematerializarem-se, caindo em frente aos guardiões de mundos, na parte escura do satélite lunar. Eram esperados, a fim de serem catalogados entre os espíritos que deixariam o orbe terrestre para seguirem em direção a outras terras do espaço. Faziam parte das legiões de espíritos degredados, e não mais seria encontrado seu lugar entre os povos do planeta. Assim decretara a divina e soberana justiça, e assim se cumpriria.

O guardião Aharon desligou-se lentamente de Raul, que ainda permanecia em transe, para mais tarde conduzi-lo de volta ao corpo, embora por breves momentos. Kiev comentou, com seu sotaque inconfundível, a respeito do ocorrido:

— Graças a Deus, meu amigo, conseguimos vencer mais uma etapa. Agora é com Alcides. Nossa parte foi feita, e ele terá de se ver pessoalmente com suas companhias espirituais, com as quais elegerá sua nova etapa de vida. Quanto a nós, Joseph nos espera junto com os amigos de Nosso Lar e Aruanda. Vamos lá!

Aharon tomou Raul nos braços, enquanto Dimitri chegava com Irmina Loyola. O médium foi reconduzido ao corpo físico para um choque anímico. Mas, em alguns minutos, já estava preparado para ir ao encontro da chefia, como ele gostava de se referir aos Imortais.

8

AGENTES DO DESTINO

II

RMINA ATRAVESSOU O espaço entre os estados brasileiros e foi direto ao alvo, retornando ao lar do outro agente, que antes visitara. Os guardiões que o assessoravam, protegendo o ambiente doméstico contra investidas indesejáveis de seres das sombras, já a conheciam e permitiram que entrasse, pois o agente estava disponível e a presença dela não significaria invasão de privacidade. A moça adentrou o ambiente interno do apartamento e observou o cuidado com que tudo estava arrumado. Depois de um período de observação, em que procurava, entre outras coisas, detectar as possíveis criações mentais presentes na atmosfera psíquica, penetrou o quarto do amigo que precisava contatar. O homem dormia tranquilamente ao lado da esposa. O quarto estava eletrizado, e algo como faíscas impregnavam o local, formando um quadro interessante de se observar. Criações mentais inferiores que eventualmente estivessem ali presentes foram dissipadas pela eletricidade do ar. Gerard, o guardião que antes se mostrara mal-humorado, aproximou-se de Irmina demonstrando cortesia e falou, num tom mais macio:

— A eletricidade do ar é o resultado das energias sexuais dispendidas por nossos parceiros.

— Entendi — disse a agente, sem querer muita conversa. Ela teria de despertar o homem e torná-lo disponível ao trabalho. Precisariam de uma cota extra de ectoplasma e ele era um excelente doador. Sem dar muita atenção ao guardião, Irmina Loyola ministrou passes longitudinais, magnetizando o rapaz, que dormia tranquilo. À medida que o magnetizava, um vapor luminoso de tonalidade laranja e azul foi se desprendendo do corpo do agente. Formou, aos poucos, uma cópia exata de seu corpo físico, desdobrando-se pelo lado esquerdo. O corpo etérico absorveu imediatamente a eletricidade do ar, e o clima do quarto ficou mais calmo quando os pequenos raios e demais partículas foram transferidos para o duplo do homem. Seu espírito, porém, ainda não havia se desprendido. Irmina continuou os passes, sabendo que, dentro de instantes, o homem-espírito estaria desperto na mesma dimensão em que ela se encontrava.

Embora Irmina não fosse espírita — nem sequer militasse em alguma religião —, conhecia técnicas avançadas de magnetismo e utilizava desses recursos quando necessário, sempre orientada pelos espíritos com quem servia, os guardiões. Aprendera com o tempo que não precisava ser religiosa para contribuir com o bem da humanidade. E ela sempre dizia aos colegas e a outros agentes que a auxiliavam, que seu compromisso era com os guardiões e com o Cristo, e não com os cristãos ou espíritas. Sua fala era de tal maneira cheia de convicção que calava qualquer comentário contrário. Após alguns momentos de magnetização, o agente se desdobrou, porém não conservava a lucidez extrafísica. Não obstante, sua intuição era aguçadíssima e podia captar o pensamento de Irmina de maneira clara, mesmo sem vê-la. Mas isso era o bastante.

— Precisamos de você com urgência, meu amigo!

— Puxa, como você é bonita... — foi a resposta do agente desdobrado, sem ao menos escutar a natureza do comunicado da mulher.

Irmina revirou os olhos e pensou consigo mesma, mirando Gerard: “Ai, mais um machão! Cada coisa se tem de aturar em nome do trabalho... Mas vamos lá!”

Gerard olhou para ela, entendendo o que se passava em sua mente.

Sem pronunciar palavra que fizesse menção ao que o agente falou, ela prosseguiu, como se não tivesse ouvido o comentário:

— Você tem muita energia e comprometimento com a

causa dos guardiões, e falo em nome de Jamar e Watab, aos quais você conhece. São os líderes dos guardiões da luz — o homem empertigou-se imediatamente, assumindo uma posição bastante conhecida entre os militares. Quase bateu continência e logo modificou a postura mental.

— Estou à disposição, senhorita. Desculpe meus modos!

— Fique tranquilo e à vontade, homem. Todos aqui somos humanos — mas ele continuou empertigado, comportando-se quase militarmente.

— Joseph e os guardiões precisam de uma reserva energética a mais. Necessitam de fluidos humanos, pois trabalham junto a um agrupamento de espíritos quase materializados, de tão densa que é sua situação energética. Sem essa cota de ectoplasma, não temos como agir da forma como quer o chefe.

— Mas vocês poderiam tirar minhas energias sem que eu desse permissão...

— Isso seria roubo de ectoplasma — falou Gerard, que se mantivera calado depois que Irmina o ignorara.

— Ou poderiam me usar sem que eu o soubesse...

— Nesse caso, seria vampirismo — respondeu, agora, Irmina. — Sem chance. Você precisava consentir, e aqui estamos. Disposto, então? Que me diz?

— Com toda certeza, senhorita — respondeu o agente, mentalmente.

— Sei que tem grande boa vontade, mas está em treinamento; por isso não poderá, por ora, desprender-se e nos acompanhar. Basta que guarde esta atitude mental favorável e que nos permita utilizar suas reservas energéticas. Provavelmente, após terminarmos, acordará apenas um pouco cansado, mas também satisfeito. Gerard — falou, olhando para o guardião — ficará de prontidão para que não sofra nenhum dano. Não haverá repercussão vibratória em seu corpo, pois não estará no campo de batalha.

Sem delongas, novamente magnetizou o corpo espiritual do agente desdobrado, acoplando-o ao duplo etérico. Depois de mais algum tempo, certificou-se de que ambos os corpos estivessem sobrepostos ao corpo físico. Uma aura de um dourado suave envolveu o agente, que continuou fora do corpo, porém sem ter consciência do que se passava e das ocorrências que logo se verificariam na próxima dimensão. Irmina saiu do ambiente, lançando-se ao ar e levitando rumo aos amigos, que a aguardavam próximo à praia.

Irmina, Raul, Kiev, Dimitri e Aharon, os guardiões da

luz, rumaram em direção ao rastro energético deixado por Joseph Gleber e seus amigos. Raul estava sério desta vez, e o próprio Kiev não entendia por qual razão o sensitivo estava tão concentrado. Aproximaram-se da cidade onde médiuns desdobrados e outros espíritos eram treinados de forma a influenciar o mundo e as multidões. Tais médiuns e representantes do mundo social e político eram assessorados e ensinados por espíritos perversos e entidades especialistas a serviço dos magos negros.

Um guardião a serviço dos Imortais tomava conta do lugar com sua equipe. Ganhara a confiança dos líderes devido a sua experiência na CIA, a agência de inteligência norte-americana. Os espíritos que dirigiam a cidade jamais desconfiariam que era um agente duplo a serviço de Joseph Gleber e João Cobú, que permaneciam disfarçados, juntamente com Ranieri, José Grosso e Palminha. Haviam se infiltrado no reduto dos magos e cientistas — um verdadeiro laboratório vivo, no qual eram desenvolvidos experimentos com médiuns e outras pessoas. Superada a fase de testes, as técnicas seriam utilizadas em estadistas e governantes. Escolheram Alcides como cobaia porque já o observavam há algum tempo, e ele, por conta própria, requisitara ajuda da oposição, de modo a formar uma parceria ou um pacto que o levasse a ser reconhecido como missionário e a ter um papel importante no meio espírita.

O guardião já aguardava os agentes e seus acompanhantes, porém não poderia fazer nada para ajudá-los, do contrário comprometeria sua posição e os planos de transformar aquele local, no futuro, em um ponto de apoio ou base de guardiões da humanidade. A única coisa que pôde fazer foi colocar os agentes para dentro dos muros da cidade, evitando que fossem descobertos de imediato. O time de Kiev comportava-se como se estivessem encarnados. Ali, naquela dimensão, quase material, quase espiritual, era difícil manifestar-se plenamente com as forças do espírito. Talvez, por isso, Joseph resolvera sofrer os revezes da situação em que se encontravam. Kiev convidou seus aliados a tomar as devidas providências: deveriam libertar a equipe de Joseph, mas a ação se passaria como se fosse um atentado de outro grupo de magos, um grupo rival. Eles fariam o papel de ladrões, de raptores ou sequestradores a mando dos senhores da escuridão.

Antes de entrar na cidade propriamente dita, Kiev, Dimitri e Aharon tiveram o cuidado de disfarçar a aparência, de maneira a parecerem o mais humanos possível. Kiev, que liderava a turma, assumiu a feição de um homem do deserto, cobrindo o rosto com um longo lenço, que lhe caía até os quadris. Raul e Irmina tornaram-se novamente o homem e a mulher comuns, de sua vida de encarnados, e Dimitri e Aharon disfarçaram-se como guerreiros árabes. O ambiente e a estrutura de poder ali reinante não poderiam ser ignorados. Há algum tempo Joseph Gleber e sua equipe estavam nos laboratórios daquela cidade. Dedicavam-se a estudar os planos e experiências que seriam levados a cabo pelos senhores do caos e da magia, em aliança com a equipe de pesquisadores que praticavam uma ciência do inferno, muito similar a que faziam quando encarnados, no período da Segunda Guerra Mundial. Dois dos cientistas eram conhecidos de Joseph Gleber, que, a esta altura, já estava de posse de preciosas informações. Porém, não poderiam simplesmente sair sem motivo, pois o plano esboçado junto com os guardiões era minucioso e previa transformar aquela cidade numa base importante, além de usar os laboratórios para desmoronar toda a rede de poder dos magos da escuridão.

Irmina e Raul foram com Dimitri reconhecer a cidade, a fim de encontrar um lugar onde acomodariam alguns explosivos estruturados na matéria daquela dimensão. O artefato causaria estrago apenas nas construções, num raio que poderia ser mensurado, sem atingir os espíritos que estivessem por perto. Caminhavam próximos da praça central; a cidade não era muito grande. O guardião que alcançara prestígio na comunidade fazia de tudo para que outros soldados não descobrissem os agentes. Planejara a empreitada; para isso, marcara um dia inteiro de estudos sobre estratégias de guerra e defesa energética. Todos os soldados estavam envolvidos na atividade. Numa conversa com um dos dirigentes do local, um mago poderoso, prevendo o que ocorreria a partir do trabalho de Kiev e sua turma, falou:

— Temos de ficar atentos, meu senhor, pois sabemos que existem outros grupos rivais, outras cidades do poder controladas por magos que querem obter a primazia sobre os demais. Sabendo do poder desses senhores do caos, suspeito que tenhamos dentro dos muros de nossa cidade alguns agentes infiltrados entre os mais comuns habitantes. Se me derem permissão, montarei um tipo de ação estratégica para prevenir que ousem qualquer coisa.

— Confio em nossas defesas. Afinal, você pessoalmente está encarregado de tomar conta de nossa segurança —

respondeu aquele que era um dos mais temíveis senhores do abismo.

— Mas devemos considerar, meu senhor, os tempos em que não estive à frente da guarda. Sabemos que ocorreram brechas na segurança da cidade e não podemos prever o que poderia acontecer.

— Fique tranquilo, homem forte. Você não será culpado de nada caso isso seja verdade. O miserável que o precedeu no comando está na masmorra agora. Faça primeiro sua tarefa de aprimorar o conhecimento dos sombras, nossa guarda de elite. Depois de treinar a todos, fique à vontade para estudar se existem ou não intrusos em nosso meio. Você terá carta branca.

— Sim, meu senhor — respondeu o guardião disfarçado, concordando com a instrução do mago negro, que não lhe podia perceber os pensamentos.

Entrementes...

— Vamos, Dimitri! Corra, Raul! Vejam um bom lugar entre os prédios da administração — disse Irmina aos amigos disfarçados.

— Pode ser muito perigoso, Irmina — falou Raul à amiga. — É muito próximo ao local onde está a equipe de Joseph e, além do mais, perto da sala do diretor da cidade.

O time olhou de maneira discreta, para não chamar a atenção dos dois únicos guardas que estavam de plantão e pareciam sonolentos. De modo geral, os sombras eram temidos por sua lealdade aos magos e pela crueldade para com os que perseguiam. Porém, ali, naquela noite, estavam de plantão apenas dois aprendizes. Os verdadeiros sombras, os guardas da elite, estavam em treinamento. Ledores de sorte, jogadores de adivinhação e médiuns em geral desfilavam pelas ruas da cidade fantasma. Em muitos locais havia placas indicando a especialidade de diversas escolas, mas Kiev não precisaria recorrer a elas, pois tinha em seu poder a planta da cidade. Fora-lhe entregue pelo guardião que acompanhava Joseph, ainda na porta de entrada, na muralha. Assim, sabia exatamente onde ficavam os pontos nevrálgicos.

— Vejamos o que nos aponta o mapa, Irmina, e não tomemos atitudes precipitadas.

Discretamente, examinaram o mapa e localizaram pelo menos 13 pontos onde poderiam colocar os explosivos. Irmina não gostou da ideia de ter de seguir à risca o plano de Kiev, mas anuiu assim mesmo. Queria certa liberdade para agir.

— Chegará o momento certo, minha amiga — confabulou Raul. — Mas não vá sem mim! Estarei no seu encalço...

— Ai, Raul, mais uma vez?! — e emendou a fala com o mote do amigo: — "Sem mim, nada podeis fazer".

— Exatamente — concordou Raul, em meio ao olhar reprovador de Kiev e ao riso disfarçado de Dimitri.

Dividiram-se em grupos de dois; cada qual ficou responsável por instalar os petardos nos locais apontados por Kiev. De resto, invadiriam os laboratórios tão logo a confusão se espalhasse e "sequestrariam" os amigos de Joseph, deixando o Imortal sozinho no laboratório, conforme o plano. Deveriam levar consigo alguns documentos, de modo que o assalto pudesse ser, mais tarde, interpretado como tentativa de magos da oposição de sabotar os dirigentes daquela comunidade. Eventos assim eram comuns entre espíritos terroristas e facções que disputavam o poder nas regiões inferiores. José Grosso, Palminha, João Cobú e Ranieri deveriam ser conduzidos como prisioneiros, para não dar mostras de que participavam de um plano comum contra os magos. Joseph, entretanto, precisava permanecer ali.

Quando eram 3 horas da madrugada e o turno dos guardas foi trocado, ainda levando em conta a descontração dos soldados da escuridão naquele momento, dos recrutas da milícia dos sombras, os explosivos foram acionados. O time de Kiev estava a postos, aguardando apenas o barulho ensurdecedor, que logo se fez ouvir. Treze pontos dos mais importantes da cidade explodiram simultaneamente. Uma turba de espíritos, médiuns desdobrados, aprendizes de médiuns e habitantes comuns da cidade saíram todos para a rua assombrados, pois nunca acontecera algo assim na cidadela dos magos, sobretudo com os dirigentes estando presentes. Uma multidão acorreu às ruas gritando, agitada, sem que houvesse ninguém que pudesse organizar milhares de espíritos em polvorosa, nem ao menos os alunos da escola principal. Kiev teria pouquíssimo tempo para empreender suas artimanhas. Uma sirene tocava, chamando a atenção dos sombras e dos recrutas, que corriam de um lado para outro sem saber o que fazer. O fogo tomou conta de um galpão onde eram realizados rituais secretos de magia negra. Explodiram diversas casas ao redor da reitoria da escola de médiuns. Os próprios magos foram pegos de surpresa e se apressavam rumo ao palco dos acontecimentos. Os sombras não conseguiam transitar em meio à multidão de espíritos, que estava verdadeiramente tresloucada;

gritava, agitada, cada um tentando, ao mesmo tempo, proteger-se de alguma maneira, esquecendo-se de que eram quase todos desencarnados. Quem sabe, a maioria nem desconfiasse que estivesse definitivamente fora do corpo.

Irmina e Raul escorregaram pelos corredores da escola, indo em direção ao local onde estavam os cientistas e aprendizes de magos. Por eles passaram diversos aprendizes, correndo após ouvirem o barulho ensurdecedor das bombas de matéria astral. Raul gritava, de forma a se passar por um dos habitantes. Dimitri, Kiev e Aharon seguiam na retaguarda, a fim de evitar qualquer incidente que colocasse em risco os dois agentes desdobrados. Numa curva, Raul e Irmina encontraram dois guardas.

— Parem, em nome dos senhores do abismo! Não podem entrar nessa repartição.

Irmina olhou para o amigo e decidiram entrar na briga. Raul segurou uma das mãos da moça e rodopiou com ela, até que a agente aterrissasse, largando os pés no peito dos dois guardas, pesadamente, que desmaiaram com o golpe, tanto de dor quanto de susto, imagino, pois sequer cogitaram ser atacados por dois aprendizes, como deduziram fosse a dupla.

— Parem com isso logo, amigos! — gritou Kiev, advertindo-os. — Não podemos perder tempo com tais atitudes nem nos expor a tanto risco. Sigam em frente, rápido, senão seremos descobertos.

Irmina prosseguiu, fazendo uma careta para Kiev, que soube interpretar o misto de desgosto e brincadeira da amiga desdobrada. Raul ficou emburrado, mas logo voltou a correr, gritando como antes, ignorando alguns espíritos que vinham em direção contrária. Aharon e Dimitri abaixaram-se a fim de verificar o estado dos dois guardas abatidos pelos agentes amigos. Um dos guardiões aproveitou para magnetizá-los:

— Vamos aprofundar a ação sobre eles. Não devem acordar logo.

Mas Aharon, tirando do coldre uma arma que disparava pulsos magnéticos, causando desacoplamento da mente e do perispírito, disparou-a discretamente sobre os dois guardas, a curta distância, a fim de evitar que acordassem e os delatassem. Dimitri olhou o amigo de soslaio:

— Ficou doido, guardião? Parece agora companheiro de Irmina e Raul? Por acaso ficou adepto de métodos mais drásticos?

— E temos por acaso tempo a perder, Dimitri? Até você magnetizar os dois, outros virão, e podemos ser descobertos. Vamos logo. A arma não lhes fará mal algum. Apenas dormirão por um tempo mais longo.

Saíram correndo como loucos atrás de Kiev, que percebera o incidente de relance.

Quando os quatro amigos entraram no laboratório principal, indicado nos mapas de Kiev, ali estavam reunidos dois dos mais importantes cientistas, juntamente com Joseph Gleber, Pai João, Ranieri e eu. José Grosso e Palminha permaneciam mais ao fundo, observando os acontecimentos na cidade por uma claraboia. Assim que Raul me viu, deu uma estrondosa gargalhada. Não conseguia parar de rir.

— Você? Gorducho assim? Horrível dessa maneira? — e ria de tal maneira que Joseph teve de intervir, mesmo correndo o risco de ser descoberto pelos dois cientistas, que nada entenderam da situação. O médium não obedeceu nem mesmo a Joseph. Ria até derramar lágrimas, e eu fiquei ali, estatelado diante do deboche. Irmina, notando que nem Joseph Gleber conseguia fazer Raul voltar a si, resolveu agir de maneira abrupta e fraternal. Deu um magnífico bofetão no amigo, deixando-o atordoado. Raul parou imediatamente.

— Vamos! Temos muito que fazer. Veja se se comporta, homem!

Foi a vez de Kiev tomar a dianteira, amordaçando os dois cientistas assim que Raul parou. Dimitri fez o mesmo com Joseph Gleber, não antes de lhe pedir desculpas, bem discretamente:

— Perdoe-me, senhor, mas...

— Faça seu serviço, guardião, e tome cuidado para proteger nossos agentes — orientou, olhando Irmina e Raul, que corriam e lançavam ao chão tudo o que encontravam sobre as mesas, deixando tudo na mais completa desordem.

Raul retomara a consciência de que estavam sob perigo iminente. José Grosso e Palminha fingiram desmaiar, enquanto Pai João foi aprisionado por Aharon, que o conduzia como um refém, às vistas dos cientistas, que tentavam gritar, ao ver que Kiev levava importantes documentos encontrados no laboratório. Joseph fechou os olhos como se estivesse se sentindo mal, mas, na verdade, transmitia informações preciosas a José Grosso e Pai João.

Tudo ocorreu em minutos, sem que nenhum guarda os flagrasse, pois todos estavam envolvidos no corre-corre na área externa, visando evitar o pior. Os magos saíram do seu esconderijo secreto e se expuseram ao público, em busca de entender o que acontecia com sua preciosa cidadela. Quando deram por si, voltaram imediatamente, acompanhados de dois sombras, que os seguiam rumo ao laboratório. Entraram no local instantes após os sequestradores saírem com os homens amordaçados. Encontraram Joseph aparentemente desmaiado, com os olhos fechados, e os outros dois cientistas dominados e amordaçados num canto do laboratório. Kiev teve o cuidado de deixar alguns apetrechos que remetiam à presença de emissários de um grupo rival de magos.

Assim que os invasores se encontraram protegidos numa sala usada para estudos sobre hipnose, Pai João falou para os guardiões e os agentes:

— Vamos nos desmaterializar imediatamente! — e concentraram-se todos, dando as mãos a Irmina e Raul e levando-os consigo. Pai João, José Grosso e Palminha, juntamente com Ranieri, reapareceram diretamente na Aruanda, rompendo a matéria daquele plano onde se encontravam e reassumindo imediatamente sua feição antiga, a forma como eram conhecidos. José Grosso falou, ofegante, ainda:

— Foi por pouco que não fomos descobertos! — e ficou satisfeito ao ver a si e aos outros reassumirem a forma usual, deixando o disfarce para trás, nos fluidos grosseiros do ambiente extrafísico onde estiveram até então.

Por sua vez, Dimitri, Kiev e os agentes Irmina e Raul, além do amigo Aharon, rematerializaram-se numa região próxima, mas fora dos muros da cidade dos guardiões, na dimensão astral, nas cercanias vibratórias. Juntei-me a eles para observar a reação do amigo Raul. Irmina estava ofegante e Dimitri parecia prestes a desmaiar. Sentiam o impacto do plano astral, apesar de que, ali, ele era muito menor do que onde se incrustava a cidadela dos magos, pois agora a atmosfera era mais rarefeita ou menos densa. Quando Raul levantou os olhos e me viu, irrompeu novamente numa gargalhada sem fim, deixando a todos desconcertados. Ria como se estivesse numa crise. Kiev passou a mão direita sobre os olhos do médium, que foi imediatamente sugado para dentro do corpo, a centenas de quilômetros de distância. Felizmente, o guardião teve o cuidado de impedir que Raul se lembrasse dos acontecimentos. Apagou-se de sua memória espiritual principalmente a minha aparência grotesca, que permaneceu em segredo por uns tempos.

Irmina olhou para Kiev e perguntou, como quem ignorasse a crise do amigo Raul:

— Por que João Cobú e os demais não se desmaterializaram antes? Poderíamos ter economizado muita energia caso tivessem feito isso.

Foi Dimitri quem respondeu, enquanto Kiev respirava fundo, retemperando-se:

— Eles precisavam sair dali de outra forma. Os magos teriam de acreditar que foram sequestrados, como qualquer outro espírito inferior. Não podiam demonstrar que dominavam as energias de outra dimensão, senão poriam em risco todo o projeto de Joseph e dos guardiões.

— Como estavam disfarçados de espíritos comuns, teriam de ser tratados como tais ante os olhos dos guardas e dos magos — completou Aharon.

— Fico imaginando como estão os habitantes da cidadela e como o guardião que acompanha Joseph está lidando com a situação agora.

— Não se preocupe, Irmina, não se preocupe. O guardião é um especialista de primeira, com traquejo de sobra. Ele jamais perderá o controle. Aliás, agora é que tudo está sob o controle do guardião e de Joseph.

Enquanto isso, em outra dimensão:

— Temos muitos documentos que precisam ser encaminhados a Jamar imediatamente — falou Pai João aos espíritos amigos.

— Muita coisa está em jogo, muito mais do que a vida de Alcides e os trabalhos representados por ele. A teia da tecnomagia está sendo aperfeiçoada tanto pelos magos quanto pelos cientistas. Então, ainda bem que Joseph resolveu ficar por lá. Ele tem mais recursos, tendo em vista seu conhecimento de física, e pode muito bem impedir o desenvolvimento pleno dos planos dos cientistas quanto ao uso desse artefato nos dirigentes das nações.

— Fico observando como o plano dos magos e cientistas é detalhado e sinistro — falou Ranieri para Pai João.

— Pois é, meu filho, a magia negra ainda constitui a forma mais complexa de obsessão que se conhece dos dois lados da vida. Mas aliar a técnica à magia é algo pouco convencional, inusitado mesmo, e mais cruel ainda do que tudo que vimos anteriormente. Afinal, magos e cientistas das sombras são, tradicionalmente, rivais. Os cientistas de Jamar precisam estudar os planos e os esquemas que trouxemos.

— E o papel do Alcides nisso tudo? Como posso compreender seu comprometimento?

— Eles precisavam de alguém que houvesse se submetido por conta própria à ação deles e seus comparsas. Só assim podiam usá-lo plenamente como cobaia de suas experiências com a rede neural, que apelidaram de teia. Aproveitaram, ainda, a chance de envolverem o movimento espiritualista nas artimanhas demoníacas que prepararam, pois se valeram do médium também para outros experimentos. Caso funcionasse, como funcionou, levariam o projeto a outro patamar. Agora planejam implantar a rede neural na mente de dirigentes dos países do mundo. Graças a Deus que Joseph está por lá e fará o que deve ser feito.

Os amigos aguardavam Joseph para encaminharem os documentos e os esquemas trazidos das profundezas diretamente para Jamar, o guardião da humanidade.

Após algum silêncio, Pai João arrematou:

— Precisaremos de tempo, de tempo dilatado para entender a parte técnica da rede antes de desenvolvermos algo que faça frente à ação da tecnomagia.

O BAALIM FICOU furioso ao saber que seus seguidores e comparsas foram capturados pelos representantes da justiça divina. Mas estava muito mais furioso devido ao fato de que teria de permanecer pessoalmente ao lado de Alcides, coisa que não queria definitivamente. Resolveu confabular com um de seus asseclas mais íntimos:

— Tenho de enganar os magos de alguma maneira. Não posso ficar aqui de prontidão ou de plantão ao lado de um miserável médium, fazendo-me passar por mentor, por espírito iluminado, indefinidamente.

Quem o visse naquele estado e com aquela aparência não poderia identificá-lo como o baalim que pretendia ter poder sobre muitos e dominar as mentes de uma quantidade inumerável de espíritos. De sua casta restava apenas o sobrenome: baal ou baalim. Na verdade, estava com uma aparência horrível e, cada vez mais, sua forma espiritual decaía. Como um lagarto recoberto de escamas e verrugas, desfilava naquele recanto sombrio, dardejando ódio sobre o mundo e sobre os magos negros, pelos quais alimentava profundo rancor, e sobre Alcides, o miserável que fora obrigado a acompanhar, ou teria de enfrentar a ira dos senhores da escuridão. Seu manto roto, seu vulto asqueroso absorvia todo e qualquer tipo de luminosidade, de maneira que à sua volta permanecia apenas treva, tanto quanto dentro de si, de sua alma insana e perdida diante do desejo de poder.

Estava há muitos anos próximo de Alcides e não mais queria continuar. Decididamente, não permaneceria ali, fazendo-se passar por entidades veneradas pelos homens que se iludiam com suas mensagens. Os humanos encarnados não poderiam vê-lo na sua real feição. Se porventura o vissem, a imagem seria suficiente para causar um estrago enorme no psiquismo do sensitivo.

Era quase imaterial, não fossem os fluidos grosseiros que o envolviam e impregnavam, fazendo com que parecesse um ser enlameado ou um morcego das profundezas. Movia-se pelas cidades dos homens em meio a congressos e palestras, e nas ruas e prédios das capitais e cidades por onde perambulava. Enfim, andava sem rumo, um espírito errante, um agente da escuridão mais trevosa, uma alma comprometida, de um espírito selvagem e assassino, um baalim. Uma casta temida entre os mais hediondos facínoras do astral. Guiava-se por uma vontade férrea e um instinto de domínio e poder jamais visto pelos mortais comuns. Caminhava a seu lado o comparsa, também invisível aos olhos humanos mortais mais comuns. Atrás dos dois, uma fuligem negra e cinza, com reflexos rubros. Os olhos ligeiramente avermelhados tornavam sua fisionomia algo dantesco, produto de um filme de terror. Estava definitivamente perdendo a forma espiritual, lenta, paulatinamente. Quanto ao colega, mais parecia um verme rastejante, pois mal conseguia erguer-se e caminhar como um homem comum. O ar saía-lhe pela boca como um vapor quente sulfuroso, que lembrava o hálito dos demônios do mais baixo inferno astral.

Mesmo de longe, acompanhavam o pupilo, Alcides, sem se aproximar demais, temendo a interferência de agentes da lei maior. Não obstante, não o perdiam de vista.

Um grito seco de repente se fez ouvir no ar. Irial ergueu a cabeça. Um barulho similar ao som de asas de alguma ave grande, imensa, foi percebido pelos dois. Era proveniente de um dos mais insignificantes espíritos que o servia em outro ambiente, diferente daquele onde se encontrava Alcides. O demônio trazia a boca aberta de maneira incomum e deixava que uma baba escorresse de si, marcando o local por onde passava. O ser miserável tremia todo e arrastava-se como uma lagartixa. Postando-se a uma distância significativa do baalim deformado, baixou a cabeça num gesto de submissão. O cúmplice de Irial comentou:

— É apenas um miserável das trevas mais profundas. Um demônio vil.

E o grito repetiu-se, como se o dono da voz quisesse chamar a atenção. Irial aproximou-se interessado, mesmo ante o comentário do sócio. Viu a estranha criatura rastejando, tentando lançar um olhar para ele, mas ao mesmo tempo com medo do que poderia ocorrer-lhe.

— Fale, seu miserável das profundezas, seu demônio imprestável! O que quer aqui? Porventura é um espião?

— Perdoe-me, senhor, perdoe este seu servo mais miserável — respondeu a estranha criatura do abismo, um espírito que fora um dos mais submissos a Irial em outros tempos. — É que não pude deixar de ouvir seus comentários, ó Alteza infernal — bajulava-o.

— Então, está me espionando? Quer ser esmagado como um verme?

— Não, majestade das trevas. Apenas tenho uma ideia que poderá servir aos seus dignos propósitos.

— Se sua ideia for interessante terá minha complacência, mas se não...

— Senhor das legiões do abismo, ouça-me e lhe darei o que considero uma ideia eficiente. Sei muito bem que domina a arte da hipnose e consegue, com seu venerável poder, modificar a aparência e, de certa maneira, até mesmo a essência de qualquer espírito...

— E o que isso tem a ver com o que eu comentava antes de você aparecer?

— Que tal Sua Majestade infernal me transformar e fazer com que minha aparência seja idêntica à sua? Eu poderia assumir seu lugar perto do médium, e nem ele nem os magos perceberiam. Poderia modificar minha mente da mesma forma como modificou a mente do médium. Eu seria o mentor, o espírito protetor, e Sua Divina Majestade ocuparia seu lugar entre os donos do planeta, como deseja... — e o espírito baixou a cabeça esperando um pontapé do baal.

— Até que a ideia do miserável tem algum fundamento!... — comentou o parceiro de Irial. — Você poderia tentar, pelo menos. Quem sabe desse certo? Pelo menos não ficaria para sempre prisioneiro no meio dos religiosos.

— Venha, levante-se, repugnante — falou Irial para o espírito rastejante, mas ele não conseguia sequer erguer-se sobre as próprias pernas. Tinha dificuldade para tal. Magro ao extremo, esquelético, quase raquítico, o ser tentou erguer seu corpo defeituoso com nítido esforço. Jogara tudo e não tinha muito a perder. Irial viu a dificuldade do espírito que o fitava com medo e, encarando-o de onde estava, irradiou seu magnetismo sobre a entidade que rastejava aos seus pés. O espírito sentiu-se imediatamente fortalecido, rejuvenescido.

— Obrigado, meu senhor das trevas! — agradecia submisso, tentando ganhar a confiança e a simpatia do baalim.

— Levante-se agora, imediatamente — e olhava firmemente os olhos amarelentos da criatura, que agora se erguia com energias renovadas que lhe foram emprestadas por Irial.

— Vou ensinar-lhe toda a arte de enganar, de ludibriar, de matar, se preciso for, em meu nome e em nome do ódio e do amargor. Serei seu professor pessoalmente e você será meu representante mais fiel. Não pense jamais em me enganar.

— Sabe que nunca faria isso, meu imperador!

Irial fixava de modo cada vez mais intenso os olhos do espírito, que modificava a aparência progressivamente. O corpo astral respondia de forma rápida ao comando mental e hipnótico do mago, que logo o dominou por completo. Aliás, este era o desejo da criatura: ser dominado, mas sobretudo receber energias novas para poder se erguer e se movimentar outra vez como ser humano. Este, o ganho que fazia a submissão lhe parecer vantajosa. Em seguida, Irial levantou as mãos e movimentou-as em torno do espírito, que, já ereto, começava a refletir aparência análoga à sua. Concentrou ainda mais o pensamento, preparando a mente do futuro impostor para receber um implante neural, um tipo de teia que copiara do artefato original antes de aplicá-lo em Alcides, na ânsia de usufruir do comando profundo sobre as pessoas, em vez de reservá-lo aos magos e cientistas. Mas a cópia era bem inferior ao artefato original; tratava-se apenas de um arremedo, um tipo malfeito, não obstante servisse ao propósito de Irial neste caso.

Alcides, ao longe, chamava por seu espírito protetor. Chamava de tal maneira e tão insistentemente que foi atendido. Tinha de produzir mais livros e fazer mais palestras pelo país; sozinho, sentia-se oprimido. Sabia que seria contemplado em suas rogativas e, no fundo, não ignorava que os espíritos que o atendiam não eram, em sua maioria, quem afirmavam ser. Havia, é claro, exceções. Ocasionalmente, percebia outros seres invisíveis ao seu lado, tentando influenciá-lo; algumas vezes, chegara a dar chance àqueles que procuravam auxiliá-lo. Contudo, uma vez que estes pretendiam demovê-lo do objetivo original — ser reconhecido e aclamado pelos homens, alcançar fama a qualquer custo no meio espiritualista —, Alcides só fazia afastá-los, pois espíritos superiores não poderiam auxiliá-lo nesse intento.

Dessa forma, o entendimento do médium acabou por obedecer a uma lógica mais ou menos assim: não importava o caráter dos seres com os quais estabelecia contato. Desde que fossem discretos, desempenhassem seu papel de maneira a não dar mostras de sua natureza e conseguissem ajudar ou agradar em algum nível às pessoas que o seguiam, tudo estaria a contento. Assim, o médium prosseguiu em seu intento, embora todos os apelos que lhe foram dirigidos. Apesar de tudo isso, espíritos amigos ainda investiam nele e não o abandonavam. Porém, um obstáculo inegável era a rede neural, a teia forjada nos laboratórios da escuridão, profundamente entranhada em seu cérebro perispiritual. Alcides não era somente uma cobaia, mas um voluntário das entidades com quem se aliara.

Esse era o quadro quando Irial o apresentou ao ser que o substituiu lentamente ao lado do médium. Nem mesmo os magos perceberam a artimanha do baalim, que se sentiu completamente seguro.

— Ele é todo meu! — pensou a entidade que se fazia

passar agora tanto por Irial quanto pelo amigo espiritual do médium. — Tenho, agora, um médium completo só para mim. E ele é quem me quer, ele é quem me chamou e, enquanto for assim, nem mesmo os superiores poderão me afastar dele.

Em grande medida, a criatura das trevas tinha razão. Como o ser não representava nenhum perigo maior, que envolvesse o destino de multidões, e como foi Alcides quem evocara sua presença, ou melhor, qualquer presença espiritual que o auxiliasse em seus propósitos, nenhum benfeitor poderia intervir de forma decisiva, pela simples razão de que a interferência seria inócua ou inútil. No momento seguinte, Alcides evocaria outros e mais outros seres que lhe responderiam o chamado e a ele se associariam, numa relação de barganha.

Desse modo, Alcides era apenas observado por espíritos amigos e um tipo específico de guardião, alguém que conhecera no passado e que se apresentava na feição de um exu. Tratava-se de seu guardião particular, e tudo o que fazia, naquele contexto, era reportar-se aos guardiões superiores. O espírito familiar, que tomara parte no acordo com Irial, abandonara de vez Alcides e Tobias. Este, por sua vez, permanecia orando pelo amigo, de longe. Tobias não mais se sentia à vontade para aproximar-se, devido ao pedido explícito para que se afastasse.

Irial retornou para a companhia de alguns dirigentes políticos; enquanto isso, Joseph permanecia na cidadela das sombras, disfarçado como cientista e pesquisador. Como outrora nos laboratórios do Terceiro Reich, foi protelando a conclusão de suas pesquisas, pois sabia quanto poderiam ser terríveis para os povos do planeta os resultados desejados pelos mandantes na ocasião. Aproveitou o tempo que voluntariamente consagrou à estadia ali para conhecer pormenores dos planos de magos e cientistas, que visavam não apenas a médiuns e oradores, mas sobretudo dirigentes de vários países do mundo, tão logo o projeto adentrasse a fase madura. Detalhes minuciosos dos planos das entidades perversas foram catalogados, gravados na memória espiritual de Joseph, que se infiltrara no cerne da organização a fim de conhecer os fundamentos daquele império de entidades sombrias. Por mais de um ano ficou ali, entre os cientistas da escuridão e os senhores da magia. Durante a noite ou o período em que os espíritos dormiam, Joseph desmaterializava-se do ambiente astral inferior, daquela dimensão etérica entre mundos, e manifestava-se na próxima dimensão, entre seus amigos de espiritualidade sublime. Ali se retemperava, para logo retornar ao antro das entidades sombrias.

Finalmente, ao conhecer cada particularidade dos planos dos espíritos perversos, Joseph regressou definitivamente ao Plano Superior, levando grande quantidade de arquivos e documentos, todos gravados na própria retina espiritual. A permanência, durante todo esse tempo, no reino sombrio foi como um processo de materialização, ou uma espécie de minirreencarnação, devido ao laço estreito com os fluidos grosseiros daqueles sítios umbralinos.

Os magos ficaram possessos ao descobrirem que Joseph simplesmente desaparecera, de repente, diluindo-se em pura luz, diante dos olhares atônitos dos cientistas. Ele se revelara, por fim, tal qual era, bem diante dos olhos dos seres da escuridão. O guardião retornou também, deixando semeados nas mentes dos sombras, a polícia astral dos mestres da magia, os grãos de sentimentos e pensamentos mais sutis. Conseguira inspirar valores em mais de 150 espíritos, que, quem sabe, mais tarde, pudessem se tornar parceiros dos guardiões, tal como ocorrera com o time de General desde que Raul lhes ganhou a confiança.

Joseph Gleber foi recebido no satélite lunar diretamente por Anton e Jamar, que o esperavam para analisar os documentos e registros que trouxe. A nave que transportava Joseph era a Estrela de Aruanda, comandada pelos espíritos especialistas, a qual tivera papel importante em eventos históricos em diversas latitudes do planeta. Era o portentoso aeróbus dos guardiões. Desceu na Lua acompanhado por Pai João, Ranieri e José Grosso, o amigo inseparável do Imortal. Palminha ficara em Nosso Lar, cidade espiritual onde trabalhava pelo destino dos espíritos afiliados a essa comunidade. Após ser levado a um dos laboratórios no interior da Lua, Joseph foi submetido a um tipo especial de limpeza energética profunda.

— Devo me livrar definitivamente da matéria densa daquele plano — falou o amigo espiritual a Jamar, que o acompanhava.

— Creio que nossos equipamentos poderão extrair do seu corpo espiritual os últimos resquícios da matéria etérica, que pesa no perispírito e impede que tenha maior desenvoltura.

— Além disso, nubla minha mente.

Assim, Joseph sujeitou-se a um longo processo de limpeza energética, exatamente como se dá com qualquer espírito que ascenda a uma dimensão mais elevada, em relação àquela onde permaneceu por tempo mais ou menos dilatado. Ele precisava liberar os fluidos grosseiros que, em algum nível, absorvera na região inferior.

Após a assepsia fluídica, rumaram para a base central, onde havia o cadastro dos médiuns de todo o planeta e onde eram catalogados os espíritos que deveriam sofrer o processo de transmigração, isto é, ser transferidos para outros orbes, quando soasse a hora na ampulheta do tempo. Muitos anos haviam se passado desde que Alcides se aliara definitivamente aos espíritos do mal. E muito mais tempo talvez se passasse, até que ele acordasse do pesadelo a que se lançara por vontade própria.

— Não podemos fazer muita coisa por Alcides — comentou Pai João —, pois ele se colocou deliberadamente a serviço de entidades perversas.

— Pelo menos por enquanto — acrescentou Ranieri —, ele está sob o comando de um espírito que, na verdade, não representa grande perigo, embora tenha sido treinado pelo baalim Irial. É um espírito mais maldoso do que perverso...

— Mesmo assim, pelo visto — emendou Jamar —, muitos espíritas e espiritualistas continuam mergulhados nos comentários e mensagens veiculados por intermédio de Alcides. É lamentável que tão grande parcela de espíritas não estudem o codificador da própria filosofia que professam. Se assim o fizessem, teriam elementos para analisar e perceber os problemas com os quais se veem envolvidos e o perigo que correm.

Concentrando-se nas telas de projeção tridimensional do computador biológico de última geração — um passo à frente dos computadores quânticos, tão somente vislumbrados pelos encarnados —, Anton comentou, ao lado de Joseph:

— Temos problemas maiores para enfrentar. Se o que foi realizado com Alcides for também tentado com líderes mundiais, então haverá riscos mais sérios do que os conflitos na Síria e no Egito ou os protestos da população contra os sistemas ou as condições vigentes, ao redor do mundo.

— Inseri um programa nos computadores dos cientistas da oposição — revelou Joseph para os amigos. — Funciona como uma espécie de vírus, que muito dificilmente poderão detectar. Em razão disso, a produção da teia ou rede neural não será concluída. Existem apenas dois exemplares além daquele que está enraizado no cérebro de Alcides. E por muito tempo não conseguirão reproduzi-los.

— Também deixei um presentinho nas mãos dos magos — informou Pai João à equipe de guardiões superiores ali reunida. — Descobrirão em breve que seus poderes e sua força mental estarão por muito tempo comprometidos. De todo modo, devemos ficar atentos — ponderou o pai-velho —, pois o tempo a nosso favor é limitado. Precisamos recrutar ou formar, entre os encarnados, auxiliares cada vez mais conscientes. Sozinhos, nosso raio de ação é bem menor.

— Considerando que os tempos de mudança se avizinham e que existem outras configurações de poder articulando-se no mundo oculto, temos muito trabalho pela frente — falou Jamar, cioso de sua responsabilidade para com a humanidade. — Temos recebido forte apelo dos representantes das nações desenvolvidas e dos países emergentes. Fiquei sabendo por um agente nosso, que vive na Holanda e serve desdobrado, que em breve entidades sombrias agirão, na próxima reunião planejada no norte da Europa. Temos de nos apressar.

Em uma tela aparecia o ambiente conturbado da Síria; em outras, dispostas pelo ambiente, diversos gabinetes de autoridades políticas ao redor do mundo, além de algumas praças de guerra espalhadas em diferentes setores da vida planetária. Em todos eles, sem exceção, tanto havia entidades da oposição quanto guardiões da humanidade. Cada lado aguardava a decisão do homem para ver quem venceria — se os opositores do progresso ou os amigos da humanidade, os Imortais. Qualquer que fosse o resultado, é a escolha dos homens que o determinaria.

Os espíritos da oposição, aqueles que se rebelavam contra as leis do progresso, geralmente se esforçavam, com métodos e técnica, magia e magnetismo, para dominar as mentes dos políticos e dos homens comuns que lhes interessassem. Os Imortais, por sua vez, faziam de tudo para deter o abuso e a exploração ou o que normalmente é chamado de mal, porém o faziam inspirando o bem, e de maneira nenhuma ficavam parados, a esperar a decisão dos homens. Nos bastidores da vida, a batalha continuava. Quem pudesse, veria espíritos voando de parte a parte do planeta, justificando a fala do espírito Verdade: “Influem a tal ponto, que, de ordinário, são eles [os espíritos] que vos dirigem”.[9]

[9] KARDEC. *O livro dos espíritos*. Op. cit. p. 306, item 459.

9

OS PRÍNCIPES DAS TREVAS DESTE SÉCULO

G

ENERAL PASSOU PELO meio dos prédios procurando por Irial, ladeado por uma equipe de cerca de 60 aprendizes de guardiões, além de alguns especialistas e outros, treinados como guerreiros. Surpreenderam os seguidores e capangas do baalim. Um grupo numeroso desses espíritos desordeiros envolvia um dos líderes de uma das principais nações europeias; planejavam ficar perto dele durante longo tempo, como inquilinos de seu psiquismo. A partir dele, com as ideias que seriam insufladas em sua mente, influenciariam outros líderes. Porém, os soldados de General, que trabalhavam em sintonia com os Imortais, lançaram-se sobre a horda antes que os espíritos infernais sequer tivessem noção do que ocorria. Assim, conseguiram livrar o presidente, pelo menos por ora, daquele bando de malfeitores espirituais.

A ação dos sentinelas depende, em grande parte, da resposta dos homens às intuições ou à sugestão hipnótica dos arquitetos da política nos bastidores da vida. Os guardiões somente poderiam manter a segurança energética e espiritual do local onde se reuniriam os presidentes e outros representantes políticos caso estes abrissem campo mental para tanto. Caso se concectassem mental e emocionalmente com os desordeiros ou espíritos demoníacos, os guardiões e os soldados de General muito pouco ou quase nada poderiam fazer por eles. A segurança energética propiciada pelos guardiões e demais trabalhadores do bem depende da pessoa que defendem, da sintonia e adesão íntima que ela estabelece. E naquela reunião muito mais coisas eram arquitetadas do que poderia supor quem ali estivesse entre os viventes.

Depois da arremetida dos guerreiros de General sobre aquela turba de espíritos vândalos, alguns retornaram ao abrigo da cidade de onde partiram. Os guerreiros remanescentes varreram o local onde se daria o encontro dos políticos. A cidade era São Petersburgo, na Rússia, onde haveria a reunião de cúpula do G20 — grupo das 20 maiores economias mundiais —, que discutiria propostas relevantes para o momento histórico e econômico internacional. Com energias que se assemelhavam a um rastro chamejante, multiplicado pela força e pelas habilidades dos guerreiros, os espíritos sentinelas obedeciam às ordens de seu comandante, o qual estava em conexão direta com Watab, o guardião da noite, e com Jamar, o amigo da humanidade.

O ribombar e o brilho da luz astral se fizeram presentes no lugar onde representantes de países ricos e emergentes se encontrariam, como se fosse um vento poderoso ou uma tempestade energética de altíssima potência. Espíritos da oposição, obsessores contumazes e os mais vis demônios da escuridão, que intentavam, de alguma maneira, atrapalhar o evento, simplesmente foram banidos do local, arrastados, como numa enchente se arrastam detritos. Rodopiavam em meio ao torvelinho de fluidos e energias desencadeado pelos guerreiros comandados por General. Logo após, foram lançados sobre as copas das árvores e as construções no entorno. Alguns simplesmente despencaram sobre os imensos jardins do Palácio de Constantino, que ocupavam área equivalente a vários campos de futebol. Carros estacionados por perto ou que ali chegavam foram invadidos pela turba de espíritos do mal; eles partiam em disparada, temendo a fúria dos sentinelas, que defendiam a ordem e a disciplina do evento. Entre gritos agudos, que lembravam certos sons emitidos por pássaros exóticos, e berros que remetiam à crueldade de suas almas em desequilíbrio, voaram como detritos em meio às forças titânicas de algum furacão. Espíritos se chocavam uns contra outros; seus instrumentos de tortura e armas de guerra despedaçavam-se ante as forças desencadeadas. Mantos horrendos e rotos rasgavam-se e faziam um barulho medonho, como se fossem asas que eram partidas. Viam-se labaredas, fagulhas e pequenos raios que estouravam, pipocavam por todos os lados, ante a presença dos representantes da justiça naquela instância, na fronteira entre as dimensões.

Os espíritos comandados por General não eram anjos; entretanto, quem os visse agindo em sintonia com a ordem de seu dirigente, para evitar o mal maior representado pela horda de bárbaros do astral, não duvidaria de sua procedência celestial. Deixaram que os encarnados continuassem a entrar no ambiente, preparando-se para as atividades do encontro de cúpula, enquanto concentraram sua força, seu pensamento e sua atenção no bando de seres infernais, nos demônios de Irial. Cada um dos guerreiros dava conta de pelo menos cinco espíritos vândalos por vez, brandindo sua espada e acionando suas armas. Apesar disso, os espíritos malignos, em alguns casos, retornavam para novas investidas ou, ainda, encontravam acolhida no psiquismo de determinados representantes de países e suas delegações. Os chefes da horda opunham grande resistência, mas não prevaleciam contra os guerreiros defensores do bem, pelo menos naquele momento.

General deixou seu veículo aéreo estacionado e, deslizando nos fluidos da atmosfera, saiu ziguezagueando por um lugar e outro. Quem o visse assim, voando a toda velocidade sobre o local onde a cúpula do G20 se reuniria, decerto pensaria que atuava sem nenhum planejamento. Mas ele sabia exatamente o que estava fazendo: desejava deter o bando de desordeiros e demônios vis usando uma tática de guerra que aprendera com os guardiões superiores, sob o comando dos espíritos Watab e Jamar. Assim, conseguiu reunir os chefes da horda, os líderes dos espíritos infelizes, acuando-os com a ajuda de mais dois especialistas.

Os infelizes seres das cavernas umbralinas pretendiam manipular alguns dirigentes políticos, mesmo que não estivessem presentes no evento. Angela Merkel, Barack Obama, Vladimir Putin e François Hollande — autoridades máximas na Alemanha, nos Estados Unidos, na Rússia e na França, respectivamente — eram os principais alvos das investidas energéticas e magnéticas.

Um dos demônios veio pelo lado esquerdo de General, tentando atacá-lo, porém ele esquivou-se num último momento, conseguindo livrar-se da arma que o espírito manejava. Ele não queria saber, tampouco experimentar o estrago que aquele aparato poderia causar.

Mais além, outro grupo de espíritos, este sob o império de Irial, aproximou-se do local numa nuvem escura, pois ouviram os urros provenientes da batalha que se realizava no ambiente astral. Montados sobre vespas, apontavam para os guerreiros seus ferrões, como denominavam as antenas através das quais lançavam dardos inflamados. Um dos líderes da horda de seres do abismo projetou-se para o alto, caindo velozmente, rompendo os fluidos e sendo seguido pela turba desenfreada de representantes da política do abismo.

Comandando aquela corja de malfeitores e perigosos seres do abismo, portando um capacete que parecia maior que o natural, e mostrando garras afiadas segurando a direção do veículo aéreo, o líder, um dos especialistas mais chegados a Irial, ameaçou os sentinelas que zelavam pela ordem energética e espiritual. E os magos ainda não tinham atacado, como previam em seus planos.

O ser que liderava a turba do baalim emitiu um brado de guerra, algo já conhecido entre os seus mais ínferos discípulos e seguidores, e armou-se até os dentes. Numa mão, uma espada que mais parecia uma cimitarra; na outra, um artefato estranhamente similar a uma metralhadora, que disparava projéteis de energia escura, dardos inflamados de treva e escuridão. Com um grito que ribombava na alma dos homens, como sonoro ecoar de seu dantesco e cavernoso grito de guerra, o obsessor erguia sua rubra espada, que brilhava em chamas, enquanto percebia de longe as brilhantes armaduras de seres iluminados que vinham ao encontro do time de General. O brandir de suas espadas ardentes, brilhando como reflexos do Sol, não intimidou o inquisidor das almas daqueles que dominavam as nações. Sua turba mergulhou nos fluidos que emanavam do mundo dos viventes e atacou sem dó nem piedade.

Um dos representante do abismo, o que trazia a encomenda preciosa, a ser conectada à mente dos dirigentes das quatro nações que eram os principais alvos das investidas, desceu com seus equipamentos de guerra, produto de sua tecnologia do terror, quase tocando com sua espada o flanco de um dos soldados de General. Ignorando qualquer perigo para si e para seu séquito de tenebrosas almas da penumbra, impulsionou seu corpo espiritual com força, rodopiando com o veículo e fazendo uma volta sobre a sede do encontro de cúpula. Emitindo um som parecido com o de um animal pré-histórico, avançou sobre os soldados que cercavam o local e desceu vertiginosamente. General ergueu-se, envolvido agora num campo de forças que o protegia contra os dardos venenosos das armas inimigas. Ao passar ao lado do chefe da horda, cravou sua espada no veículo que o conduzia, o qual explodiu em fagulhas negras que exalavam o cheiro do enxofre das profundezas. O espírito chefe do abismo mantinha a encomenda tão perto de si e tão entranhada em sua indumentária exótica que ela não se soltou, mesmo sendo ele arremessado do veículo. Rodopiou no ar e terminou sua descida escorregando ao lado de um monolito, numa das praças principais da cidade, até ser amparado por um seu soldado, que o segurou no último momento, antes que estatalasse no chão. E isso ocorreria, pois era um ser quase material, tal a densidade de seu corpo espiritual. Desconsiderando a ajuda inesperada, que o salvara no último instante, o chefe daquelas tormentosas legiões empurrou o soldado para fora do veículo que conduzia, chutando-o para o solo astral daquela região. Tomou o lugar do piloto, dominando a vespa, que rodopiava no ar, parecendo estar prestes a cair; a nave tremia e bufava gases venenosos, que cuspia atrás de si, formando uma calda de nuvens e vapores com cheiro acentuado de amoníaco e enxofre.

General permaneceu no encalço do pretensioso líder das turbas do inferno e da escuridão quando este deixou a nave, fugindo espavorido e derrotado, trazendo ainda a caixa na qual se supunha estar o produto da ciência dos infernos. Estavam determinados e pretendiam implantá-lo nos políticos do mundo, transformando-os em marionetes. Este ser, de modo especial, estava diretamente sob o comando dos magos da escuridão, enquanto Irial tinha consigo um subproduto copiado, protegido por sua turba desenfreada. Eram dois grupos lutando contra os guardiões e contra a humanidade.

Foi nesse momento que Kiev chegou com seu batalhão, acompanhado de dez agentes desdobrados, pilhas vivas de energia e ectoplasma, abastecimento energético dos guardiões do bem.

— Parabéns, General! — gritou Irmina Loyola, à frente dos agentes desdobrados. Seu corpo físico e de mais quatro dos dez agentes repousava num hotel próximo ao local.

— Até que enfim, Kiev! — saudou General, enquanto nuvens de vapor escuro eram dispersadas do local por seus homens, que procediam à limpeza energética apenas superficialmente, pois sabiam que a batalha ainda não terminara.

— Chegamos em boa hora, meu amigo, e trouxemos reforço precioso. Nossos dirigentes vêm logo em seguida.

Mal Kiev falara e Irmina concluíra sua saudação, uma luz forte rompeu os fluidos semimateriais, um facho de luz desceu rasgando a atmosfera e marcando o lugar onde dirigentes se reuniam num momento crítico da humanidade. Ivan, um dos agentes desdobrados ali presentes, dotado de muita lucidez extrafísica, comentou:

— Enfim, as coisas vão melhorar por aqui!

— Melhorar? — indagou Irmina, segurando a mão de Beth, a agente amiga e especialista. — Agora é que vamos lutar, mesmo!

A trilha de luz formava um caminho de pura energia entre nuvens e fluidos semimateriais, que permeavam o ambiente crosta a crosta ou o limiar das dimensões astral e física. Parecia que um cometa descera repentinamente, inesperadamente. Nenhum deles pôde ver os inimigos antes do momento do ataque. De repente, tudo se transformou no entorno, e toda a cidade, em sua contraparte etérica e astral, transformou-se num campo de batalha espiritual.

Um rastro de fuligem rubra marcou o momento em que os fluidos da atmosfera foram rompidos por um dos magos negros, que chegava furioso e cheio de ódio, sem disfarces, para o combate aberto. Ia atrás dos dois agentes que lutavam ao lado dos guardiões, representando para estes potentes baterias energéticas e aliados importantes. Os agentes desdobrados precisavam ser resguardados a qualquer custo. Assim, Dimitri despencou do alto em direção ao mago, sem que este o percebesse, interceptando-o e impedindo que agisse. Chocaram-se numa estrondosa força sobre-humana. Engalfinharam-se no ar; ambos se reviravam, projetando energias titânicas e perigosas em torno de si. Dimitri não afrouxava o cerco. Enquanto isso, o veículo que conduzia o ser da escuridão, uma vespa velha e mal-conservada, soçobrava e se preparava para estatelar-se no chão a qualquer momento. O mago rosnava como selvagem animal das pradarias africanas. Uma bola de fogo foi o que pôde ser percebido por quem observasse os dois dando cambalhotas no céu e rodopiando, numa coreografia digna do Cirque du Soleil.

O mago, não conseguindo projetar seu magnetismo sobre o guardião, na tentativa de proteger-se, atingiu Dimitri com um soco e um pontapé. O guardião caiu na Praça do

Palácio, a praça central da cidade. Dando uma volta rápida no ar e erguendo-se velozmente, Dimitri apoiou uma das mãos na Coluna de Alexandre e rodopiou em torno dela, impulsionando-se novamente rumo ao mago, que tentava fugir e, ao mesmo tempo, atacar os dois agentes mais próximos. Ao rasgar o céu numa velocidade alucinante, Dimitri desembainhou a espada e, arremessou-se contra o mago, pegando-o desprevenido e agarrando-o pelo pescoço.

A espada erguida ameaçava a segurança do déspota das sombras. Enquanto com uma das mãos Dimitri segurava o senhor da escuridão, com a outra brandia o instrumento, que manipulava energias de esfera desconhecida do mago. O guardião abriu um rasgo no universo einsteiniano. Através da brecha dimensional, podiam-se ver as luzes distantes, estrelas, sois e constelações que faziam fundo para a trilha energética que conduziria o famigerado mago até o lado oculto da Lua, onde o aguardavam os representantes máximos da justiça divina e da lei, a fim de que prestasse contas ante o divino tribunal. O mago rosnou novamente, esperneou e gritou palavras incompreensíveis, num idioma extinto há milênios. De nada adiantou. Enquanto Dimitri permanecia flutuando em meio às energias desencadeadas pela espada que girava, forças poderosas, como um furacão, rodopiantes energias de labaredas desconhecidas, atraíram o outrora poderoso mago para a outra dimensão, para o lugar aonde ele, de forma alguma, desejava ir e de onde jamais, por conta própria, seria capaz de sair. Seus poderes estavam destroçados, suas pretensões, destruídas, e ele próprio, destronado. Um vendaval de forças e luzes arrebanhou o mago das mãos do guardião, que respirava fundo, olhando ainda a exuberância do universo infinito que aparecia no rasgo dimensional, no portal que se abriu para sugar tanto o poder quanto as pretensões de um dos mais fiéis representantes das forças do abismo.

De repente, o portal de estrelas se fechou, tão rapidamente como se abriu, e Dimitri se viu novamente pairando sobre o campo de batalha, a velha cidade de São Petersburgo. Na verdade, pairava sobre o Hermitage, um dos mais importantes museus do mundo, uma construção monumental às margens do Rio Neva. Ao olhar para baixo, avistou Irmina e os dois outros agentes que batalhavam contra um destacamento de sombras, especialistas da mais alta patente da guarda de elite dos magos negros. Mais além, viu Irial, que participava da batalha sem saber de que lado estava: lutanto por seu sonho louco de poder ou ao lado dos magos e cientistas, aos quais fora obrigado a servir um dia.

Um dos cientistas corria, portando um recipiente com os dois exemplares da teia. Pretendia implantar a rede neural em dois dirigentes de países representativos na história do mundo. A um sinal de Kiev, Dimitri, ainda com a espada em punho, lançou-se em direção ao cientista, que se deslocava célere. O guardião estava ciente de que não poderia deixá-lo escapar de forma alguma. Havia muita coisa em jogo naquela batalha em prol da humanidade. No percurso, sua espada rebrilhou mais uma vez, enquanto voava em velocidade alucinante, desviando-se aqui e acolá de outros guardiões, que se atrelavam aos representantes da maldade. Já prestes a alcançar o cientista, deu uma volta no céu da antiga Leningrado, rodopiando em torno de si mesmo várias vezes. A fim de evitar o pior, Kiev teve o cuidado de não abandonar os agentes, que estavam exaustos, por causa do envolvimento com a luta.

Dimitri atravessou o lado direito do cientista com a espada, agarrando-o com o outro braço e carregando-o consigo num voo rasante. O espírito aprisionado gemia e gritava tresloucado de ódio infernal. Jogou a caixa dourada contendo as duas redes neurais em direção a um dos magos, que passava logo abaixo e que sumiu dentro do museu Hermitage. Aharon e General, que observaram o ocorrido, seguiram o mago.

Os alvos eram o comandante em chefe dos EUA, Barack Obama, e o ex-agente do serviço secreto soviético e russo, o então presidente Vladimir Vladimirovitch Putin. Os guardiões precisavam deter, com todas as forças possíveis, o atentado contra a consciência e a liberdade que estava prestes a ser cometido. Se porventura o intento dos magos fosse concretizado, não se sabe o que poderiam lograr com a manipulação mental e emocional dos dois representantes de países que polarizaram as grandes rivalidades da história recente, com culturas e tradições políticas diametralmente opostas. O mundo e milhões e bilhões de pessoas poderiam sofrer longamente, caso alcançasse êxito o plano dos senhores da magia.

General viu quando o mago passou, num voo bastante baixo. Ele subiu a escadaria Jordan, uma das mais belas e expressivas construções no interior do Palácio de Inverno, o principal prédio do Hermitage. Atravessou a estátua no cimo das escadas, penetrando-a e quase derrubando-a, tendo em vista a constituição densa, semimaterial e quase corporificada de seu organismo. A seguir, jogou-se pelo vitral, localizado atrás da estátua. Com isso, o mago tentava despistar os guardiões.

Aharon e General perseguiam o infeliz, na tentativa de obter o precioso artefato. Antes, porém, que o alcançassem, o miserável ser das trevas mais profundas dissolveu-se numa explosão de fumaça negra, que rescendia a podridão dos sepulcros. General tossiu, enquanto pousavam mais além, sobre um dos domos da Igreja do Salvador do Sangue Derramado, um dos monumentos mais belos da cidade. Perderam temporariamente de vista um dos senhores da escuridão. Kiev emitiu uma ordem expressa para que os guardiões se colocassem de prontidão em todos os monumentos de São Petersburgo, formando um cinturão de proteção que não poderia ser rompido.

Sob o comando de Watab e Jamar, que foram diretamente para o *front* de batalha, guardiões foram posicionados em Strelna e no Palácio de Constantino, que poderiam ser alvo de ataques do terrorismo dos magos e cientistas. Contudo, a segurança total não poderia ser uma realidade, uma vez que os guardiões dependiam muitíssimo da resposta humana a sua atuação. Os guardiões mongóis e os guardiões da noite, especialistas em lidar com magos negros, estavam a postos em diversos pontos estratégicos da cidade. Mesmo assim, os magos armaram-se até os dentes e não desistiram de seu intento.

A cidade abrigava os líderes de vários países, além dos chefes de diversas importantes organizações internacionais, que ali se encontravam para o evento que poderia representar um marco importante para a história mundial nas primeiras décadas do século XXI. Com a escalada da violência e da barbárie na Síria e o envolvimento da Rússia na política de armamentos, um passo em falso e o mundo poderia enfrentar mais um período de guerra declarada, envolvendo grandes potências e atores da política internacional. Não havia como errar. Os guardiões não poderiam admitir nenhuma vitória da parte dos magos. Ao redor do mundo, cidades como Manchester, Hamburgo, Manila, Berlim e outros importantes e estratégicos aglomerados humanos haviam recebido contingentes de guardiões para evitar o pior, a um mês do evento.

Joseph Gleber, Teresa de Calcutá, Joana d'Arc, Bezerra de Menezes, Léon Denis, Jamar, Anton — e muitos outros espíritos representativos da história da nova humanidade — reuniam-se num ambiente espiritual próximo a Strelna.

Para essa cidade se dirigia Berliot Brakanat, o mago sumério, que mergulhou na escuridão e foi seguido pelo séquito de fantasmas, de monstros da maldade, espíritos de feiticeiros e cientistas que restaram após o embate com os guardiões. Buscavam o local onde se reuniriam as delegações dos diversos países, especialmente porque na região estava hospedado um de seus principais alvos. Ergueram suas armas da maldade no Palácio de Constantino e permaneceram atentos a todo e qualquer movimento dos guardiões. Dois representantes do regime talibã ainda encarnados, bem como um aiatolá, todos projetados pelo fenômeno do desdobramento, eram os agentes fornecedores de ectoplasma aos magos negros que tentavam impedir qualquer perpectiva de progresso entre as nações.

O mago Berliot, da casta dos antigos sumérios, voou sobre um dos canais que serpenteiam pela cidade. Porém, ao chegar às imediações do castelo, onde se hospedava um dos alvos que mais cobiçava, parou de chofre, ao constatar a presença de um veículo dos guardiões, um poderoso aeróbus de sete compartimentos, dentro do qual estava a postos um verdadeiro exército de sentinelas a serviço do Cordeiro e da nova humanidade. Não poderia nada contra todo esse poder. Por um breve momento, não soube o que fazer. Quase por instinto, deu meia volta e regressou em direção ao subúrbio, onde ocorreria o encontro, mas também deparou com resistência. Teria de observar os dirigentes das nações a partir de outro lugar, de onde pudesse ter uma visão mais ampla do que ocorria, uma visão de conjunto. Reuniu-se, então, com seu bando de demônios de todas as especialidades, para que o grupo, aquela casta de senhores do abismo, lograsse realizar seus planos de dominação, a qualquer custo. A partir do momento em que controlassem alguns dirigentes das nações mais importantes, o restante seria realizado com mais facilidade. Logo poderiam invadir as fortalezas dos outros miseráveis demônios das sombras, os magos que rivalizavam com eles na disputa pelo poder sobre uma fatia da humanidade desencarnada e encarnada.

Irmina resolveu pedir a Joseph permissão para trazer o amigo Raul ao campo de lutas por uns momentos. Ela sabia que o sensitivo, naquele período em particular, não poderia se expor em demasia. Nem sequer era necessário; não seria preciso permanecer ali por muito tempo, pois havia outros agentes encarnados — Beth, Ivan, André e outros mais — que estavam de prontidão, auxiliando os guardiões. Mas Raul tinha um sentido extra para coisas ruins; uma antena especial para detectar perigos e descobrir planos do inimigo. Com ele por perto, ao menos durante alguns minutos, Irmina acreditava que encontrariam o artefato em poder dos magos antes que o utilizassem.

Raul podia ser considerado alguém muito encrenqueiro quando estava fora do corpo. De fato, era capaz de enfrentar quase tudo se porventura entendesse que a situação era desfavorável aos ideais da humanidade e dos guardiões do bem. No corpo, entretanto, tinha sérias limitações, principalmente com os amigos com os quais compartilhava o trabalho espiritual. Entre os 12 agentes que trabalhavam mais de perto com os guardiões, era o único que tinha, durante o período de vigília, envolvimento intenso com várias atividades espirituais ao mesmo tempo, o que lhe tornava o tempo notadamente exíguo e precioso. Ele fora jantar com dois amigos na noite anterior; no momento em que se passava a batalha ao longe, em outro continente, com uma diferença de 6 horas devido ao fuso horário, Raul havia se sentido muito mal. Não sabia a razão, mas sentia como se o coração estivesse prestes a explodir, por causa da intensa taquicardia. Ao retornar ao lar, não conseguia ficar deitado, nem tampouco trabalhar, devido à repercussão vibratória da situação que acontecia a milhares de quilômetros de onde se encontrava. Desejava notícias do time dos guardiões, mas nada. Todos absolutamente calados.

Resolveu deitar-se e tentar desdobrar-se por conta própria, ir buscar ele mesmo alguma notícia do que ocorria. No entanto, não conseguiu sair do quarto, pois o guardião de plantão recebera ordens expressas para não deixá-lo sair, em hipótese alguma, além dos limites do ambiente doméstico. Voltou para o corpo chateado, desiludido, pois seria impossível agir contra a vontade férrea do guardião que demarcava os limites de sua ação fora do corpo. Mais tarde, quando já era noite avançada, mais ou menos às 4 horas da manhã, alguém bateu à porta da residência, pedindo ao guardião que liberasse Raul. Era o guardião Veludo o enviado para levar o médium.

— O chefe deu ordens para você vir comigo. A moça bonita chama por você.

— Irmina? — perguntou o sensitivo, interessado. — Tinha certeza de que ela estava envolvida em alguma coisa.

— Mas não fique assim tão eufórico, rapaz! O chefe falou que é por pouco tempo. Parece que precisam de você por lá. Não sei por que os espíritos que trabalham com você não resolvem eles mesmos a situação. Eu daria conta de tudo sozinho... — brincou Veludo, o exu.

— Então, se você dá conta sozinho, por que não substitui toda a equipe de guardiões?

Veludo soltou sua gargalhada típica, marcando o momento de descontração junto ao médium.

— Vamos, meu rapaz. Você é necessário por lá. Não sei por quê, mas é, e se o chefe chama é porque é urgente mesmo.

— E para onde vamos? Posso saber?

— Para o meio de uma guerra entre poderosos. Isso é tudo o que posso lhe dizer por ora.

— Mal-humorado! — retorquiu o médium, implicando com o amigo em tom de brincadeira.

Veludo segurou o médium com o braço direito, conservando-o bem próximo de si, e elevou-se ao alto numa velocidade muito grande, sendo acompanhado por uma equipe de cinco outros guardiões, que formavam a guarda espiritual do rapaz. Envolveu Raul com sua capa, o manto que costumava usar para liberar energias densas do entorno e, ao mesmo tempo, proteger seus pupilos. O médium reagiu de maneira tão humana quanto esperada pelo guardião:

— Deus do céu, Veludo, tira esse negócio de cima de mim! Pra que tanta pompa assim? Arranca isso daqui! — falava, referindo-se à capa que o envolvia, enquanto o guardião dava gostosa gargalhada da atitude cômica do médium desdobrado. Mas este não guardaria nenhuma lembrança dos eventos daquela noite, conforme ordem expressa de Joseph Gleber.

Quando se aproximaram da porção oriental do velho continente, em velocidade estonteante para os padrões humanos, Raul avistou as cúpulas das igrejas ortodoxas. Animou-se, pois jamais sonhara estar nesta região do planeta, numa tarefa como essa. Veludo, então, fez uma brincadeira com ele, o que lhe causou tal pavor que nunca mais quis levitar com o exu. Ao avistar Kiev ao longe, o guardião lançou o médium em sua direção. Raul voou como um projétil, sendo amparado pelo amigo de tal modo que o médium se sentiu aconchegado como uma criança no colo da mãe.

Mas o fato não se deu discretamente, sem escândalo. Raul gritou a ponto de chamar a atenção de uma casta de espíritos que estava por perto auxiliando os magos negros.

Eram os talibãs desencarnados. Dois deles avistaram o médium ao longe, quando ainda gritava, e marcaram-lhe a rota e o rastro magnético.

— É ele! Ele é o miserável que visitamos outro dia...

— Os guardiões devem estar brincando conosco. Trazer este réprobo aqui, desde o outro lado do mundo... Só podem estar loucos ou com medo de perder a batalha. Fiquemos de prontidão e vamos pra cima dele na primeira oportunidade.

Sem ouvir os comentários dos auxiliares dos magos da escuridão, Raul foi recebido por Irmina Loyola, que lhe requisitara a presença, e não demorou muito a entrar em ação. Reconheceu Beth, que estava disfarçada, e os amigos André e Ivan, com quem trabalhara em diversas aventuras fora do corpo, a serviço do bem e dos guardiões da humanidade. Imediatamente, antes ainda de se adaptar ao fervor da batalha espiritual, seus sentidos pareceram eriçar-se. Virou-se em direção ao Hermitage, como se fosse atraído para ele de forma misteriosa.

— Vamos todos! — disse Irmina, correndo na direção para a qual Raul olhara e onde se fixara mentalmente. Havia algo no ar, definitivamente. — Já para o Hermitage! É lá que se encontra o que procuramos.

Irmina adentrou o museu. Subiu as escadarias ricamente decoradas sem dar atenção à beleza impressionante do lugar, sem maiores esforços, provavelmente por ter vivido ali, naquela cidade, durante muitos anos. Conhecia bem os corredores suntuosos, as obras em exposição nos salões do imponente museu e cada local que talvez o grande público desconhecesse. Cansou-se de correr por ali escondida da mãe, que a estimulava a entrar em contato com obras de arte e ensinava-lhe a respeito de seus artistas prediletos. Teve a felicidade e a sorte de conviver com cultura, arte e beleza, de maneira que não está ao alcance da maioria dos seres humanos.

Kiev agarrou Raul, que ainda se encontrava numa espécie de transe. Entraram no museu junto com Irmina, que logo se pôs a procurar por salas e mais salas, acompanhada de um guardião, mas nada encontraram. O médium parecia entregue a uma espécie de êxtase. Apenas pouco a pouco recobrou a consciência, até que protestou, para surpresa de todos:

— Então vocês participam de uma luta das mais interessantes e me deixam de fora, é?

— Deixe disso agora, Raul. Vamos, homem, diga logo o que viu.

— O que vi? Vi tudo que fizeram sem mim. Vi a guerra contra a turba de Irial e a luta de Dimitri e dos guardiões de General. Mas eu nem fui convidado, nem ao menos se lembraram de mim...

— Não se faça de besta, homem — falou Irmina. — Você não avalia a importância do que procuramos. Veja se localiza logo.

Raul se fez de inocente e fingiu não entender a fala da amiga.

— Vamos, Raul! É urgente mesmo, meu amigo! — insistiu desta vez Dimitri, que nunca se dirigia ao agente de forma tão íntima. — Precisa entender que tem muita coisa em jogo. De mais a mais, se trabalhar logo, já, já teremos de levar você novamente para o corpo...

Raul não esperou mais argumentos. Caminhou em direção às escadarias e, pondo-se de frente a uma estátua, parou por uns momentos, afirmando:

— Não está aqui. Parece que um dos magos até passou por aqui, deixando um rastro de magnetismo, porém atravessou a vidraça e seguiu adiante. Tem algo que me incomoda bastante em uma igreja aqui perto.

— Mas você encarou o Hermitage quase em transe; então pensei...

— Podia mesmo ter sentido algo naquele momento, mas estava vendo a batalha de que vocês participaram. Vamos! Não sei bem se é o que vocês precisam, mas acho que há uma igreja aqui...

Antes que pudessem seguir rumo ao local onde se suspeitava estar a teia, a rede de filamentos da tecnomagia, um dos guerreiros dos magos, acompanhado de vários outros sombras, desceu em seu veículo barulhento e atacou os guardiões. Tentavam a qualquer preço romper seu cerco; desse modo, partiram para uma nova ofensiva, pois notaram que os sentinelas do bem haviam se aquietado. Irmina seguiu com Aharon e Raul para a igreja onde o médium disse haver alguma coisa que o incomodava. Essa informação era o suficiente para cativar a atenção dos guardiões e da agente, que, assim como Kiev, aprendera a dar atenção ao instinto do amigo desdobrado.

Sete espíritos da guarda pessoal dos magos desceram sobre os guardiões, enquanto outros avançavam, por outro lado da cidade, rumo ao local do encontro das nações. Era uma ofensiva em larga escala, e disso não se podia duvidar. A espada de Jamar rebrilhou em seu cinturão enquanto permanecia no aeróbus com Watab e os demais companheiros de luta. Os sombras não imaginavam que o guardião e amigo da humanidade estava no interior do veículo mais poderoso dos sentinelas da luz. Tampouco puderam cogitar que o instrumento de Jamar era muito mais potente do que os que Dimitri, Aharon e seus amigos manejavam. Na verdade, a espada era um equipamento da tecnologia sideral, desenvolvido nos laboratórios do QG dos guardiões, localizado no lado oculto da Lua — em sua contraparte astral, naturalmente. Tais informações não eram conhecidas pelos sicários que atacavam os filhos da luz e os representantes dos povos do planeta.

Os temidos soldados dardejavam uma espécie de relâmpago ou descarga elétrica, na expectativa de atingir seus oponentes. Mas as emissões energéticas no máximo poderiam atingir os agentes desdobrados, pois o pessoal de Kiev e Jamar estava envolvido em campos de proteção de natureza desconhecida pelos atacantes. Eram estruturados em energias da quinta dimensão, um universo totalmente ignorado por habitantes de planos tão densos.

Enquanto Irmina e Aharon saíram com Raul, Kiev enviou agentes para o outro lado, onde o ataque por certo seria muito mais intenso.

O mago que estava no comando tinha um plano. Desviaria a atenção de Kiev e seu time enquanto, no flanco oposto, os demais de sua horda atacariam com força plena. Mas não contava com o aparato de defesa dos emissários da lei e da justiça. No campo de batalha, não havia margem para conversa ou qualquer tipo de conjectura e hesitação. Tratava-se de uma guerra espiritual.

O mago principal saiu do meio do pelotão de sombras com seus seguidores mais próximos, pondo-se à frente do grupo, para o ataque direto aos filhos do Cordeiro. Neste exato momento, Kiev e Dimitri ergueram-se ao alto, surpreendendo a turba que descia, e viraram-se, sem, contudo, se chocarem contra os amigos, entre os quais Veludo e seus comandados. Portando seus instrumentos de defesa energética, partiram em direção ao outro lado da cidade. Desse modo, atraíram a atenção da horda para o local onde se travava a outra batalha e onde se encontrava um número maior de auxiliares da humanidade. Sem o perceberem, os sombras e o próprio mago — que, ao contrário do que se podia pensar, não era propriamente um guerreiro experiente, embora fosse exímio estrategista, no que concerne a obsessões complexas — seguiram os guardiões, que davam cambalhotas no ar, a fim de escapar dos relâmpagos fracos expelidos das armas medievais dos opositores do progresso.

Enquanto isso, Irmina chegava com Raul e Aharon bem próximo à Catedral de Santo Isaac, a cerca de 1km do enorme museu. Raul deteve-se, embora Irmina continuasse rumo à porta principal da portentosa construção. O médium olhou para o alto, apreciando o domo central, imenso e dourado, e chegou à conclusão de que não era exatamente dali que ele captara algo diferente. Voltou-se, girando sobre os pés, e avistou logo em frente um monumento que retratava um cavaleiro, em cujos pés havia estátuas de virgens, mulheres esculpidas por um hábil artista.

— Ali! — apontou ao alto, em direção ao homem retratado sobre um cavalo formoso. — Em cima, bem em cima do cavalo!

Aharon deu um salto de vários metros de altura, deslizando sobre os fluidos e, segurando com uma das mãos a cabeça do cavalo, subiu alguns metros mais, para descer lentamente sobre ele. Irmina foi logo atrás, deixando Raul no solo, olhando para ambos. Algo brilhava lá em cima. Desceram os dois com uma pequena caixa preta nas mãos. Abriram-na.

— A rede neural, a teia! É ela, a original. Conseguimos! — Irmina desceu e abraçou Raul, enquanto Aharon comunicava-se mentalmente com Jamar e Joseph e, depois, com os demais guardiões. Assim que fez isso, um bando de seres da escuridão, cuja indumentária lembrava a dos talibãs, saiu de trás da igreja, num ataque furioso. Aharon não pensou duas vezes: colocou a mão direita sobre os olhos de Raul, e este imediatamente se desmaterializou, sendo sugado de volta ao corpo físico, devido ao encurtamento do cordão de prata. Acordaria mais tarde, banhado de suor e com raiva por não haver participado da luta.

Ao mesmo tempo, registravam-se várias ocorrências. Quando os guardiões receberam a notícia de que a rede neural estava de posse da dupla de agentes, elevaram um grito possante ao ar, surpreendendo os marginais, bem como os mestres e cientistas da oposição. Era algo desproporcional, capaz de lembrar o urro de uma torcida no estádio de futebol lotado, ao conquistar o gol da vitória em um jogo que decidisse um torneio importante. Assim repercutiu o grito dos guardiões e agentes, vibrando no ar em torno da cidade. Os atacantes hesitaram apenas por um momento, mas o suficiente, tanto para Irmina e Aharon saírem voando em direção ao posto dos guardiões, a nave em forma de estrela, quanto para os demais espíritos a serviço de Jamar elevarem-se aos céus da cidade. Ato contínuo, o aeróbus levantou voo; cada uma de suas partes desprendeu-se, a fim de se dirigir, cada qual com uma comitiva de soldados astrais, a determinado ponto da cidade.

O príncipe dos demônios, que dominava todos os outros, o mago mais antigo entre os demais, advindo das experiências mais remotas da antiga Atlântida, assumiu a frente no ataque aos filhos da luz. Já havia percebido que perdera o precioso instrumento para seus inimigos mais perigosos. Jamar saiu do aeróbus, na companhia de Watab, enquanto Joseph desmaterializou-se onde estava, entre entidades que participavam de uma reunião importante, a fim de encontrar uma maneira de intervir na situação. Foi acompanhado por Joana d'Arc, que o seguiu imediatamente, deixando os demais conversando e olhando para o local onde até então ambos estiveram. Rasgaram os céus de Petersburgo e colocaram-se logo acima do local onde a reunião se realizava. Joseph e a Donzela de Orléans estavam prontos para agir em plena sintonia com os guardiões. Ao comando de Jamar, um contingente de guerreiros da luz, anjos da imortalidade, espalhou-se em todas as direções. Ao mesmo tempo, o estranho objeto desenvolvido pela ciência do abismo era entregue nas mãos de Joseph, que sabia muito bem o que fazer com ele.

Os demônios espirituais berraram de pavor ao verem os guerreiros celestiais em todos os lugares, portando espadas flamejantes; fugiram como um bando de corvos, sendo perseguidos pelos guerreiros de Jamar. Os sete compartimentos do aeróbus pareciam cuspir cada vez mais sentinelas, especialistas e outros guardiões: mongóis, legionários de Maria, sob o comando de Zura, falanges de ex-soldados romanos, além da equipe de General, que sozinha contava quase 200 homens, entre outras legiões que obedeciam ao comando de Watab e Jamar, que estavam diretamente no centro da batalha. Haviam esperado apenas que o equipamento das trevas fosse confiscado de seus criadores do abismo. A partir de então, resolveram intervir de modo decisivo, visando livrar os dirigentes dos países ali reunidos de ataques maciços que as entidades maliciosas e tenebrosas certamente levariam a cabo.

Berliot Brakanat, o mago da Suméria, dominava um grupo vasto de sombras, ao passo que Astarot, o supremo naquele enlace tenebroso de seres da escuridão, trazia consigo um cortejo numeroso, que repentinamente aparecera, emergira do solo da cidade, como se aguardasse escondido nas cavernas da subcrosta. Irial, ao ver os magos se lançarem com tudo ao conflito, novamente sentiu apreensão, temendo o poder das trevas ali reunido; portanto, resolveu juntar-se ao grupo de malfeitores do astral. No total, 11 magos, cada qual comandando uma horda de seres do inferno astral, aportaram no local onde Jamar e Watab estavam. De alguma maneira, queriam intimidar os líderes dos guardiões.

Joseph fez um sinal para a dama francesa, Joana d'Arc, que resolveu entrar na batalha espiritual. Por sua vez, o espírito Joseph Gleber destruía o aparato da tecnologia das trevas e da magia. Colocou as duas teias entre as mãos e causou a desintegração completa da rede neural. Em meio à explosão, desmaterializou-se para rematerializar-se ao lado de Jamar, Watab e Joana, que a um só tempo ergueram as espadas e rodopiaram no ar. Joseph assumiu a aparência que apresenta nas regiões superiores; com isso, uma potente onda provocou um choque e varreu a turba de inimigos do bem e do progresso. Foi avassaladora a tempestade magnética provocada pela expansão de sua aura.

— Fujam! Fujam!... Bater em retirada! — berrava o mago das trevas, ao ver seus exércitos serem assolados sob seus olhos.

Os guardiões sob o comando de Kiev e Dimitri, bem como os agentes desdobrados, saíram no encalço das tropas arremessadas contra o solo, varridos da presença dos comandantes das hordas.

Quando os famigerados magos e seus comparsas da ciência do abismo resolveram bater em retirada, foram detidos por um campo de forças invisível — ao menos para eles. Chocaram-se contra algo que não podiam ver, uma muralha imaterial; os gritos de pavor foram a única coisa que lhes restou ao verificarem que se encontravam prisioneiros das energias geradas pelos espíritos do bem. Joseph e Joana pairavam frente aos comandantes das hostes da escuridão, olhando-os diretamente nos olhos. Eles tremeram de puro e incontido ódio, mas não podiam, não sabiam fazer nada para escapar daquela derrota homérica.

Fora do campo de contenção, os guardiões perseguiam

e prendiam cada soldado dos magos. Foram todos recolhidos aos compartimentos do aeróbus, que se juntaram outra vez, formando a Estrela de Aruanda, o navio que transportava os guerreiros celestiais pelos ares e entre as dimensões. Joseph olhou para Watab, que transmitiu a ordem aos demais, pois comandava agora os guardiões da noite, grupo de especialistas aptos a enfrentar os magos negros. Watab ergueu a espada, no que foi acompanhado por Jamar e Joana d'Arc, e, num silêncio constrangedor, miraram os olhos dos magos, incluindo Irial, que os seguia gemendo em voz baixa. Ele conhecia o efeito dos instrumentos dos guardiões.

Joseph interferiu no que ocorria:

— Um momento, meus amigos!

E foi em direção a Irial, o baalim, o mesmo espírito que arquitetara os planos contra Alcides, sob o jugo de Astarot. Olhou-o bem fundo nos olhos e disse para Watab:

— Libertem-no!

Irial não entendeu. Somente Watab e Jamar compreendiam o plano de Joseph Gleber. Uma brecha abriu-se no campo de contenção e o baalim lançou-se para fora a toda velocidade, sem entender, tampouco agradecer o que lhe acontecera. Corria com todas as forças de sua alma. Rumara diretamente para as regiões mais ignotas da escuridão, para os abismos mais profundos, deixando para trás os magos, os miseráveis que um dia o dominaram. Nem conseguia rir, tal era o medo de que os poderosos anjos da vingança partissem em sua perseguição.

Em seguida, o rasgo dimensional fechou-se; permaneceram no local os magos e seus asseclas, os científicos e demais líderes das trevas. Watab repetiu o rito de erguer o artefato que reluzia, dando origem ao fenômeno que rasgava as dimensões. Ladearam-no Jamar e Joana, que ajudaram no processo. Um universo diferente surgiu, com suas estrelas no firmamento; um mundo diferente, talvez um universo paralelo, mas, seguramente, uma ponte entre as dimensões. Os magos encararam com pesar o espaço intermundos, que formava o quadro por trás das estrelas. Deduziram logo que para lá iriam, em breve. Mas agora não. A brecha entre dimensões era apenas um buraco de minhoca, ou *wormhole*, gerado artificialmente pelos instrumentos dos guardiões superiores.

Foram aqueles malfeitores tragados pelas energias poderosas irradiadas dessa outra dimensão. O rastro de energias superiores arrastou os magos e seus prosélitos e foram todos imediatamente lançados a milhares de quilômetros de distância, numa dimensão em torno da lua terrestre. Rematerializaram-se diante dos representantes da justiça sideral, e seu lugar não mais foi encontrado na terra dos homens. O campo de contenção foi desfeito, e Joseph e os demais retomaram sua feição humana costumeira, com a qual atuavam entre os espíritos comuns do planeta Terra. Os agentes desdobrados foram reconduzidos ao corpo físico, e os guardiões da humanidade levaram os espíritos renitentes, os sombras e demais soldados do submundo, até o ambiente da cidade dos guardiões, onde teriam uma chance de redenção e reeducação para suas almas.

Joseph retomou sua posição ao lado dos espíritos que naquela hora discutiam estratégias eficazes para inspirar os dirigentes das nações acerca da melhor forma de evitar ocorrências desnecessárias para aquele momento. Bezerra, olhando Joseph, perguntou interessado:

— Então você libertou o responsável pela infelicidade de nosso irmão Alcides?

Sem dar muita importância à pergunta, Joseph respondeu, ainda ouvindo o comentário de Léon Denis, que conduzia a conversa naquele ambiente espiritual:

— Sim! — confirmou, monossilábico.

— E como analisa essa atitude, meu filho?

— Como uma atitude estratégica. Somente isso.

Silêncio entre os Imortais.

Após algum tempo, Bezerra tornou a perguntar:

— E por que você agiu dessa maneira, posso entender?

Joseph respirou fundo e, reunindo paciência, levantou-se e deixou um documento para Bezerra ler. Pediu licença e saiu rumo a outro destino. Teresa e Joana d'Arc o seguiram. Não gostava de reuniões longas e que, segundo entendia, soavam improdutivas. Frequentemente, espíritos e homens que gostavam de fazer reuniões e mais reuniões e traçar planos e mais planos não iam para o campo de lutas; embora, felizmente, houvesse exceções. Poucas, aliás.

Quando estava junto de seus amigos, Jamar e José Grosso lhe perguntaram:

— Podemos saber o que estava escrito no papel que entregou a Bezerra?

— Nada demais. Apenas escrevi que sei exatamente onde Irial está. Ele carrega dentro de si uma partícula de luz coagulada. E sei também que reunirá outros elementos de seu mesmo nível espiritual, outros chefes de falanges das sombras. Portanto, pedi para soltá-lo não por misericórdia, muito menos por bondade, mas por estratégia. Onde ele for, saberemos como encontrá-lo. E tenho certeza de que jamais retornará para junto de Alcides.

— É... O plano é perfeito — falou Jamar. — Assim, teremos acesso aos maiores representantes do submundo ou a quem estiver perto do baalim.

Silêncio novamente.

Depois de algum tempo, os amigos deslizaram pela atmosfera do planeta, indo em direção ao coração do Brasil. Depois de visitarem um dos agentes que, de certa forma, cultivara uma sólida amizade com eles, decidiram ir à Baía de Guanabara. Pairaram sobre o mar, absorvendo energias balsâmicas, e a seguir pousaram sobre um dos braços do Cristo Redentor. Olhando para baixo, avistaram a cidade pululante de vida, repleta de espíritos. Jamar comentou:

— Os brasileiros precisam ter o maior cuidado — disse a Joseph Gleber e a Watab. — No coração do país, está sendo gestado o anticristo e, em breve, muito breve, o povo deverá enfrentar uma situação complexa advinda desse fato.

Watab, preocupado, complementou:

— Outro sistema de poder se esboça no horizonte, e

sabe Deus como o povo reagirá. O Foro de São Paulo reúne em seu seio países que pretendem estabelecer um tipo de governo que trará muito sofrimento ao povo do continente, caso sejam concretizados os planos engendrados e patrocinados pelos que estão no poder.

— Porém — observou Joseph, com cautela —, estamos numa guerra espiritual e nossas armas são as armas do espírito. Portanto, amigos, voltemos para o reino da imortalidade e trabalhemos, incansavelmente, até que vejamos o mundo renovado e os espíritos patrocinadores da maldade deixarem este mundo, quem sabe, a fim de recomeçar entre as estrelas. Aqui, os que ficarem, os vivos imortais, talvez possam reaprender a viver e fazer de sua política uma extensão da política divina do amai-vos uns aos outros.

— Até lá — concluiu Jamar —, desembainhemos nossas espadas e nos apresentemos ao divino Cordeiro, na esperança de continuarmos trabalhando pela lei e pela justiça entre os homens e entre os espíritos.

E singraram os céus da Cidade Maravilhosa, rumando ao país da imensidade, de onde os guardiões e os Imortais velam pelo destino da humanidade.

REFERÊNCIAS BIBLIOGRÁFICAS

BÍBLIA de referência Thompson. Tradução de João Ferreira de Almeida. São Paulo: Vida, 2005.

KARDEC, Allan. *O Evangelho segundo o espiritismo*. 1ª ed. esp. Rio de Janeiro: FEB, 2005.

____. *O livro dos espíritos*. 1ª ed. esp. Rio de Janeiro: FEB, 2005.

PINHEIRO, Robson. Pelo espírito Ângelo Inácio. *Aruanda*. 13ª ed. rev. ampl. Contagem: Casa dos Espíritos, 2011. Segredos de Aruanda, v. 2.

____. Pelo espírito Ângelo Inácio. *O fim da escuridão*. Contagem: Casa dos Espíritos, 2012. Crônicas da Terra, v. 1.

____. Pelo espírito Ângelo Inácio. *Os guardiões*. Contagem: Casa dos Espíritos, 2013. Os filhos da luz, v. 2.

____. Pelo espírito Joseph Gleber. *Além da matéria*. 14ª ed. rev. ampl. Contagem: Casa dos Espíritos, 2013.

SOBRE O AUTOR

Foto: Leonardo Möller

ROBSON PINHEIRO é mineiro, filho de Everilda Batista. Em 1989, ela escreve por intermédio de Chico Xavier: "Meu filho, quero continuar meu trabalho através de suas mãos".

É autor de mais de 35 livros, quase todos de caráter mediúnico, entre eles *Legião, Senhores da escuridão* e *A marca da besta*, que compõem a trilogia O Reino das Sombras, também do espírito Ângelo Inácio. Fundou e dirige a Sociedade Espírita Everilda Batista desde 1992, que integra a Universidade do Espírito de Minas Gerais. Em 2008, tornou-se Cidadão Honorário de Belo Horizonte.

CATÁLOGO | **CASA DOS ESPÍRITOS**

ROBSON PINHEIRO

PELO ESPÍRITO JÚLIO VERNE

2080 [obra em 2 volumes]

PELO ESPÍRITO ÂNGELO INÁCIO

Encontro com a vida

Crepúsculo dos deuses

O próximo minuto

Os viajores: agentes dos guardiões

Nova ordem mundial

COLEÇÃO SEGREDOS DE ARUANDA

Tambores de Angola

Aruanda

Antes que os tambores toquem

SÉRIE CRÔNICAS DA TERRA

O fim da escuridão

Os nephilins: a origem

O agênere

Os abduzidos

TRILOGIA O REINO DAS SOMBRAS

Legião: um olhar sobre o reino das sombras

Senhores da escuridão

A marca da besta

TRILOGIA OS FILHOS DA LUZ

Cidade dos espíritos

Os guardiões

Os imortais

SÉRIE A POLÍTICA DAS SOMBRAS

O partido: projeto criminoso de poder

A quadrilha: o Foro de São Paulo

O golpe

ORIENTADO PELO ESPÍRITO ÂNGELO INÁCIO

Faz parte do meu show

COLEÇÃO SEGREDOS DE ARUANDA

Corpo fechado (pelo espírito W. Voltz)

PELO ESPÍRITO TERESA DE CALCUTÁ

A força eterna do amor

Pelas ruas de Calcutá

PELO ESPÍRITO FRANKLIM

Canção da esperança

PELO ESPÍRITO PAI JOÃO DE ARUANDA

Sabedoria de preto-velho

Pai João

Negro

Magos negros

PELO ESPÍRITO ALEX ZARTHÚ

Gestação da Terra

Serenidade: uma terapia para a alma

Superando os desafios íntimos

Quietude

PELO ESPÍRITO ESTÊVÃO

Apocalipse: uma interpretação espírita das profecias

Mulheres do Evangelho

PELO ESPÍRITO EVERILDA BATISTA

Sob a luz do luar

Os dois lados do espelho

PELO ESPÍRITO JOSEPH GLEBER

Medicina da alma

Além da matéria

Consciência: em mediunidade, você precisa saber o que está fazendo

A alma da medicina

ORIENTADO PELOS ESPÍRITOS
JOSEPH GLEBER, ANDRÉ LUIZ E JOSÉ GROSSO

Energia: novas dimensões da bioenergética humana

COM LEONARDO MÖLLER

Os espíritos em minha vida: memórias

Desdobramento astral: teoria e prática

CITAÇÕES

100 frases escolhidas por Robson Pinheiro

MARCOS LEÃO PELO ESPÍRITO CALUNGA

Você com você

DENNIS PRAGER

Felicidade é um problema sério

QUEM ENFRENTARÁ O MAL
A FIM DE QUE A JUSTIÇA PREVALEÇA?

Os guardiões superiores estão recrutando agentes.

Fundado pelo médium, terapeuta e escritor espírita ROBSON PINHEIRO no ano de 2011, o Colegiado de Guardiões da Humanidade é uma iniciativa do espírito Jamar, guardião planetário.

Com grupos atuantes em mais de 17 países, o Colegiado é uma instituição sem fins lucrativos, de caráter humanitário e sem vínculo político ou religioso, cujo objetivo é formar agentes capazes de colaborar com os espíritos que zelam pela justiça em nível planetário, tendo em vista a reurbanização extrafísica por que passa a Terra.

Conheça o Colegiado de Guardiões da Humanidade. Se quer servir mais e melhor à justiça, venha estudar e se preparar conosco.

PAZ, JUSTIÇA E FRATERNIDADE

GUARDIOESDAHUMANIDADE.ORG

GUARDIÕES DA HUMANIDADE

mundo se tem perdido
forma a condição
espírito humano de
espírito que cada [illegible]
[illegible]
felicidade.
[illegible] a [illegible]
[illegible]mente [illegible]
[illegible]
[illegible] de [illegible]
[illegible] e [illegible]
e [illegible] de [illegible]
[illegible]mente.
Aproveita o [illegible]